Helma Lutz
Die Hinterbühne der Care-Arbeit

# Arbeitsgesellschaft im Wandel

Herausgegeben von
Brigitte Aulenbacher | Birgit Riegraf

Moderne Gesellschaften sind nach wie vor Arbeitsgesellschaften. Ihr tief greifender Wandel lässt sich daran ablesen, wie Arbeit organisiert und verteilt ist, welche Bedeutung sie hat, in welcher Weise sie mit Ungleichheiten einhergeht.

Die Buchreihe leistet eine kritische sozial- und zeitdiagnostische Betrachtung der „Arbeitsgesellschaft im Wandel" und befasst sich mit • Theorien der Arbeit und der Arbeitsgesellschaft • Arbeit in und zwischen Markt, Staat, Drittem Sektor, Privathaushalt • Arbeit in Organisationen, Berufen, Professionen • Erwerbs-, Haus-, Eigen-, Subsistenz-, Freiwilligenarbeit in Alltag und Biografie • Arbeit in den Verhältnissen von Geschlecht, Ethnizität, Klasse.

Helma Lutz

# Die Hinterbühne der Care-Arbeit

Transnationale Perspektiven auf
Care-Migration im geteilten Europa

Die Autorin
Prof. Dr. Helma Lutz lehrt Frauen- und Geschlechterforschung am Institut für Soziologie, Fachbereich Gesellschaftswissenschaften, Goethe-Universität Frankfurt. Ihre Arbeitsschwerpunkte sind Gender und Care, Geschlecht und Migration, Ethnizität und Rassismus, Intersektionalität und Biographieforschung.

Das Werk einschließlich aller seiner Teile ist urheberrechtlich geschützt. Jede Verwertung ist ohne Zustimmung des Verlags unzulässig. Das gilt insbesondere für Vervielfältigungen, Übersetzungen, Mikroverfilmungen und die Einspeicherung und Verarbeitung in elektronische Systeme.

Dieses Buch ist erhältlich als:
ISBN 978-3-7799-3921-4 Print
ISBN 978-3-7799-5179-7 E-Book (PDF)

1. Auflage 2018

© 2018 Beltz Juventa
in der Verlagsgruppe Beltz · Weinheim Basel
Werderstraße 10, 69469 Weinheim
Alle Rechte vorbehalten

Herstellung und Satz: Ulrike Poppel
Druck und Bindung: Beltz Grafische Betriebe, Bad Langensalza
Printed in Germany

Weitere Informationen zu unseren Autor_innen und Titeln finden Sie unter: www.beltz.de

*Für Hedemarie Lutz*

# Inhalt

| | | |
|---|---|---|
| Danksagung | | 9 |
| Vorderbühne und Hinterbühne – Eine kurze Einführung | | 12 |
|     Forschungsfragen und Forschungsdesign | | 16 |
|     Zum Aufbau des Buches | | 17 |
| 1 | On the road. Die Versorgungskette der Care-Arbeiterinnen zwischen Deutschland, Polen und der Ukraine | 21 |
| | Migrantische Care-Arbeit in der Care-Ökonomie – Ein kurzer Abriss der globalen Situation | 23 |
| | Migrantische Care-Arbeit als Dimension der neoliberalen Care-Ökonomie: Deutschland | 27 |
| | Transnationale Verbindungen – Die Care-Regime Polens und der Ukraine | 32 |
| | Osteuropa – An den Rändern Europas | 37 |
| | Das Global-Care-Chain-Konzept (GCCC) | 40 |
| | Das Care-Circulation Konzept (CCC) | 42 |
| | Transnationale Soziale Ungleichheit (TSI) | 44 |
| 2 | Distanz und Nähe – Dilemmata migrantischer Mutterschaft | 47 |
| | Mutterschaft aus der Distanz | 48 |
| | Mutterschaftspraktiken | 61 |
| | Erzwungene Trennung – Die Kehrseite multi-lokaler Mutterschaft | 64 |
| 3 | Euro-Waisen: Transnationale Mutterschaft unter Beschuss | 69 |
| | Euro-Waisen und Soziale Waisen | 72 |
| | Moralische Panik | 85 |
| | Transnationale Mutterschaft als defizitäre Mutterschaftspraxis | 88 |
| | Das weltweit zurückgelassene Kind | 90 |

| | | |
|---|---|---|
| 4 | Männlichkeit und Care im Postsozialismus – Die Vaterschaft zurückbleibender Partner | 93 |
| | ‚Sozialistisches Matriarchat' und ‚effeminierte Männlichkeit' im Staatssozialismus | 95 |
| | Veränderte Geschlechterordnungen im Postsozialismus | 97 |
| | Involvierte Vaterschaft und fürsorgliche Männlichkeit (Caring Masculinity) | 99 |
| | Fazit: Fürsorgliche Vaterschaft und das Festhalten am Alleinernährer-Ideal | 115 |
| 5 | Von der sozialistischen Utopie zur globalen Kommerzialisierung von Care: Neue Antworten auf ein altes Thema | 117 |
| | Sozialistische Utopien | 118 |
| | Asymmetrische Geschlechtergerechtigkeit im praktizierten Staatssozialismus | 121 |
| | Vom Sozialistischen Feminismus zur neuen Feministischen Kapitalismuskritik | 123 |
| | Feministische Kapitalismuskritik | 129 |
| | Polanyis Rekonstruktion des Kapitalismus | 133 |
| | Nancy Frasers post-industrielles Gedankenexperiment: Die Organisation des Lebens aus der Care-Perspektive | 136 |
| | Fazit | 138 |
| Bibliographie | | 141 |
| Filmographie | | 158 |
| Erklärung zu Wiederverwendung | | 159 |

# Danksagung

Mein Dank gebührt den Frauen, die bereit waren, ihre Lebensgeschichte zu erzählen und die ihre Familienmitglieder dazu überredet haben, sich ebenfalls interviewen zu lassen. Für ihre großartige und sensible Interviewführung der polnischen Care-Arbeiterinnen und ihrer Angehörigen, für das Einbringen ihres umfangreichen Wissens und immer wieder neuer Hinweise auf relevante Debatten in Polen danke ich Ewa Palenga-Möllenbeck. Von ihrer Geduld, Fürsorge und praktischen Klugheit habe ich immer wieder profitiert, egal ob es um die Lösung im Forschungsprozess auftauchender Probleme oder um den Umgang mit schwierigen Kolleg*innen, Stiftungen, Drittmittelgeber*innen ging: Ich habe von ihr gelernt, geduldiger zu werden. Gemeinsam haben wir im Laufe der vergangenen zehn Jahre zwei große internationale Konferenzen organisiert, bis dato 13 Buch- und Zeitschriftenartikel publiziert, viele Anträge geschrieben und zwei Forschungsprojekte erfolgreich akquiriert, die uns eine weitere Zusammenarbeit ermöglichen. Zu großem Dank verpflichtet bin ich auch den drei Forscherinnen, die die Interviews mit ukrainischen Care-Migrantinnen und ihren Angehörigen geführt haben, Myroslava Keryk, Viktoriya Volodko und Oksana Kis. Petra Pommerenke, Anna Proc und Yevgeniya Wirz danke ich für die hervorragende Zusammenarbeit bei der Analyse der deutschen, polnischen und ukrainischen Presseartikel zum Thema Care und Migration. Yevgeniya Wirz hat darüber hinaus Übersetzungen von Interviews, Materialien, Artikeln aus dem Ukrainischen ins Deutsche vorgenommen; ich drücke ihr die Daumen, dass sie ihr eigenes Buch zum Thema „Transnationale Care-Netzwerke ukrainischer Arbeitsmigrantinnen" demnächst abschließen kann.

Die Daten, die ich in diesem Buch präsentiere, stammen aus dem Forschungsprojekt „Landscapes of Care-Drain. Care Provision and Care Chains from the Ukraine to Poland and from Poland to Germany" (2007–2010), für dessen Förderung ich mich bei der Deutschen Forschungsgemeinschaft (DFG) bedanke. Diese Forschung war Teil eines europäischen Verbundprojekts im Rahmen der EUROCORES-Linie der European Science Foundation und wurde unter dem Namen „Migration and Networks of Care in Europe: A Comparative European Research Project" geführt.

Der jahrelange wissenschaftliche Austausch mit unseren Partnerprojekten in Amsterdam (NL), Leeds (UK) und Cork (Irland) hat unsere Analysen bereichert und im supranationalen Rahmen verortet. Fiona Williams (Leeds), Linda Connolly, Siobhán Mullally und Caitríona Ní Laoire (Cork) und Sarah van Walsum (Amsterdam) habe ich enorm wichtige Denkanstöße zu verdanken. Der frühe Tod von Sarah van Walsum, mit der mich eine jahrzehntelange

Freundschaft und Zusammenarbeit verband, ist immer noch schwer zu ertragen. Ihr Engagement und ihre klugen Fragen haben mich immer beflügelt; sie hat eine große Lücke in meinem Freundschaftsnetzwerk hinterlassen.

Andere Institutionen, die zum Zustandekommen dieses Buches beigetragen haben und denen ich sehr zu Dank verpflichtet bin, sind die Schwedische Reichsbank Stiftung (Stockholm), die mir im Jahr 2012 mit der Verleihung des Alexander-von-Humboldt-Preises einen sechsmonatigen Aufenthalt am REMESO (Institute for Research on Migration and Ethnic Relations) an der Universität von Linköping ermöglicht hat; Torbjörn Eng von der Riksbanken hat dabei geholfen und dafür bin ich ihm sehr dankbar. Anders Neergaard und Jeff Hearn, die mich nach Schweden eingeladen haben, Carl-Ulrik Schierup, Alexandra Alund, Stefan Jonsson, Anna Bredström, Peo Hansen, Zoran Slavnic (Universität Linköping) und Diana Mulinari (Universität Lund) haben meinen Aufenthalt in Lin- und Norrköping zu einem besonderen Erlebnis gemacht. An ihre Gastfreundschaft und die vielen großartigen Diskussionen erinnere ich mich immer noch gern, und ich hoffe, dass unsere Zusammenarbeit fortgesetzt werden kann.

Dieses Buch wäre nicht zustande gekommen ohne das neunmonatige Stipendium des Woodrow Wilson International Center for Scholars (WWC), das mir nicht nur das schönste Arbeitszimmer, das ich je hatte, im Herzen von Washington DC zur Verfügung stellte, sondern auch den Luxus eines direkten Zugangs zur Library of Congress. Sonya Michel, die mich bei der Bewerbung und während meiner WWC-Zeit nicht nur mit Ratschlägen unterstützte, sondern auch ihr Haus geöffnet, ihre Liebe zur Kunst mit mir geteilt und mir Zugang zu ihrem feministischen Netzwerk, ihrer Familie und ihren Freund*innen verschafft hat, verdanke ich mehr als ich hier zum Ausdruck bringen kann. Ohne sie hätte ich dieses Buch nicht realisieren können. Mein Fellowship in DC wurde auch deshalb zu einem besonderen Erlebnis, weil ich dort im Herzen des *Bienenstocks* wunderbare Frauen kennengelernt habe: Lindsay Collins, Kim Connor, Maria-Stella Gatzoulis, Susan Terrio, Philippa Strum, Gail Triner und Stephanie Rieger. Die Zeit am WWC hat mir nicht nur neue Freundinnen und Kolleginnen beschert, sondern auch Freiräume eröffnet, Zeit zum Lesen, Schreiben und Denken geschenkt, die ich in Deutschland so nie gehabt hätte. Nicht zu vergessen: Ich verdanke dem WWC auch einen erhellenden Einblick in die anregende Atmosphäre amerikanischer Universitäten. Mit Claudia Kinkela, meiner *Landlady* in DC und Yohanna, ihrer Tochter, verbindet mich seitdem eine Freundschaft, die jetzt schon über Jahre anhält.

Ohne die Unterstützung meines wunderbaren transatlantischen Freund*innen-Netzwerks, Gül Ozyegin (Williamsburg), Sherri Grasmuck und John Landreau (Philadelphia), Kathy Davis und Barbara Henkes (Amsterdam), Barbara Waldis (Cressier/Schweiz), die den Entstehungsprozess des Buches über Jahre mit ihren klugen Nachfragen und großartigen Hinweisen begleitet haben, hätte ich sicher nicht am Schreiben des Buches festgehalten. Meiner Kollegin Anna Amelina verdanke ich viele neue Einsichten in die transnationale Migrations- und Ungleichheitsforschung; die drei Jahre, in denen wir in Nachbarzimmern am Campus Westend der Goethe-Universität an gemeinsamen Projekten gearbeitet haben, waren für mich sehr bereichernd.

Meine Mitarbeiterinnen Ina Schaum und Aranka Benazha haben mir in der letzten Phase des Schreibens mit ihren Kommentaren und Hinweisen sehr geholfen, das Manuskript abzuschließen. Auch Ewa Palenga-Möllenbeck, Marija Grujić, Anna Krämer, Annette Erzinger und Heike Strohmann aus meinem Frankfurter Team haben mich immer wieder mit wichtigen Anregungen *gefüttert*. Ich danke ihnen allen, ebenso wie Lotte Rahbauer und Ulla Wischermann für ihre fürsorgliche und solidarische Unterstützung. Ich empfinde es als ein Privileg, sie als Kolleginnen zu haben.

Mein Partner, Rudolf Leiprecht, hat meine Arbeit in den vergangenen 28 Jahren nachhaltig beeinflusst. Er hat mir nicht nur die immer wieder aufkommenden Zweifel im Schreibprozess genommen, sondern auch dieses Buch – wie viele zuvor – im gesamten Entstehungsprozess begleitet. Gemeinsam haben wir einige Monate an unseren Forschungen am WWC in *einem* gemeinsamen Arbeitszimmer verbracht. Zu unserem Erstaunen verlief das sehr harmonisch, obgleich wir aufgrund unserer unterschiedlichen Arbeitsrhythmen Probleme antizipiert hatten. Rudi hat immer für mein emotionales und leibliches Wohl gesorgt und vor allem mit seinem Humor die kleinen und großen Sorgen des Lebens relativiert. Er müsste hier eigentlich als Ko-Autor auftauchen, denn ich verdanke ihm viele sensible und inspirierende Kommentare und Einsichten – etwa zum Thema Männlichkeit und Care – die mir die Augen geöffnet haben.

Ich hoffe sehr, dass meine Mutter – Hedemarie Lutz – das Erscheinen dieses Buches, das ich ihr widme, noch erleben wird. Als sie im Herbst 2016 nicht mehr in der Lage war, in ihrem Haus in einer südniedersächsischen Kleinstadt weiterhin selbstständig zu wohnen, stand die Entscheidung an, ob sie – wie ihre Freund*innen und Nachbar*innen uns nahelegten – von einer osteuropäischen Pflegerin in ihrem eigenen Haus versorgt werden oder ins betreute Wohnen nach Frankfurt ziehen sollte. Dafür, dass sie sich für Letzteres entschieden hat, bin ich ihr sehr dankbar. Leider hat sie damit aber den Verlust ihres eigenen Netzwerks in Kauf nehmen müssen. Das damit für mich als Tochter verbundene Dilemma, sie aus ihrem vertrauten Umfeld, in dem sie orientierungsfähig war, herausgeholt zu haben, macht mich oft traurig. Ich danke ihr für ihre Liebe, ihr Verständnis und ihr Vertrauen in mich und meine Arbeit.

Frankfurt, Februar 2018

# Vorderbühne und Hinterbühne – Eine kurze Einführung

Im Jahr 2004 schickte ich eine E-Mail an einen bekannten deutschen Soziologen mit der Frage, ob er Interesse daran habe, mein begriffenes Manuskript über migrantische Haushalts- und Care-Arbeiterinnen in einer von ihm herausgegebenen Buch-Reihe zu veröffentlichen. Seine Antwort war ablehnend: Jede Woche erscheine ein neues Buch zu diesem Thema, das Feld sei sehr unübersichtlich, deshalb nein. Da in Deutschland zu dem Zeitpunkt erst zwei Publikationen zu Migrantinnen in deutschen Haushalten erschienen waren (Gather/Geissler/Rerrich 2002; Thiessen 2004), war ich über seine Reaktion nicht nur enttäuscht, sondern empfand sie vor allem als ignorant.[1] Anno 2018 hätte ich eine solche E-Mail – trotz ihres barschen Tons – eher nachvollziehen können, denn mittlerweile liegen zum Feld Migration und Care/Pflege-Arbeit auch in Deutschland umfangreiche Forschungen vor. Die internationale Debatte hat sich noch schneller entwickelt und in verschiedenen Disziplinen ausdifferenziert. Heute ist es in der Tat schwieriger, den Überblick zu behalten. Care-Migration gibt es rund um den Erdball, formell, informell, staatlich gefördert oder komplizenhaft geduldet. Die Vielfalt dieses Dienstleistungsmarktes als Teil der neuen Care-Ökonomie hat einen Umfang angenommen, der vor 20 Jahren kaum vorstellbar war. Weltweit ist dieser Markt, der die Feminisierung der Migration fördert, zum wichtigsten Arbeitsmarkt für Migrant*innen avanciert. Gleichzeitig wird die Expansion dieses Phänomens von der Forschung beobachtet und dokumentiert; mittlerweile liegen Studien über Care-Migration in den meisten Teilen der Welt vor. Weshalb also noch ein neues Buch zum Thema Migration und Care-Arbeit?

Zum einen deshalb, weil dieses Thema für die demographisch alternden Gesellschaften des 21. Jahrhunderts nichts an Relevanz einbüßen, sondern im Gegenteil noch gewinnen wird. In Deutschland machen mittlerweile sogar politische Kabarettsendungen mit Berichten über den Pflegenotstand Furore und interessanterweise taucht darin neuerdings auch die Figur einer Osteuropäerin im Privathaushalt auf, die als live-in, also im Haushalt lebend, im 24-Stunden-Modus ältere und pflegebedürftige Deutsche betreut. Die Anzahl der wissenschaftlichen und journalistischen Studien über osteuropäische Pflegerinnen in Deutschland,

---

1 Das Buch „Vom Weltmarkt in den Privathaushalt. Die neuen Dienstmädchen im Zeitalter der Globalisierung" ist dann glücklicherweise im Barbara Budrich Verlag in mehreren Auflagen und 2011 in englischer Übersetzung bei ZED erschienen.

die in der Regel als Haushaltshilfen bezeichnet werden, ist mittlerweile gestiegen (Hielscher/Kirchen-Peters/Nock 2017; Rossow/Leiber 2017; Emunds 2016; Satola 2015; Krawietz 2014; Haffert 2014; Scheiwe/Krawietz 2010, Karakayali 2010). Der überwiegende Teil der Analysen befasst sich allerdings mit der *Vorderbühne*, der Situation im deutschen Privathaushalt. Selten sind dagegen Forschungen, die der transnationalen Lebensführung der Care-Migrantinnen nachgehen, dabei die Situation der zurückgebliebenen Angehörigen (Kinder, Ehemänner, Mütter und Väter) in den Blick nehmen und die familiären Implikationen einer temporären oder jahrelangen Abwesenheit der Mütter untersuchen. Das vorliegende Buch stellt diese *Hinterbühne* in den Mittelpunkt der Betrachtung. Die Metaphern Vorderbühne und Hinterbühne werden dabei nicht im Sinne des symbolischen Interaktionismus von Erving Goffman (1969) verwendet, wo es um die Festlegung und Inszenierung von sozialen Rollen nach vorbestimmten Spielregeln geht, sondern ich verstehe darunter die in geo-politischen Machtverhältnissen lokalisierten *Wahrnehmungsschablonen*, die einen bestimmten Blickwinkel auf ein Alltagsphänomen – in diesem Fall Care-Migration – nahelegen. Mit anderen Worten: Es geht darum, den Blick von der Vorderbühne, die sich mit der Situation von pflegebedürftigen Familienangehörigen beschäftigt und dafür eine *Home-Care-Lösung* in der 24-Stunden-Pflegerin aus Osteuropa findet, auf die *Hinterbühne*, die soziale und gesellschaftliche Situation der Migrant*innen, zu richten, um die Relationen zwischen diesen Räumen zu verstehen.

Ein blinder Fleck in den internationalen Debatten über Care-Migration sind Studien zur Region ‚Osteuropa‘; zum Schließen dieser Lücke will das Buch einen Beitrag leisten. ‚Osteuropa‘ setze ich hier zunächst in Anführungsstriche, um auf die komplexe Geschichte dieser Charakterisierung aufmerksam zu machen. Im ersten Kapitel werde ich auf die geographische Region ‚Osteuropa‘, die damit verbundenen und historisch verwurzelten kulturellen Grenzziehungen und auf die soziale Konstruktion dieses Teils des Europäischen Kontinents als *Anders* eingehen.

Eine Antwort auf die Frage, warum gerade osteuropäische Staaten heute zu den wichtigsten Herkunftsländern der Care-Migrantinnen zählen, steht noch aus. Wie im ersten Kapitel beschrieben wird, gehen internationale Analysen der Globalen Versorgungsketten/Global-Care-Chains (Hochschild 2000; Parreñas 2001) davon aus, dass der *Globale Süden* als Sende-/Herkunftsregion fungiert, während der *Globale Norden* als Destinationsgebiet für die Care-Migration gilt. Abgesehen davon, dass immer noch eine genaue Definition für beide Begriffe fehlt, ist bislang unklar, wo die osteuropäischen Länder in diesem Bild zu verorten sind. ‚Osteuropa‘ figurierte historisch seit Ende der 1940er bis zum sozialistischen Systemzusammenbruch Anfang der 1990er Jahre als Teil der sogenannten *Zweiten Welt*, womit die kommunistischen und sozialistischen Staaten, die im Bund mit der Sowjetunion standen, gemeint waren. In dem bis etwa 2000 dominanten *Drei-Welten-Modell* galt die *Erste Welt* als das Terrain der reichen Industrienationen, die nach dem Zweiten Weltkrieg vor allem im sogenannten Westen verortet wurden; die Bezeichnungen *Erste* und *Zweite* Welt bezogen sich vor allem auf die unterschiedlichen politischen Systeme (kapitalistisch versus sozialistisch/kommunistisch). Die *Dritte Welt* war zunächst die Selbstbezeichnung von 118 blockfreien Ländern, die 1961 in Belgrad/Jugoslawien unter der Leitung von Josip Broz Tito für die Abrüstung der militärischen Blöcke eintraten. Später wurden darunter die Regionen in Afrika, Asien und Lateinamerika subsumiert, die ehemals von europäischen Kolonialmächten unterworfen und ausgebeutet wurden, deren wirtschaftliche Entwicklung nach der Entkolonialisierung von westlichen Industrienationen abhängig war und die im Sinne der Kriterien der Welthandelsorganisation (WTO) als arm galten. Der Zusammenbruch der Sowjetunion und der sozialistischen Regime hat zur Verwerfung des Drei-Welten-Modells beigetragen; an seine Stelle ist eine Zweiteilung getreten. Im prosperierenden, vor allem im nördlichen Teil der Hemisphäre verorteten *Globalen Norden*, zu dem jedoch auch Australien, Neuseeland, Japan, bisweilen auch Hongkong, Singapur, Südkorea und Taiwan gezählt werden, lebt nur ein Viertel der Weltbevölkerung; jedoch kumulieren sich hier vierfünftel des Welteinkommens und der Besitz von 90 Prozent der industriellen Produktionsanlagen (Mimiko 2012). Der Begriff *Globaler Süden* umfasst zunächst einmal alle Regionen mit massiven ökonomischen, sozialen und politischen Problemen der südlichen Hemisphäre, die vordem als Kennzeichen der *Dritten Welt* galten; gleichzeitig will er aber auf die Ausbeutung von Natur-und Humanressourcen hinweisen und damit Ungleichheitsverhältnisse im Weltmaßstab beschreiben. Eine Antwort auf die Frage, ob die postsozialistischen Länder ‚Osteuropas' zur Kategorie *Globaler Süden* zu zählen sind, ist kompliziert. Wie in diesem Buch gezeigt wird, ist die ökonomische Abhängigkeit von westlichen Devisen, und damit von migrantischen Remissionen, mit der Situation vieler Staaten des *Globalen Südens* vergleichbar; ebenso wie die Ausbeutung von (Human-)Ressourcen und die Überlebensstrategien von einem beträchtlichen Bevölkerungsanteil, der nach der Systemtransformation unterhalb/an der Armutsgrenze lebt. Vergleichbar ist auch die Situation der Mittelschichten, die trotz eines hohen Bildungsniveaus, bei dem ‚Osteuropa' an der Weltspitze steht[2], nicht in der Lage sind, ein Einkommen zu generieren, das ihnen und ihren Familien den Statuserhalt ermöglicht. Auch wird ‚Osteuropa' – wie vielen Ländern des *Globalen Südens* – ein Diskursnarrativ zugeordnet, das die Funktion des fiktiven *Anderen* für die Identität und Selbstinszenierung des *Globalen Nordens* erfüllt. So verstehen sich innerhalb der EU die Länder des ‚alten' Europas als zivilisierter,

---

2 In Polen haben 43 Prozent der 25- bis 34-Jährigen einen Hochschulabschluss (OECD 2017: 44). In der Ukraine (44 Millionen Einwohner*innen) haben im Jahr 2014 insgesamt 593803 Studierende ihr Studium mit einen BA/MA abgeschlossen, in Deutschland (82 Millionen Einwohner*innen) lag die Zahl der Abschlüsse bei 480161 (DAAD 2017, S. 20).

demokratischer, entwickelter und fortschrittlicher Teil des Staatenbunds in Abgrenzung zum ‚neuen' Europa, das das Gegenteil verkörpert (siehe dazu Kapitel eins). Jedoch bietet die Einbindung vieler postsozialistischer Länder in die EU finanzielle und gesellschaftspolitische Möglichkeitsräume, die den meisten Staaten des *Globalen Südens* fehlen.

In den seit den 1990ern virulenten postsozialistischen Transformationsprozessen, die die Inkorporation der Staaten des geographischen Osteuropas in die spätkapitalistischen Ökonomien des Weltmarktes durch Preis- und Handelsliberalisierung, die Privatisierung von Staatseigentum und die Förderung privater Unternehmen sowie den drastischen Abbau öffentlicher Dienstleistungen vorantreiben, hat sich gezeigt, dass Bildung nicht vor dem Abgleiten in Armut schützt. Der desaströse millionenfache Verlust von Arbeitsplätzen im Zuge der sogenannten *Abwicklung* des Staatssozialismus, der sowohl Männer, aber noch stärker Frauen traf, kann als Motor für die hohe Mobilitätsbereitschaft der arbeitsfähigen Bevölkerung angesehen werden. Gleichzeitig ist anzunehmen, dass das hohe Bildungsniveau ein Schlüssel zum Verständnis dieser Migrationsstrategien ist. Den Angehörigen der Mittelschichten Osteuropas, deren formelle Abschlüsse und Berufe im Heimatland abgewertet oder überflüssig wurden, standen bestimmte Formen von kulturellem Kapital zur Verfügung, z. B. Sprachkenntnisse, handwerkliche Kompetenzen, sogenannte Pflegekompetenzen etc., die sie als Migrant*innen einsetzen konnten, um den Absturz in die Armut zu kompensieren; zum Teil bringen sie dabei ihre beruflich erworbene Expertise ein, ohne dass diese offiziell anerkannt und vergütet wird. In der Regel wird die Migration als kurzfristige Strategie zur Abwehr des sozialen Abstiegs genutzt und nicht so sehr als langfristige, systematische Problembewältigung betrachtet. Letztere wäre auch nur dort umsetzbar, wo eine für die Bevölkerung transparente Planungssicherheit bestünde – und genau diese ist vorläufig nicht in Sicht.

Insgesamt fällt bis heute die vom prekären Zustand postsozialistischer Gesellschaften begünstigte ungeheure Mobilität der Osteuropäer*innen auf, die in vielen Ländern dazu geführt hat, dass bis zu 50 Prozent der Bevölkerung (Albanien, Moldawien) auswandern oder als transnationale Pendelmigrant*innen im Ausland arbeiten. Für Polen ergibt sich aus dem Zensus von 2011, dass 3,5 Millionen von 38,3 Millionen Einwohner*innen bis zu zwölf Monate abwesend waren, etwa neun Prozent (Anacka et al. 2014, S. 12). Für die Ukraine liegen die Zahlen vor, dass von ca. 46 Millionen Einwohner*innen, also geschätzte 14,4 Prozent (etwa sechs Millionen Menschen) im Ausland leben (Ambrosetti et al. 2014; Ratha/Mohapatra/Silwa 2011). Diese Mobilität betrifft nicht nur die Route von Osteuropa nach West-, Nord- und Südeuropa, sondern inkludiert auch eine neues Migrationsmuster zwischen osteuropäischen Staaten, etwa das zwischen der Ukraine und Polen, wo Ukrainerinnen als Nannys, Haushaltsarbeiterinnen oder Altenpflegerinnen in den Privathaushalten der *neuen Reichen* in urbanen Regionen tätig sind.

## Forschungsfragen und Forschungsdesign

Der Erforschung der Migrationsbewegung aus der (West-)Ukraine in polnische Privathaushalte und aus Polen in deutsche Haushalte widmete sich das Forschungsprojekt „Landscapes of Care Drain. Care Provisions and Care Chains from the Ukraine to Poland and from Poland to Germany" (2007–2010), auf dessen Ergebnisse sich dieses Buch großenteils bezieht. Forschungsleitend waren dabei folgende Fragen: Wie organisieren Migrantinnen ihre transnationale Lebensführung und welche Ziele verbinden sie mit der Migration? Wie verändern sich diese Ziele im Laufe der Zeit und wie reagieren die Familien zu Hause auf diese Situation? Was sind ihre Zukunftsperspektiven im jeweiligen Aufenthaltsland? Wie wirken sich die jeweiligen Migrationsregime am Arbeitsplatz auf die Arbeitsbedingungen und den individuellen Verhandlungsspielraum aus? Wie bewältigen diese Migrantinnen ihre Situation und auf welche Netzwerke greifen sie dabei zurück? Wie erfahren die Angehörigen die Perioden der Abwesenheit der Migrantinnen? Wie werden Care-Migration und die transnationale Lebensführung von Frauen in öffentlichen Debatten in Polen, der Ukraine und Deutschland thematisiert? Gibt es Bezüge zwischen den Narrationen der (Angehörigen der) Frauen und den medialen Debatten über das Thema Migration? Im Zeitraum von 2007 bis 2009 wurden insgesamt 63 qualitative Interviews durchgeführt, davon 22 biographische Interviews mit polnischen (zehn) und ukrainischen (zwölf) Care- und Haushaltsarbeiterinnen, sowie 41 Leitfadeninterviews mit deren Familienangehörigen, also Partnern, Eltern, Kindern, Geschwistern, Freund*innen, die während der Abwesenheit der Migrantinnen im Herkunftsland zurückblieben (21 mit Ukrainer*innen und 20 mit Pol*innen). Zusätzlich wurde eine Diskursanalyse von insgesamt 969 Zeitungsartikeln erstellt, die in der Presse dreier Länder, Deutschland, Polen und der Ukraine, im Zeitraum zwischen 1997 und 2008 zum Thema Care und Migration erschienen sind. Darüber hinaus werden in einigen Kapiteln auch andere Materialen, wie etwa themenbezogene Dokumentarfilme, berücksichtigt. Da ich auf ein Methodenkapitel verzichtet habe, folgen hier einige Anmerkungen zur Erhebungs- und Auswertungsmethode. Alle in diesem Projekt geführten Interviews wurden herkunftssprachlich geführt, danach transkribiert und schließlich ins Deutsche übersetzt. Leider habe ich kein einziges Interview selbst führen können, dafür habe ich den Prozess der Datenerhebung begleitet und vor allem an der Auswertung gearbeitet.[3] Gemeinsam mit meinen Mitarbeiterinnen Ewa Palenga-Möllenbeck und Yevgeniya Wirz haben wir im Team die Analyse der

---

3   Die Forschungsförderung war leider nicht an eine Freistellung oder Lehrreduktion meiner Lehrpflichten (in Münster jährlich zehn, in Frankfurt acht Seminare) gekoppelt, weshalb ich mich nicht an der Feldarbeit beteiligen konnte.

Interviews in der Form hermeneutischer Fallrekonstruktionen durchgeführt, sowie an der diskurstheoretischen Analyse der Presseartikel gearbeitet. Die genaue Beschreibung unserer Zusammenarbeit am Material bedürfte eines eigenen Kapitels, was in diesem Buch allerdings nicht zu leisten war. Ich habe auch auf die Diskussion einer Vielzahl von Fragen verzichtet, die sich in unserer Teamarbeit stellten, etwa zu unserem Umgang mit der Diversität des Datenmaterials, zu Fragen der adäquaten Übersetzung der Interviews, bei der diverse Probleme und Missverständnisse entstehen können, sowie zu den vielen Anregungen, die aus der gemeinsamen Dateninterpretation hervorgingen. Zu verweisen ist an dieser Stelle auf einen wichtigen Artikel von Ewa Palenga-Möllenbeck (2018), in dem sie die methodologischen Herausforderungen beschreibt, die sich bei der Übersetzung von Transkriptionen transnationaler Biographien ergeben: *Übersetzung als Methode*, so ihr Argument, impliziert zum einen die Reflexion der Rolle der (unsichtbaren) Übersetzer*innen als auch der Kontextualisierung der Narrationen der Interviewten. Fragen stellen sich auch immer wieder zum Umgang mit der Bedeutungsvielfalt von Erzählungen und Lebensgeschichten, die im Translationsprozess vereindeutigt werden (müssen). In Gesellschaften, in denen immer mehr Menschen transnationale (Familien-)Biographien haben, so Palenga-Möllenbeck, werden methodische Überlegungen zur adäquaten Erfassung ihrer Lebensgeschichten immer dringender.

Für dieses Buch habe ich im zweiten und im vierten Kapitel die idealtypische Darstellung kontrastierender Fälle ausgewählt, die empirisch geleitet die Emergenz von Theoriebausteinen ermöglichen. Dabei geht es weniger um die Repräsentation von Häufigkeit, sondern um ein theoretisches Verständnis der (strukturellen) Bedingungen, die das Leben von Care-Migrantinnen und ihren Angehörigen beeinflussen und beeinträchtigen, sowie des Umgangs der Betroffenen damit. Hier stellt sich auch die Frage nach Widerstand und der Ausgestaltung subjektiver Möglichkeitsräume unter prekären Arbeitsbedingungen. Als methodologisches Instrument diente dabei das Konzept der Intersektionalität (siehe Lutz 2018a), mit dessen Hilfe transnationale Lebensläufe zwischen Arbeitsplatz und Herkunftsfamilien zurückverfolgt und analysiert wurden.

## Zum Aufbau des Buches

Dieses Buch will einen Beitrag zur wissenschaftlichen Debatte über Care und Migration leisten und versteht sich auch als Intervention in einen neoliberalen Politikdiskurs, der Vermarktlichung von Care-Arbeit als akzeptable Lösung für Versorgungslücken versteht und sich weigert, der Frage nachzugehen, welche gesellschaftlichen Implikationen die anhaltende Abwertung bzw. Wert-Abjektion (Müller 2016) von Care-Arbeit im 21. Jahrhundert langfristig mit sich bringt. Neben dieser Einführung ist es in fünf Kapitel gegliedert.

Das erste Kapitel gibt eine Übersicht über die vielfältigen Widerspruchsverhältnisse in den aktuellen Debatten zur sogenannten *Care-Krise*. Einführend geht es um den globalen Umfang und Stellenwert von Care-Migration. Dann werden das deutsche, das polnische und ukrainische Care-Regime in Kürze vorgestellt; danach folgen Hinweise auf die rassistische Funktionalisierung ‚Osteuropas' im deutschen Faschismus und die lange Geschichte der Darstellung ‚Osteuropas' als das imaginäre *Andere* Europas. Schließlich werden drei aktuell wichtige Konzepte diskutiert, die das Phänomen Care-Migration theoretisch einordnen: das Global-Care-Chain-Konzept (GCCC), das Konzept der Care-Circulation (CCC) und das Konzept der Transnationalen Sozialen Ungleichheit (TSI).

In Kapitel 2, *Distanz und Nähe – Dilemmata migrantischer Mutterschaft*, beschreibe ich die komplizierte Beziehung der Care-Migrantinnen zu ihren Kindern, die sie während ihrer Tätigkeit im Ausland zuhause zurücklassen (müssen). Anders als bei männlichen Migranten steht ihre Abwesenheit im Konflikt mit individuellen und gesellschaftlichen Idealvorstellungen *guter Mutterschaft*. Wie gehen Mütter und Kinder mit Verlusterfahrungen um und wie gestalten die Frauen ihre Mutterschaft aus der Distanz? Welche Care-Ersatz-Arrangements werden etabliert, und wie praktizieren alle Beteiligten ihr Emotionsmanagement transnational? Zwei Fallstudien, die einer in Polen arbeitenden ukrainischen Care-Migrantin, sowie die einer in Deutschland tätigen Polin beschreiben, dass und wie sich der normierende Mutterschafts-Diskurs und die körperliche Abwesenheit vom eigenen Haushalt zu einem wachsenden Problem der zirkulären Migration entwickelt. Mit der Analyse der vielfältigen Dilemmata migrantischer Care-Arbeiterinnen und der Charakterisierung von *emotionaler Ungleichheit* als Kerndimension transnationaler Ungleichheitsverhältnisse, wird das Kapitel abgeschlossen.

Kapitel 3, *Euro-Waisen: Transnationale Mutterschaft unter Beschuss,* diskutiert die seit etwas mehr als zehn Jahren geführte mediale Skandalisierung der physischen Abwesenheit von Müttern, die ihre Kinder in der Obhut von Familienangehörigen zurücklassen. Diese Debatte, vorranging in den Medien der osteuropäischen Entsendeländer geführt, ist auch heute noch transnational präsent. Als *Euro-Waisen* oder *soziale Waisen* werden in den Herkunftsländern zurückbleibende Kinder bezeichnet, deren Leiden zum Kern einer gesamtgesellschaftlichen Debatte über die sozialen Folgen von Migration avancierte. Präsentiert werden die Ergebnisse einer umfassenden Medienanalyse polnischer und ukrainischer Zeitungen zwischen den Jahren 1997 und 2008, in der eine radikale Veränderung der öffentlichen Wahrnehmung von weiblicher Migration stattgefunden hat. Eltern wird dann erzieherische Unfähigkeit und Verantwortungslosigkeit vorgeworfen und vor allem die Mütter werden der *schlechten Mutterschaft* bezichtigt. Der letzte Teil des Kapitels analysiert den medialen Euro-Waisen-Diskurs in sich einander ergänzenden Erklärungsmodellen: a)

Moralische Panik; b) Transnationale Mutterschaft als defizitäre Mutterschaftspraxis und c) die vor allem von transnationalen (Hilfs-)Organisationen (UNCRC, UNESCO, World Vision, Safe the Children, etc.) weltweit vorangetriebene Debatte über defizitäre Elternschaft und *zurückgelassene Kinder*.

Das vierte Kapitel *Männlichkeit und Care im Postsozialismus – Die Vaterschaft zurückbleibender Partner* beschäftigt sich mit den bislang kaum untersuchten Care-Praktiken von Ehemännern transnationaler Migrantinnen. Das Kapitel setzt sich zunächst mit der aktuellen Debatte über den Zusammenhang von Männlichkeit und Vaterschaft auseinander und präsentiert dann drei Fallbeispiele für Vaterschaftspraktiken von Männern, deren Frauen im Ausland arbeiten. Zwar gibt es im Fall der zurückbleibenden Väter keine vergleichbar disziplinierenden öffentlichen Diskurse wie für migrantische Mütter, dennoch müssen sich die nicht-migrierenden Männer mit hegemonialen Männlichkeitsvorstellungen auseinandersetzen und ihre väterlichen Care-Praktiken zum dominanten Männlichkeits- und Care-Narrativ in Beziehung setzen. In diesem Kapitel werden drei Fallstudien präsentiert, die sich mit den Dilemmata von Vätern und den sehr unterschiedlichen Lösungen, die sie für die Verbindung von Care- und Erwerbsarbeit finden, auseinandersetzen.

Kapitel 5, *Von der sozialistischen Utopie zur globalen Kommerzialisierung von Care: Neue Antworten auf ein altes Thema*, schließt das Buch ab. In diesem letzten Kapitel geht es um die Utopien emanzipativer Bewegungen, die Geschlechtergeschichte des Sozialismus/Postsozialismus und die kritisch-feministischen Debatten, die aktuell über geschlechterspezifische Care-Asymmetrien, über die Care-Ökonomie und die transnationale Vermarktlichung von Care geführt werden. Von der Re-Lektüre der Werke sozialistischer Utopist*innen, deren Umsetzung im realen Staatssozialismus über die feministische Kapitalismuskritik der 1970er und 1980er Jahre in den westlichen Industrieländern, insbesondere die Texte der Sozialistischen Feministinnen (Soz.Fems), wird der Bogen geschlagen zur neuen pro-feministischen Kapitalismuskritik des frühen 21. Jahrhunderts. Debatten über die Kommodifizierung von Care-Arbeit und die damit verbundene transnationale Migration der Care-Arbeiter*innen werden selten in Bezug gesetzt zu den aktuellen feministischen Kapitalismus-kritischen Diskussionen über geschlechtergerechte Alternativen zu dominanten Care-Regimen. Ich verknüpfe diese Debatten und frage danach, welche Utopien und Lösungsansätze von Theoretiker*innen und Aktivist*innen entwickelt werden.

Sollte den Leser*innen am Ende dieses Buches deutlich geworden sein, dass Care als Zukunftsfrage nicht nur im nationalen Container betrachtet werden kann, sondern dass transnationale Dimensionen von großer und wachsender Bedeutung sind, und dass Aktivist*innen und Theoretiker*innen jeweils die Hinterbühne der Care-Migration in ihre Überlegungen miteinbeziehen sollten, dann habe ich damit einen hoffentlich relevanten Beitrag für die weitere Debatte geleistet.

# 1 On the road. Die Versorgungskette der Care-Arbeiterinnen zwischen Deutschland, Polen und der Ukraine

Der Dokumentarfilm „Die Karawane der Pflegerinnen" von Ingo Dell (2017) beginnt und endet mit dem Blick auf polnische Frauen, die, in der Dunkelheit auf einen der hunderte von Kleinbussen wartend, zwischen ihrer Heimat und ihren Arbeitsstätten in Deutschland hin- und herpendeln. Dieser Film weist in respektvoller Art und Weise auf die prekäre Arbeits- und Lebenssituation polnischer Care-Migrantinnen[1] und die Folgen dieser Erwerbstätigkeit für die zurückgebliebenen Familienangehörigen hin. Dass Filme[2] dieser Art in jüngster Zeit häufiger im Fernsehprogramm zu finden sind, allerdings meistens zu später Stunde, kann als Hinweis auf ein erhöhtes Interesse an diesem Phänomen bei einem breiten Publikum betrachtet werden. Immer wieder wird darin bildlich verdeutlicht, dass die Beschäftigung von Pflegerinnen, in der Regel nicht als Pflegerin, sondern als Haushalts- oder Pflege*hilfe* etikettiert[3], mittlerweile eine kulturell weitgehend akzeptierte Lösung für die Betreuung von alten, hilfsbedürftigen Menschen im deutschen Privathaushalt geworden ist.

Darin spiegelt sich die Vorstellung von einem Großteil der deutschen Bevölkerung (Pfau-Effinger 2005, S. 13), dass ein Verbleiben von Pflegebedürftigen in ihrer eigenen Wohnung und Wohnumgebung einer Unterbringung im Pflegeheim vorzuziehen ist. Der Umzug in ein Pflegeheim gilt nur im Notfall als akzeptabel und zwar deshalb, weil die Lebensumstände in Altenpflegeheimen als menschenverachtend betrachtet werden (siehe Fussek/Loerzer 2007; Fussek/Schober 2013).[4] Gleichzeitig verstärkt die *familialistische* Orientierung des deutschen Care-Regimes diese Situation: Der staatliche Generationenvertrag sieht die Verantwortlichkeit von Kindern für ihre Eltern vor und die Pflege durch Familienangehörige gilt als Ausdruck individueller Fürsorge und Liebe. Nun wird die Familienfürsorge, so zeigen die Arbeiten von Getrud Backes (Backes/Amrhein/Wolfinger 2008), weiterhin zum überwiegenden Teil von weibli-

---

1 Ich benutze im Folgenden die weibliche Form, um die Dominanz von Frauen in diesem Erwerbszweig zu akzentuieren.
2 Weitere Filme siehe Filmographie.
3 Womit eine Abwertung von Kompetenzen verbunden ist, die gleichzeitig zur Legitimation der schlechten Bezahlung beiträgt.
4 Siehe dazu auch den Dokumentarfilm „Der Pflegeaufstand" (2017) von Ariane Rieker.

chen Familienangehörigen erbracht. Dies gilt nicht nur für die Angehörigenpflege, sondern auch für andere Care- und Haushaltsarbeitsleistungen (siehe Gather/Geißler/Rerrich 2002; Lutz 2007a), die laut der jüngsten Zeitbudgetstudie des Statistischen Bundesamtes (2015) im Geschlechtervergleich immer noch zu zwei Dritteln von Frauen geleistet werden. Allerdings vollzieht sich in deutschen Haushalten seit einiger Zeit bereits eine Umverteilung, bei der Care- und Haushaltsarbeit an eine familienfremde, meist weibliche Person weitergegeben wird. Nach einem Bericht der Minijob-Zentrale 2011 beschäftigen 67 Prozent aller Deutschen eine „Hilfe" im Haushalt (Minijob-Zentrale 2011). Damit entwickelt sich auch in Deutschland ein neuer Dienstleistungsmarkt und folgt einem Trend, der vor allem in wohlhabenden, postindustriellen Ländern zu konstatieren ist. In Deutschland verrichten in diesem Bereich Migrantinnen nicht nur haushaltsnahe Dienstleistungen (Putzen, Kochen, Bügeln, Aufräumen, Tätigung von Einkäufen etc.), sondern sind auch als Kinderbetreuerinnen, sowie in der 24-Stunden-Betreuung von pflegebedürftigen älteren Menschen tätig, wo sie in beiden Fällen in der Regel auch Haushaltstätigkeiten zu verrichten haben (zu Au-pairs siehe Hess 2009).

Ziel dieses ersten Kapitels ist es, eine Übersicht über die aktuellen Debatten zur sogenannten Care-Krise zu geben und darüber die *multiplen Widerspruchsverhältnisse* in diesem Feld zu skizzieren. Ich möchte auf Dilemmata hinweisen und Fragen stellen, die in den gängigen Darstellungen des Care-Migrationsphänomens fehlen. Zur Einführung wird der Umfang und Stellenwert von Care-Migration weltweit dargestellt. Dann folgen kurze Ausführungen zur Bedeutung von Care-Migration im deutschen, im polnischen und ukrainischen Care-Regime und deren Einordnung als Wachstumssektor der Care-Ökonomie. Daran schließen sich einige Hinweise zur (historischen) Einordnung von Osteuropa als Entsenderegion von Arbeitsmigrant*innen – in Vergangenheit und Gegenwart – an.

Schließlich werde ich drei aktuell wichtige theoretische Konzepte, die das Phänomen Care-Migration einordnen, diskutieren. Zunächst wird das Global-Care-Chain-Konzept (GCCC) vorgestellt, gefolgt von dem Konzept der Care-Zirkulation (CCC) und dem Konzept der Transnationalen Sozialen Ungleichheit (TSI), das sich bislang noch in Entwicklung befindet.[5]

---

5 Bei den hier verwendeten Abkürzungen bleibe ich im englischen Modus: GCCC (Global Care Chain Concept), Care Circulation Concept (CCC) und Transnational Social Inequality (TSI).

# Migrantische Care-Arbeit in der Care-Ökonomie – Ein kurzer Abriss der globalen Situation

In den letzten zwanzig Jahren hat sich die Care-Arbeit in privaten Haushalten weltweit zum größten Beschäftigungssektor für Migrantinnen entwickelt. Durch die Nachfrage nach Pflegekräften expandiert der Markt der transnationalen Care-Migration, die wiederum zur weltweit wachsenden Feminisierung der Migration führt. Während des ersten Jahrzehnts des 21. Jahrhunderts war ein exponentieller Zuwachs der Nachfrage nach Pflegekräften, besonders in den Industriestaaten der westlichen Welt wie auch in den Mittel- und Oberschichthaushalten Asiens (Indien, Singapur, Hongkong usw.), dem Mittleren und Nahen Osten (Türkei, Saudi-Arabien, Libanon, Ägypten usw.) sowie Mittel- und Lateinamerika zu verzeichnen. Die Internationale Arbeitsorganisation (ILO)[6] schätzt, dass weltweit 67,1 Millionen Menschen in privaten Haushalten beschäftigt sind, von denen 73,4 Prozent Frauen sind (ILO 2015a, S. xiii). Obwohl in vielen Ländern eine Mehrheit der Arbeitnehmer*innen Binnenmigrant*innen sind (z. B. in China), wächst auch die Zahl der internationalen Wanderarbeiter*innen und umfasst 8,5 Millionen Frauen und 3 Millionen Männer (ebd.). In einem früheren Bericht wurde erwähnt, dass es angesichts der Unzulänglichkeit der Datenquellen auch doppelt so viel sein könnten, was darauf hinweist, dass verlässliche Zahlen schwer zu erheben und die vorliegenden Daten in diesem Sektor unzureichend sind (ILO 2013, S. 32). Ein Beispiel für die Unzulänglichkeit der vorhandenen Erhebungen zeigt sich an der Datenlage der ILO in Bezug auf Care-Migrantinnen in europäischen Haushalten. Während die ILO-Berechnung für Nord-, Süd- und Westeuropa 1,8 Millionen angibt (ILO 2015a, S. 5; 6; 17), legen verschiedene Quellen nahe, dass diese Zahlen weit übertroffen werden. Laut Maurizio Ambrosini (2013) arbeiten 1,5 Millionen Migrantinnen allein in italienischen Haushalten; einer von zehn italienischen Haushalten beschäftigt eine Haushalts- und Care-Arbeiterin für die Betreuung von Kindern und/oder älteren Menschen. In Deutschland liegen die Schätzungen der live-in-Beschäftigung von Pflegekräften aus Osteuropa bei 200.000 bis 300.000 (Emunds 2016, S. 12; Hielscher/Kirchen-Peters/Nock 2017); es gibt allerdings Anhaltspunkte dafür, dass es sich dabei um *Unterschätzungen* handelt und die tatsächliche Zahl weit höher ist. In West- und Südeuropa sind neben Italien, Spanien, Portugal, Zypern, Deutschland, Österreich und der Schweiz auch Großbritannien, Belgien, die Niederlande, Luxemburg und ansatzweise auch die skandinavischen Länder Zielländer für Care-Migrant*innen aus Osteuropa. Die Gründe für das anhaltende Wachstum dieses Sektors

---

[6] Auch hier wird die englische Abkürzung verwendet: International Labour Organization (ILO).

sind vielfältig. Dazu gehört der Rückzug des Staates aus der institutionellen Versorgung alter und pflegebedürftiger Menschen, bei einem gleichzeitig rasanten Anstieg des durchschnittlichen Lebensalters. Der Einzug von Migrantinnen in private Pflegehaushalte wird durch die Einführung von Cash for Care-Politiken in vielen klassischen europäischen Wohlfahrtsstaaten gefördert, dazu gehört auch Deutschland (Williams 2010; 2014; 2018). Umfangreiche Care-Migration ist bereits seit Jahrzehnten in Ländern zu finden, in denen die staatliche Beteiligung an institutioneller Fürsorge im Wohlfahrtssystem traditionell niedrig ist (USA, Kanada, viele Staaten des Nahen Ostens, Asiens und Afrikas). Die schnelle demographische Alterung der Bevölkerung und eine wachsende Zahl von ‚einheimischen' Frauen, die auf den Arbeitsmarkt drängen, werden ebenfalls als wachstumsfördernde Faktoren angeführt; dass Care-Migrant*innen* in den Zielländern bevorzugt werden, spiegelt die kulturelle Normierung dieser Arbeit als weiblich vergeschlechtlicht wider. In einer Reihe von Staaten unterschiedlicher Weltregionen wird heute die Rekrutierung von Migrantinnen explizit als Kernelement der nationalen Arbeitsmarktpolitik betrachtet: Weiblichen Staatsangehörigen soll ermöglicht werden, sich in bezahlter Arbeit zu engagieren, während Migrant*innen die Care-Arbeit im Privathaushalt leisten; so etwa in Singapur (Teo 2016), Honkong (Constable 2007), Taiwan (Lan 2006) und Südkorea (Peng 2009, 2017), in den USA und Kanada (Boyd 2017; Michel/Peng 2012; Peng 2017). Dieser Trend hat auch unter Ökonom*innen zunehmend Aufmerksamkeit erfahren. So prognostizierte der Weltbeschäftigungs- und Sozialreport bereits im Jahre 2015, dass der Großteil der neuen Arbeitsplätze bis zum Jahr 2020 „[…] in privatwirtschaftlichen Dienstleistungen liegen wird, in denen mehr als ein Drittel der weltweiten Arbeitskräfte beschäftigt sein werden" (ILO 2015b, S. 23; Übersetzung H.L.). Ein erheblicher Teil dieser Arbeitsplätze seien in der Pflegearbeit angesiedelt. Diese neue *Care-Ökonomie* gilt heute als einer der wichtigsten Erwerbszweige in der globalen Entwicklung. Der Think-Tank „New America" etwa prognostiziert die Expansion von Care-Arbeit bis zum Jahr 2020 zum wichtigsten Beschäftigungssektor der USA – so wachsen Arbeitsplätze dort fünf Mal schneller als auf anderen große Arbeitsmärkten (siehe Slaughter 2016). Wie Nancy Folbre (2006) gezeigt hat, übertraf in den USA die Beschäftigung im Pflegesektor bereits Anfang der 2000er Jahre die der Auto- und Stahlindustrie. Einige Ökonom*innen begrüßen diese Entwicklungen (z. B. Heneau et al. 2016), während andere die Kommodifizierung migrantischer Betreuungsarbeit in privaten Haushalten als Refeudalisierung (Kurz-Scherf 1996) oder als Rückkehr zur Dienstbotengesellschaft (Bartmann 2016) charakterisieren. Fiona Williams (2010) betont, dass Care-Arbeit als Teil eines privatisierten Beschäftigungssektors selten staatlicher Kontrolle oder Regulierung unterliegt. Nancy Fraser (2014) bezeichnet Care-Arbeit im zeitgenössischen Kapitalismus als „fiktive Ware" (siehe dazu auch Lutz 2017b und Kapitel 5). Rhacel Parreñas (2001) beschreibt den globalen Trend der Vermarktlichung von Care als *neue internationale Teilung der reproduktiven Arbeit*, während Hondagneu-Sotelo (2001) von einer neuen Weltordnung im Inneren des Privathaushalts (*new world domestic order*) spricht.

Zusammenfassend zeigen diese Forschungen, dass in vielen Ländern und Kontinenten, insbesondere in globalen Städten, Frauen und Männer der Mittelschicht in ein *post-feministisches Paradigma* (Andall 2000) eingetreten sind, das die Vereinbarkeit von Familie und Beruf durch Auslagerung von Care-Tätigkeiten an Migrantinnen ermöglicht. Die Anwesenheit von Migrantinnen fördert damit die Abfederung geschlechtsspezifischer Verantwortung der Arbeitgeberinnen und entlastet ihre Partner (siehe auch Lutz 2007a). Gleichzeitig sorgt die Auslagerung von Care-Verantwortung an eine andere im Privathaushalt arbeitende Frau dafür, dass die Arbeit weiterhin *in weiblichen Händen* bleibt und die traditionelle geschlechtsspezifische Aufgabenverteilung von Care nicht hinterfragt, sondern auf eine neue Weise fortgeführt wird. Zusätzlich lassen sich auch strukturelle makroökonomische Komponenten dieses Phänomens nennen: Neoliberale Wohlfahrtsstaaten brauchen und nutzen sowohl legale als auch undokumentierte Migration, um die Friktionen ihrer Pflegesysteme und deren Versorgungslücken soweit nachzubessern, dass öffentliche Proteste ausbleiben (Ambrosini 2016; Lutz/Palenga-Möllenbeck 2010; Lutz 2017b). Die Akteurinnen der transnationalen Care-Migrationsbewegungen verbindet, dass sie aus (relativ) armen Ländern stammen, deren soziale Infrastruktur (soziale Sicherungssysteme, freier Zugang zu Gesundheitsversorgung und Bildung) kaum oder schlecht entwickelt sind. Ihre Einkünfte aus der Erwerbsarbeit in den Haushalten wohlhabender Klassen überweisen sie als Remissionen in die Herkunftsländer, um damit fehlende sozialstaatliche Leistungen zu ersetzen und ihren Kindern, Partnern und Familienangehörigen Bildung in Privatschulen oder Universitäten zu finanzieren oder Medikamente und Pflegepersonal für die eigenen Eltern zu bezahlen. Diese Migrationsbewegungen sind sowohl vorübergehender Art, aber auch von Dauer; in einigen Zielländern sind staatliche Rekrutierungsprogramme etabliert worden, die den Care-Arbeiterinnen eine legale Einreise und Arbeitsgenehmigungen ermöglichen (etwa in Kanada, Singapur, Hongkong, Taiwan, Israel), meistens übernehmen jedoch Vermittlungsagenturen das sogenannte *Matching*, die Auswahl einer zum Haushalt passenden Migrantin (siehe dazu das laufende Drei-Länder-Forschungsprojekt DECENT CARE WORK – URL: www.decent-care-work.net). In allen Ländern leben Migrant*innen jedoch auch als Undokumentierte, d.h. sie sind legal eingereist und nach Ablauf des Visums als *Overstayer* im Land verblieben (Ambrosini 2016 für Italien; Lutz 2007b und Karakayali 2010 für Deutschland). Gemeinsam ist den Care-Arbeiterinnen außerdem, dass ihre Löhne niedriger sind als die der jeweiligen ‚autochthonen' Pflegekräfte und dass sie den Arbeitsplatz in einem ausländischen Privathaushalt als Alternative zur Arbeitslosigkeit oder auch zu schlecht bezahlter Erwerbsarbeit im eigenen Land antreten. In der Mehrzahl der Studien werden diese Trends als *globale Bewegung von Süden nach Norden* bezeichnet. Diese Beschreibung ist jedoch unzutreffend, wenn es um die Migration zwischen asiatischen Ländern etwa *aus* Indonesien, Malaysia, den Philippinen *nach* Taiwan, Singapur, Südkorea und Honkong (Michel/Peng 2012; 2017; Peng 2017) geht; oder *von* Sri Lanka und den Philippinen *in* den Nahen Osten (Libanon, Saudi-Arabien, Israel) (Samarasinghe 1998; Gamburd 2000; Mundlak/Shamir 2008). In Europa stammt die Mehrzahl der Care-Arbeiterinnen aus Europa und zwar aus ‚Osteuropa'. Hier handelt es sich überwiegend um eine Ost-West-Bewegung, zusätzlich aber auch um eine Ost-Ost-Migration, aus ökonomisch schwächeren, am Rande der EU liegenden Ländern in die osteuropäischen EU-Mitgliedsstaaten. So ziehen etwa moldawische, georgische, ukrainische und weißrussische Frauen in die wohlhabenden Ober- und Mittelschichtshaushalte der boomenden Städte Polens, Ungarns und der Tschechischen Republik. Auch zwischen den ehemaligen jugoslawischen Republiken ist eine Migration von Care-Arbeiterinnen aus den Grenzstaaten der europäischen Union in die EU-Mitgliedsstaaten Slowenien und Kroatien zu beobachten (Hrženjak 2011). Gleichzeitig suchen slowakische, polnische, ukrainische, rumänische, bulgarische und lettische Frauen in ländlichen Gebieten in Deutschland, Italien, Spanien, Großbritannien, Belgien, den Niederlanden, Luxemburg und Österreich eine Beschäftigung (vgl. Österle/Bauer 2016; Degiuli 2016; Cox 2015; Urbańska 2015; Krzyżowski 2013; Haidinger 2013; Leon 2014; Lutz 2010; Lutz 2011). Dies alles bedeutet, dass die geopolitische Charakterisierung dieses Migrationsphänomens als *Bewegung vom Globalen Süden in den Globalen Norden* durch eine Analyse der *weitreichenden und multiplen Skalierung* von Care-Migrationen ersetzt werden muss (siehe dazu die Ausführung von Michel/Peng 2017 zum pazifischen USA-Asien-Raum). Dabei muss sowohl die Komplexität der Care-Migration in den Blick genommen werden als auch die diversen regionalen Besonderheiten, sowie die jeweiligen klassen- und geschlechtsspezifischen und ethnischen Dimensionen des Phänomens (Lutz 2017b; Lutz/Palenga-Möllenbeck 2014). Care-Migrationen sind vielschichtig, widersprüchlich und ändern Form und Ausdruck manchmal innerhalb kurzer Zeit (siehe dazu Lutz 2008). Obgleich genauere Untersuchungen oft auf historische Pfad-Abhängigkeiten hinweisen,[7] ist eine genaue Vorhersage von zukünftigen Care-Migrationsbewegungen schwierig. All diese Aspekte stellen eine Herausforderung für die Theoriebildung dar, denn es ist offensichtlich, dass die Vielzahl der aufgeführten Unterschiede nicht in einer einzigen Kausalanalyse zusammengeführt werden kann.

---

7 Beispielsweise weist die Migration von Westukrainerinnen, die der polnischsprechenden Minderheit angehören, auf die ethnische und religiöse Heterogenität einer Region hin, die einmal Teil des polnisch-litauischen Reichs war.

# Migrantische Care-Arbeit als Dimension der neoliberalen Care-Ökonomie: Deutschland

Wie bereits oben angedeutet, verrichten Migrantinnen aus Osteuropa in deutschen Privathaushalten eine Reihe von Tätigkeiten:

a) die gesamte Palette von Haushaltsarbeiten (siehe dazu Geissler 2010; Lutz 2007a; Thiessen 2004; Gather/Geißler/Rerrich 2002);
b) Kinderbetreuung und Haushaltsarbeit als Au-pairs (Rohde 2014; Hess 2009);
c) 24-Stunden-Betreuung von pflegebedürftigen, oft hochaltrigen Menschen.

Den stärksten Zuwachs erfährt der Bereich der Pflegearbeit. Laut dem Bundesinstitut für Bevölkerungsforschung (BiB 2015) wird die Zahl der Pflegebedürftigen[8] von 2,6 Millionen im Jahr 2013 auf rund 3,5 Millionen Menschen im Jahr 2030 steigen. Prognostiziert wird im gleichen Bericht eine langfristige Erhöhung auf 4,5 Millionen Personen in den folgenden Jahrzehnten. Bislang leben drei von vier pflegebedürftigen Menschen zu Hause und werden dort zumeist von Angehörigen versorgt (Hielscher/Kirchen-Peters/Nock 2017, S. 14). Das Statistische Bundesamt (2017, S. 5) gibt an, dass im Jahr 2015 2,08 Millionen (73 Prozent aller Pflegebedürftigen) zuhause versorgt wurden, davon 1,38 Millionen ausschließlich durch Angehörige, 292.000 von Angehörigen in Kombination mit ambulanten Pflegediensten und 13.300 allein durch ambulante Pflegedienste. Es ist auffällig, dass in diesen Erhebungen das Phänomen der Care-Migration gänzlich fehlt.

## Cash-for-Care in der 24-Stunden-Pflege

Parallel zu der demographischen Entwicklung wird seit Beginn der 1990er Jahre die Kommerzialisierung von Care vorangetrieben, denn der deutsche Staat gehört zu den europäischen Ländern, die Pflegedienstleistungen zunehmend an den Markt delegieren. Seit Anfang der 1990er Jahre wurde sukzessiv eine Abkehr von der staatlichen, Steuer-finanzierten Pflege hin zu einer am ersten Januar 1995 eingeführten gesetzlichen Pflegeversicherung vollzogen und dabei „[...] als sozialversicherungsförmige Lösung realisiert, bei der die Beiträge von den Beschäftig-

---

8 Pflegebedürftig sind laut SGB XI „Personen, die wegen einer körperlichen, geistigen oder seelischen Krankheit oder Behinderung für die gewöhnlichen und wiederkehrenden Verrichtungen im Ablauf des täglichen Lebens auf Dauer, voraussichtlich für mindestens sechs Monate, in erheblichem und höherem Maße (§15 SGB XI) der Hilfe bedürfen (§14 Abs. 1 SGB XI)" (Statistisches Bundesamt 2017, S. 31).

ten und den Arbeitgebern gezahlt werden" (Hielscher/Kirchen-Peters/Nock 2017, S. 15). Damit war zwar eine einkommensunabhängige Grundversorgung gewährleistet, die der Abdeckung von pflegebedingten Aufwendungen gilt und über die Leistungen der Sozialhilfe hinausgeht; gleichzeitig wurden die Leistungen jedoch an bestimmte Höchstbeträge gekoppelt, was dazu führt, dass nicht abgedeckte Kosten aus Eigenmitteln bestritten werden müssen (ebd.). Diese Lösung wird auch *Teilkaskoversicherung* genannt. Seit Einführung des Gesetzes haben zahlreiche Revisionen stattgefunden[9], die sich vor allem mit den Kriterien für die Feststellung der Leistungsberechtigung befassten. Leistungen erhalten nur die Personen, deren Pflegebedürftigkeit „in erheblichem oder erhöhten Maße" (§ 14 SGB XI) nachwiesen wird.[10] Die Einteilung in drei Pflegestufen wurde 2016/2017 in fünf Pflegegrade (§ 140 SGB XI) verändert; fortgesetzt wird darin ein Teilleistungssystem, das mit gesetzlich festgesetzten Höchstbeträgen arbeitet und keine vollständige Abdeckung der Kosten bereitstellt. Grundsätzlich ist auch mit dem neuen Pflegebedürftigkeitsbegriff keine Vollabsicherung des Pflegerisikos durch die Leistungen der sozialen Pflegeversicherung beabsichtigt. Das Pflegeversicherungsgesetz folgt den Prinzipien eines Stufenmodells, in dem die häusliche Pflege Priorität vor der ambulanten hat und die ambulante vor der stationären (§ 3 SGB XI). Die Umsetzung dieser Normierung erfolgt über das Pflegegeld (oder über Sachleistungen), die dem zuhause betreuten Pflegebedürftigen von einer Pflegekasse (der auch die Feststellung der Pflegebedürftigkeit zusteht) überwiesen wird. Die Pflegebedürftigen benutzen dieses Geld entweder zur Bezahlung ihrer Angehörigen oder der Pflegedienste bzw. einer Kombination von beiden. Momentan (Januar 2018) beträgt das Pflegegeld 689 Euro bei einer Einstufung in Pflegestufe 1 und liegt beim höchsten Pflegegrad 5 (Härtefälle) bei 1995 Euro. Die pflegebedürftige Person kann über die Ausgabe des Pflegegelds selbst entscheiden und das Ausgabemuster wird nicht kontrolliert. Insgesamt gibt der Staat ein Prozent des deutschen Bruttoinlandsprodukts für die Langzeitpflege (LTC = long term care) aus und liegt damit noch hinter Italien (1,3 Prozent); in der EU steht Schweden mit drei Prozent an der Spitze (siehe Theobald/Luppi 2018). Wie bereits angedeutet liegt diesem LTC-System ein auf die Familien und innerhalb derselben auf Frauen ausgerichtetes Pflegeverständnis zugrunde, das sich mit den Arbeitsmarkt-politischen Anforderungen des Adult-Worker-Modells[11] nicht mehr ver-

---

9   Etwa zwischen 2015 und 2017 drei sogenannte *Pflegestärkungsgesetze*.
10  „Unterhalb einer Grenze von 90 Minuten an direktem Zeitaufwand für pflegerische Verrichtungen bestand für die Einstufung in die Pflegestufe I lange Zeit keinerlei Anspruch auf Pflegeleistungen aus der Pflegeversicherung" (Hielscher/Kirchen-Peters/Nock 2017, S. 15).
11  Damit ist die von allen arbeitsfähigen Erwachsenen geforderte Erwerbstätigkeit gemeint, die in der EU-Gleichstellungspolitik als zentraler Modus gesellschaftlicher Teilhabe betrachtet wird.

einbaren lässt. Die Übernahme von Pflegearbeiten z. B. im Haushalt ihrer Eltern ist für berufstätige Männer und Frauen schwierig. Insbesondere für Frauen, von denen erwartet wird, dass sie (zumindest zeitweise) aus ihrem Beruf aussteigen oder die Arbeitszeit reduzieren, entstehen Einzahlungslücken in die Rentenkasse, die langfristig einen Gender-Renten-Gap zur Folge haben.

Aus einem vom Deutschen Berufsverband für Pflegekräfte (DBfK 2006) veröffentlichten Positionspapier geht hervor, dass 40 Prozent der als Pflegende angegebenen Familienangehörigen einer vollzeitlichen Berufstätigkeit nachgehen und davon ausgegangen wird, dass migrantische 24-Stunden-Care-Arbeiterinnen aus ‚Osteuropa' gerade in solchen Situationen als *ideale Lösung* betrachtet werden. Insgesamt ist die Datenlage zu dieser Gruppe immer noch schlecht; es gibt lediglich Schätzungen. Laut einer jüngeren, von der Hans-Böckler-Stiftung in Auftrag gegebenen Studie (Hielscher/Kirchen-Peters/Nock 2017) beschäftigt etwa jeder zwölfte Pflegehaushalt deutschlandweit (ca. acht Prozent der Pflegehaushalte) eine Migrantin, die (temporär) im Pflegehaushalt lebt. Die Gewerkschaft ver.di geht von rund 300.000 migrantischen live-ins in deutschen Pflegehaushalten aus (vgl. Steffen 2015, S. 22). Thomas Klie von der Evangelischen Hochschule Freiburg sieht die tatsächliche Zahl eher bei 600.000 Personen und begründet diese Hochrechnung mit der in Österreich erfolgten Legalisierung von vordem unangemeldeten Arbeitsverhältnissen migrantischer Pflegekräfte. Als Folge der gesetzlichen Regelungen sei eine sehr hohe Anzahl undokumentierter Beschäftigungen sichtbar geworden: „Überträgt man die dortigen Zahlen auf die Bevölkerung in Deutschland, können wir von einer Größenordnung von 600000 Personen ausgehen" (Rüffer 2015, o.S.). Das wichtigste Entsendeland für Care-Migrantinnen nach Deutschland ist bislang Polen; dass die Kalkulation von Klie der realen Situation entspricht, legt auch die Schätzung der polnischen Arbeiterkammer nahe, die davon ausgeht, dass bis zu 400.000 Pflegerinnen in Deutschland allein aus Polen stammen: "Das polnische Pflegepersonal wird zur Zeit auf zwei unterschiedlichen Wegen nach Deutschland entsandt – etwa 200 Tausend polnische Pflegekräfte leisten ihre Arbeit schwarz und nur ein paar Tausend arbeiten bei den deutschen Pflegeagenturen, Pflegeheimen, Zeitarbeitsagenturen und anderen deutschen Unternehmen, die Leistungen für ältere Personen anbieten. Etwa 150 bis 200 Tausend Pflegekräfte werden aktuell von polnischen Unternehmen zur Arbeit in den deutschen Familien entsandt" (Redaktion Pflegeinstitut.eu o.J., o. S.). Unter den Sendeländern befinden sich neben Polen auch die Ukraine, Rumänien, Bulgarien, Ungarn, die Slowakei und die baltischen Staaten. Auffällig ist das offensichtliche Desinteresse des deutschen Staates an einer Verbesserung der Datenlage. Im Verlauf unseres Projektes „Landscapes of Care Drain" haben wir im September 2009 zwei Bundesministerien angeschrieben und sie um Informationen zu diesem Phänomen gebeten. Das Familienministerium ließ uns wissen, über keine Daten zu verfügen, und das Ministerium für Arbeit und Soziales teilte uns mit, dass im Jahr 2008 3.051 Personen im Rahmen des Programms

„Regulierung zur Vermittlung von Haushaltshilfen in Haushalte mit Pflegebedürftigen" aus den neuen Mitgliedsstaaten Zentral- und Osteuropas (ZAV) in deutschen Haushalten tätig waren; darüber hinaus sei keine Information verfügbar. Zum gleichen Zeitpunkt schätzte das Deutsche Institut für angewandte Pflegeforschung (Isfort 2009) jedoch die Anzahl der osteuropäischen Pflegerinnen in deutschen Haushalten auf 100.000 bis 145.000. Und parallel skandalisierte die deutsche Presse bereits den sogenannten Pflegenotstand und präsentierte vielfach die „polnischen Engel" als probate Lösung (zur Presseanalyse siehe Lutz/ Palenga-Möllenbeck 2014, S. 220; vgl. Bauer 2016). Mit dem Begriff *24-Stunden-Polin*, prägte die Chefreporterin der Zeitschrift „Chrismon", Christine Holch (2006), die Metapher, die heute stellvertretend für live-in-Pflegerinnen in Deutschland gilt (kritisch dazu siehe Lutz 2007b). Auch im Jahr 2018 fehlen immer noch klare rechtliche Regelungen zum Einsatz migrantischer *live-ins* in deutschen Pflegehaushalten. Einerseits gilt, dass Migrantinnen, die sich als Selbstständige versichern und lediglich für *eine* Person arbeiten, was bei der Versorgung von pflegebedürftigen alten Menschen die Regel ist, geltendes Recht brechen. Diese sogenannte *Scheinselbstständigkeit* gilt als Straftat. Betroffene können ausgewiesen werden und auch Arbeitgeber\*innen drohen Geldstrafen (Dollinger 2008). Andererseits gibt es allgemeine arbeitsrechtliche Vorschriften, die Mindestlohn und Schutzrechte für Pflegekräfte (Arbeitsschutz, Sozialabgaben, Höchstarbeitszeiten, Mindesturlaub) definieren. Für die hier beschriebene Gruppe greifen sie *dennoch nicht*, da diese Regelungen „nicht für Pflegekräfte gelten, die mit den ihnen anvertrauten Personen in häuslicher Gemeinschaft leben. In diesen Fällen gibt es keine arbeitszeitlichen Einschränkungen" (Wissenschaftliche Dienste des Deutschen Bundestages 2016, S. 6). Damit wird diese Gruppe ganz legal arbeitsrechtlich nachhaltig benachteiligt. Hinzugefügt wird außerdem: „Spezielle Kontrollmöglichkeiten dieser Beschäftigungsverhältnisse gibt es in Deutschland nicht" (ebd.). Dies führt praktisch dazu, dass Schutzrechte lediglich auf dem Papier existieren. Diese Praxis wirkt sich auch auf das von der Internationalen Arbeiterorganisation jahrzehntelang erkämpfte Übereinkommen 189 (Ü-189) für die Rechte von Haushalts- und Care-Arbeiterinnen aus, welches als großer Erfolg gefeiert wurde. Die Bundesregierung ratifizierte dieses Abkommen zwar im Jahr 2013 und es trat im September 2014 in Kraft, nutzte jedoch die in Art. 2 Ü-189 vorgesehene Möglichkeit, Gruppen von Arbeitnehmer\*innen ganz oder teilweise vom Geltungsbereich des Ü-189 auszunehmen und wies stattdessen auf vage Konstrukte wie die „Eigenverantwortlichkeit" von Haushalten im „Zusammenleben in häuslicher Gemeinschaft" hin (Scheiwe 2015). Mit diesen Ausnahmeregelungen wurden also der Geist und die Intention des Übereinkommens 189 offiziell ausgehebelt (siehe auch die Stellungnahme von ver.di in Steffen 2015, S. 14). Bereits in den frühen 2000er Jahren haben Migrantinnen als osteuropäische Haushaltsarbeiterinnen ein selbstorgansiertes Pendelmigrationssystem etabliert, indem sie ihre Arbeit in einem oder mehreren Haushalten für eine bestimmte

Anzahl von Monaten ausübten (sechs Wochen bis drei Monate), dann in ihren eigenen Privathaushalt zurückkehrten und sich von einer anderen Arbeiterin ersetzen ließen (siehe Lutz 2007a). Damit hat sich ein Lebens- und Arbeits-Status entwickelt, den Bettina Haidinger (2013) als „Hausfrau für zwei Länder"[12] bezeichnet. Dieses System ist in Deutschland von der Zentralen Auslands- und Fachvermittlung (ZAV) übernommen worden. Die ZAV rekrutiert direkt in den Herkunftsländern und vermittelt gebührenfrei Migrantinnen in deutsche Haushalte, denen ein eigenes Zimmer zur Verfügung gestellt werden muss und deren wöchentliche Arbeitszeit 38,5 Stunden – verteilt über sechs Arbeitstage – betragen darf, an denen sie für ein Bruttogehalt von 1723,70 € (Stand 2017)[13] *hauswirtschaftliche Tätigkeiten und pflegerische Alltagshilfen* verrichten. Die Vermittlungszahlen bei dieser Lösung bleiben niedrig, da die administrativen Vorschriften als kompliziert und unflexible erfahren werden (siehe Karakayali 2010). Eine andere, jedoch regional stark eingeschränkte Möglichkeit ist die Inanspruchnahme von Cari-Fair, einer Vermittlungs- und Betreuungsagentur des Caritasverbandes oder von Fair-Care, die der Diakonie untersteht. Ein wachsender Anteil der in Deutschland arbeitenden migrantischen Pflegerinnen, die ihre Tätigkeit in einem Pflegehaushalt alle zehn Wochen bis drei Monate an eine Kollegin übergeben, um sie dann im gleichen Rhythmus wiederaufzunehmen, wird über bi-nationale, kommerzielle Vermittlungsagenturen platziert; diese übernehmen die Rekrutierung und vermitteln in drei Varianten:

a) Sie schließen mit den deutschen Arbeitgeber*innen einen Dienstleistungsvertrag ab, bei dem die Migrantin als Subunternehmerin Gewerbesteuern in Deutschland oder im Heimatland entrichten muss, was allerdings als *Scheinselbständigkeit* strafrechtlich verfolgt werden kann;
b) Sie schließen mit der Migrantin einen Arbeitsvertrag konform der EU-Dienstleistungsrichtlinie der Entsendung nach Art. 12 VO (EG) Nr. 883/2004 ab, wobei die sozialversicherungsrechtlichen Vorschriften des Entsendelandes zur Anwendung kommen sollen, die jedoch von keiner Seite kontrolliert werden;
c) Sie schließen mit der Migrantin einen Arbeits-/Auftragsvertrag ab, der die gewöhnliche Beschäftigung in mehreren Mitgliedstaaten nach Art. 13 VO (EG) Nr. 883/2004) ermöglicht; der Vorteil für die Beschäftigten wird dabei von den Agenturen als Arbeitsplatzgarantie gepriesen, von der polnischen Arbeiterkammer jedoch als Müllvertrag gegeißelt, da die Verträge zivilrechtlich geschlossen sind und *keinerlei* Arbeitnehmer*innenrechte festgelegt werden.

---

12 So lautet der Titel ihres Buches.
13 Davon werden gegebenenfalls noch Kost und Logis abgezogen.

In allen drei Fällen können die Agenturen den monatlich zu entrichtenden Vermittlungssatz, den die Pflegebedürftigen oder deren Familien bezahlen müssen, selbst festlegen. In dem Dokumentarfilm „Ausgebeutet und Alleingelassen" (Redaktion Monitor/ARD 2013) werden Beispiele gezeigt, in denen die Höhe der Vermittlungskosten das Gehalt der Pflegerinnen übersteigt. Aus Informationsmaterialien der verschiedenen Agenturen lässt sich ableiten, dass das monatliche Gehalt der Migrantinnen in der 24-Stunden-Pflege zwischen 900 und 1.700 Euro liegt (Stand Frühjahr 2018). Insgesamt entsteht hier der Eindruck, dass das Geschäft mit der Pflege in Deutschland sehr lukrativ ist, zumal es keine transnationale, europäische Institution gibt, die die Praktiken des Entsendegesetzes und die Einhaltung von Arbeits-, Sozial- und Menschenrechten überwacht. Bislang scheint es für die Behörden auch keinen Anlass zu geben, diesen Tatbestand in absehbarer Zukunft zu verändern (siehe dazu das laufende Forschungsprojekt DECENT CARE WORK). So macht sich der deutsche Staat mithilfe des Imports von flexiblen und preiswerten Arbeitskräften, deren Beschäftigungsverhältnisse prekär und deren Verhandlungsposition eingeschränkt sind, unter dem Dach der Europäischen Union zum Komplizen von Grauzonenpraktiken (siehe Lutz/Palenga-Möllenbeck 2010). Deshalb gilt grosso modo noch immer die Beschreibung des Journalisten Bernd Kastner der Süddeutschen Zeitung aus dem Jahr 2008: „Das System ist illegal […], aber es funktioniert. […] Gäbe es die mutmaßlich meist illegal tätigen Ungarinnen und Polinnen, Tschechinnen und Rumäninnen nicht, würde die häusliche Pflege zusammenbrechen. Also wird es toleriert, mehr oder weniger stillschweigend […]" (Kastner 2008, S.41). Um zu verstehen, welche Bedingungen dazu führen, dass Migrantinnen aus Polen und der Ukraine über die Landesgrenzen in einen fremden Haushalt aufbrechen, ist ein Einblick in die Care-Regime Polens und der Ukraine notwendig.

## Transnationale Verbindungen – Die Care-Regime Polens und der Ukraine

Das aktuelle Care-Regime Polens ist das Resultat der seit den frühen 1990er Jahren betriebenen Dezentralisierung und Privatisierung der Sozialsysteme im post-sozialistischen Teil Europas (Österle 2014, S. 369). Es wird als „explizit familialistisch" (Krzyźkowski/Mucha 2012) bezeichnet, d. h. der polnische Staat beteiligt sich nur sehr begrenzt an der Bereitstellung von Betreuungs- und Versorgungsleistungen für Kinder und Pflegebedürftige und nimmt stattdessen die Familien in die Verantwortung. Das *family care-Modell* (Anntonen/Sipilä 1996) war zwar in Bezug auf die Betreuung von alten und kranken Menschen bereits im sozialistischen System vorhanden, allerdings reduzierte der Staat im Postsozialismus nachdrücklich seine Beteiligung an der formellen Pflegeinfrastruktur (vgl. Golinowska 2010). Im Jahr 2010 betrug der Anteil der Ausgaben für Pflege lediglich 0,37 Prozent des Bruttoinlandsproduktes (Österle 2014, S. 366), was einen signifikanten Unterschied zu den Ausgaben West-, Nord- und z.T. auch Südeuropas indiziert. Eine besondere Belastung für die polnischen Familien entsteht heute daraus, dass in vielen Versorgungsbereichen ein Bruch mit der Zeit vor 1989 erfolgt ist: Um weibliche Erwerbstätigkeit im Sozialismus zu fördern, waren umfassende Infrastruktureinrichtungen (Kinderkrippen und -gärten, Ganztagsschulen, Schulkantinen, Altersheime etc.) etabliert worden, die heute fehlen. Im Staatssozialismus waren Anfang der 1980er Jahre fast 70 Prozent aller verheirateten Polinnen erwerbstätig (Sikorska 2009, S. 92); in vielen anderen Staaten Osteuropas lag der Anteil noch sehr viel höher. Allerdings hatte die hohe Erwerbsbeteiligung von Frauen weder in Polen noch in anderen sozialistischen Ländern dazu geführt, dass Tätigkeiten im Haushalt sowie Betreuungstätigkeiten geschlechtergerecht aufgeteilt wurden. Stattdessen galt die Vereinbarung von Beruf und Familienleben weiterhin als reine Frauensache. Um Müttern die Vollerwerbstätigkeit zu ermöglichen, übernahmen im Staatssozialismus auch deren Mütter oder Schwiegermütter im Rentenalter familiäre Betreuungsaufgaben (Saxonberg/Szelewa 2007, S. 356). Der Trend zur Refamilialisierung der Betreuungspolitik ist nicht auf Polen beschränkt, sondern zeichnet sich in allen postsozialistischen Ländern ab. Éva Fodor bezeichnet ihn als „Rückkehr zur Häuslichkeit" (2011, S. 3). Aufgrund massiver Einschnitte bei familienpolitischen Leistungen sowie durch den rasanten Verlust von Arbeitsplätzen in weiblich dominierten Erwerbsfeldern (Kałwa 2007, S. 208; van Klaveren et al. 2010), sahen sich nach 1989 viele Frauen gezwungen, den Arbeitsmarkt zu verlassen.[14] Damit korrespondierte die konservative Ideologie der neuen Mütterlichkeit (Szelewa/Polakowski 2008, S. 117). Infolge der sogenannten *Wende* von 1989 sank das Einkommen der polnischen Bevölkerung von 60 Prozent unter das Subsistenzniveau (Tarkowska 2007). Selbst Frauen, die Arbeit hatten, konnten von dem Lohn nicht leben und entwickelten sich zu „Managerinnen der Armut" (ebd.). In vielen Gemeinden wurden öffentliche Kindergärten geschlossen und stattdessen private Einrichtungen gegründet, die nun eine explizite Abkehr von der „kommunistischen Indoktrination" in der Kinderbetreuung praktizieren, jedoch mit modalen und Minimumeinkommen nicht bezahlbar sind (Keryk 2010, S. 433–434). Altenbetreuung dagegen war vor und nach der Wende den Familien überlassen (Synak 2002). Darüber hinaus verstärken die seit Mitte der 1990er Jahre durchgeführten Wohlfahrtsstaatsreformen die Risiken der sozialen Absicherung von Frauen. Durch die Teilpri-

---

14 Im Jahr 1995 waren in Polen 54,8 Prozent der Arbeitslosen weiblich, 1997 waren es 61,2 Prozent (Fuszara 2000, S. 268) und im Jahr 2013 – trotz einer deutlich verbesserten Wirtschaftslage – immernoch 42,4 Prozent (Kindler/Kordasiewicz/Szulecka 2016, S. 5).

vatisierung der Alterssicherung, in der die Unterbrechungen der weiblichen Erwerbsbiographie für Kindererziehung und Pflege nicht ausreichend berücksichtigt und kompensiert werden, entsteht eine geschlechtsspezifische Rentenlücke: „In den Rentenreformprozessen standen – gefördert durch entsprechende Politikempfehlungen der Weltbank – vor allem Fragen der finanziellen Konsolidierung der Rentensysteme im Vordergrund, und es wurde versäumt, bei den teilweise fundamentalen Veränderungen, auch die Geschlechterperspektive zu berücksichtigen" (Klenner/Leiber 2009, S. 25). Ein Ausweg aus der Feminisierung von Armut stellt/e die Migration in West-Süd- und Nordeuropäische Länder dar. Somit entstand in diesem Transformationsprozess ein paradoxer Wandel im Hinblick auf Familie und Geschlechterordnung. Während einerseits das traditionelle Modell der Refamilialisierung ideologisch-kulturelle und politische Unterstützung erfuhr, wurde andererseits das Doppelverdiener-/Ko-Ernährermodell mehr denn je zu einer finanziellen Überlebensnotwendigkeit (Giza-Poleszczuk 2007, S.309). Der Migrationsdruck hat sich im Laufe der vergangenen 30 Jahre vor allem in den mittlerweile prosperierenden städtischen Regionen abgeschwächt. Die polnische Beschäftigungsrate lag im Jahr 2013 bei 60 Prozent und war damit signifikant höher als zehn Jahre früher zum Zeitpunkt des Eintritts in die EU (2003 mit 51 Prozent); jedoch lag das monatliche Durchschnittsbruttogehalt im Jahr 2015 noch bei 780 Dollar und damit auffällig niedriger als in anderen EU-Mitgliedsstaaten, wie etwa in Deutschland mit 2.400 Dollar oder Großbritannien mit 3.000 Dollar (siehe Kindler/Kordasiewicz/Szulecka 2016, S. 4). Bis dato hält also die Migration aus ländlichen Regionen und abgewickelten Industriegebieten in die boomenden Großstädte und vor allem ins Ausland an; dabei überwiegt nach wie vor der Anteil der Frauen. Laut Mikrozensus hielten sich im Jahr 2011 von 38,3 Millionen Einwohner*innen insgesamt 3,5 Millionen temporär im Ausland (zwischen drei und 12 Monaten) auf und 190.000 haben zwischen 2004 und 2011 ihren Wohnsitz in Polen abgemeldet. Der Frauenanteil unter den Migrant*innen ist seit 2004 zunehmend angestiegen und betrug im Jahr 2011 52 Prozent (siehe Slany/Ślusarczyk 2013; Anacka et al. 2014, S. 26). Für Care-Migrantinnen aus Polen ist Deutschland nach wie vor das wichtigste Zielland.

### Transnationale Care-Migrantinnen aus der Ukraine

Auf den ersten Blick paradoxal hat sich Polen mittlerweile nicht nur zum *Emigrations*land, sondern zusätzlich auch zu einem *Immigrations*land, insbesondere für Migrantinnen aus dem Westen der Ukraine, entwickelt. Obgleich seit dem EU-Beitritt 2003 Polen zu den Ländern gehört, denen eine strenge Kontrolle der EU-Außengrenze abverlangt wird, was anfangs zur forcierten Einführung von Visakontrollen führte, blieb die Grenze für ukrainische Migrantinnen durchlässig und Polen ist bis heute ein wichtiges Destinationsland. Waren anfangs vor allem Frauen gefragt, die Haushaltsarbeiten und Kinderbetreuung in den urbanen Haushalten der neu entstehenden Mittelklasse verrichteten, so stieg mit sinkender Geburtenrate und steigender Anzahl pflegebedürftiger alter Menschen die Nachfrage nach Migrantinnen in der häuslichen 24-Stunden-Pflege. Die Migration, die nach der Unabhängigkeitserklärung im Jahr 1991 entstand, wird von ukrainischen Forscher*innen als *vierte Welle* bezeichnet (Feyduk/Kindler 2016, S. 2), denn diese Migrationsgeschichte zwischen beiden Ländern reicht bis in die Zeit vor dem Ersten Weltkrieg zurück, in der die Westukraine für kurze Zeit Teil des polnischen Reiches war. Die grenzüberschreitende Arbeitsmigration wurde in der Zeit, in der die Ukraine zur Sowjetunion gehörte, fortgesetzt. Nach dem Zerfall der Sowjetunion und der Etablierung des neuen Staates Ukraine wurde die Bevölkerung noch stärker als die Polens vom Zusammenbruch des wirtschaftlichen Systems getroffen. Die ökonomische Inkorporation des Landes in den Weltmarkt wurde mithilfe fiskalischer Konsolidierung, d.h. der Abschaffung von staatlichen Subventionen, der einschneidenden Reduktionen öffentlicher Dienstleistungen, Privatisierungen und der Deregulierung der Märkte vorangetrieben: „In der Ukraine wurden Massenprivatisierungen und Einsparungen in den ehemals staatlichen Unternehmen durchgeführt, was zu enormen Kürzungen bei den sozialen Leistungen der Unternehmen für die MitarbeiterInnen führte" (Haidinger 2013, S. 87). Diese desolate Situation führte zu Korruption, dramatischem Arbeitsplatzverlust, steigender Instabilität und zunehmender sozialer Ungleichheit in der Bevölkerung. Noch im Jahr 2002 lag der Anteil derjenigen, der weniger als das Lebensminimum verdient, bei 83,3 Prozent (Haidinger 2013, S. 88). Ein großer Teil der ukrainischen Bevölkerung muss also nach wie vor als *working poor* bezeichnet werden; viele Staatsbetriebe konnten/wollten in der Transformationszeit keine Löhne mehr auszahlen und viele Menschen konnten ihr Leben nur aufgrund von Subsistenzwirtschaft (Zhurzhenko 2001, S. 37) und mithilfe der Remissionen von im Ausland tätigen Familienangehörigen absichern. Bettina Haidinger (2013, S. 90) beschreibt die nach 1991 etablierte Sozialpolitik zur Restrukturierung des Wohlfahrtssystems als widersprüchlich, denn „einerseits werden Tendenzen stärker, die ein liberales, angelsächsisches System befürworten, wie etwa durch die Einführung des Drei-Säulen-Pensionssystems oder die Einführung bedarfsgeprüfter sozialer Unterstützung deutlich wird; andererseits setzen sich auch Vorschläge durch, die auf ein drastisches Anwachsen von allgemeinen Minimumstandards insistieren". Im Transformationsprozess zeigen sich bislang einschneidende Nachteile für die Situation von Frauen. Trotz rechtlich festgesetzter Gleichberechtigungsbestimmungen und eines besseren weiblichen Ausbildungsniveaus sank der Lohn auf 70 Prozent gegenüber dem Einkommen von Männern (ebd., S. 91). Vor der Transformation standen über 90 Prozent der erwerbsfähigen Frauen in einem Vollzeitarbeitsverhältnis – der

Frauenanteil der Erwerbstätigkeit lag in den 1970er Jahren sogar über dem der Männer. Dies hat sich grundlegend geändert: „Seit 1995 sinkt die Frauenbeschäftigung jedoch konstant und lag 2009 bei 58,1 Prozent" (ebd., S. 92). Vergleichbar mit Polen lassen sich in der Ukraine Maßnahmen zur Senkung von Staatsausgaben feststellen, etwa in der Verschlechterung der medizinischen Versorgung, der Privatisierung von (universitärer) Bildung, der Verringerung von Sachleistungen und Infrastrukturangeboten (Zhurzhenko 2001). So dokumentierte beispielsweise das Statistikamt der Ukraine einen dramatischen Rückgang der Zahl der Kindergärten: von 2.300 im Jahr 1991 auf 1.100 im Jahr 2010 (Libanova et al. 2011, S. 49). Für die ukrainische Bevölkerung, die seit 1991 dramatisch schrumpft, von 51 Millionen im Jahr 1991 auf 46,2 Millionen im Jahr 2007 (World Bank 2007), bietet die Emigration und die transnationale, zirkuläre Migration eine (temporäre) Lösung zur sozialen Abfederung und Armutsbekämpfung. Von den geschätzten ca. 6,2 Millionen Migrant*innen[15] wurden im Jahr 2008 Remissionen von 5,8 Millionen Dollar überwiesen (World Bank 2010). Ihr Beitrag zum Bruttosozialprodukt (BSP) wurde auf vier Prozent geschätzt (ebd.). Da die Daten der Weltbank nur die offiziellen Rücküberweisungskanäle erfassen, schätzen Forscher*innen, die informellen Remissionen berücksichtigend, den realen Anteil auf 20 Prozent des BSPs (Ambrosetti et al. 2014, S. 147; Gropas/Bartolini/Triandaffyllidou 2015, S. 36). Wie die polnische lässt sich auch die ukrainische Migration als feminisiert charakterisieren. Zielländer für Care-Migrantinnen sind Polen und Italien, aber auch Deutschland und Österreich (Haidinger 2013; Safuta/Kordasiewicz/Urbańska 2016; Kindler/Kordasiewicz/Szulecka 2016; Feyduk/Kindler 2016; Solari 2017). Allerdings ist die Ukraine nach wie vor kein Mitgliedsstaat der EU, sondern ein sogenannter Drittstaat; der Zugang zum EU-Arbeitsmarkt ist daher weiterhin rechtlich begrenzt bzw. verboten, sodass die Mehrheit der Care-Migrantinnen in der EU einer undokumentierten Beschäftigung im informellen Sektor nachgeht.[16]

---

15 Nach Berechnungen von Ambrosetti et al. (2014, S. 49; 178; 205) und Ratha/Mohapatra/Silwa (2011) befanden sich im Jahr 2010 14,4 Prozent der Bevölkerung im Ausland. Damit stand die Ukraine auf dem fünften Platz der Auswanderungsländer weltweit.
16 Polen hat seit 2007 ein bi-nationales Abkommen für Arbeits-Migrant*innen aus der Ukraine eingeführt, das seit 2012 auch die gegenseitige Anerkennung der Sozialversicherung umfasst. Seit 2015 ist ein „vereinfachtes Procedere" in Kraft getreten, nach dem für einen Zeitraum von sechs bis zwölf Monate keine Arbeitserlaubnis mehr beantragt werden muss. Im Rest der EU sind seit Juni 2017 Ukrainer*innen zwar von der Visumspflicht entbunden, dennoch sind sie weiterhin nicht zur Aufnahme von Erwerbsarbeit berechtigt. Allerdings werden mittlerweile *in Polen angestellte* Ukrainerinnen zunehmend nach Deutschland entsendet, um die sich vergrößernde Lücke in der Care-Migration zu füllen.

## Osteuropa – An den Rändern Europas

Was wissen die deutschen Arbeitgeber*innen über die Heimatländer der Care-Migrantinnen und wie erklärt sich ihre Präferenz für Polinnen/Osteuropäerinnen? Die einfachste und oft gehörte Antwort darauf ist der Hinweis auf die unterschiedlichen Einkommensniveaus zwischen West- und Osteuropa; Polinnen sind für die Angehörigen deutscher Pflegebedürftiger eine bezahlbare Alternative, solange ambulante deutsche Pflegedienste einen um drei- bis fünfmal höheren Tarif berechnen.[17] Das Bezahlbarkeitsargument der Arbeitgeber*innen wird in der Regel ergänzt durch die Feststellung, die Migrantinnen seien wohl kaum in der Lage in Polen ein auch nur annähernd vergleichbares Einkommen zu generieren; insgesamt entstehe dadurch eine Win-Win-Situation, die für alle Seiten vorteilhaft sei.[18] Neben dem finanziellen Verweis tauchen aber auch immer wieder Hinweise auf die kulturelle Nähe zu Osteuropäerinnen auf, die das gemeinsame Zusammenleben im Haushalt erleichtere. Darunter werden sowohl die Zugehörigkeit zu einer christlichen Religion, aber auch die Wertschätzung für die Familie oder die emotionale Hingabe der Pflegerinnen zu ihren Schützlingen verstanden. Letztere ist nicht nur ein Thema der Berichterstattung in der deutschen Presse und in populären Beschreibungen von Erfahrungen mit der *Care-Krise*, so etwa in dem Buch „Wohin mit Vater?" (Anonymus 2007), in dem die Polin ob ihrer Warmherzigkeit und Verlässlichkeit gepriesen wird – auch die (Selbst-)Vermarktung von Migrantinnen auf Internetportalen geht in diese Richtung. Migrantinnen erwähnen in Interviews dagegen, dass vor allem bei den Kindern der pflegebedürftigen Eltern, die in der Regel die Rolle der Arbeitgeber*innen übernehmen, keine Kenntnis und auch wenig Interesse an ihren Herkunftsländern und -familien vorhanden ist. Vereinzelt wird demgegenüber berichtet, dass die jetzige Generation von Pflegebedürftigen, unter ihnen viele Hochaltrige, die entweder als Handlanger des Hitlerregimes, als Soldaten im Zweiten Weltkrieg (an der sogenannten Ostfront), in der NS-Frauenschaft, im Arbeitsdienst, der Hitlerjugend oder im Bund Deutscher Mädel aktiv waren und die Pädagogik des deutschen Faschismus in ihrer Schulzeit durchlaufen haben, ihre Pflegerinnen ab und an als „Polacken" beschimpfen. Dieser im deutschen Faschismus und auch noch Jahrzehnte später gängige Ausdruck hat seine Wurzeln in der nationalsozialistischen Rassenlehre, die die bereits im wilhelminischen Reich und in der Weimarer Republik

---

17 Dieser kommt dadurch zustande, dass in der 24-Stunden-Pflege Arbeitszeitregelungen eingehalten, (Nacht-)Dienste tarifgerecht bezahlt und Ruhezeiten eingehalten werden müssen.
18 Mit diesem Argument wirbt auch die durch Auftritte in Talkshows wohl bekannteste Inhaberin einer Pflegeagentur, Renate Föry, die über ihr Unternehmen „SeniorCare 24" Pflegekräfte aus Polen in deutsche Haushalte vermittelt.

verbreitete Ideologie der minderwertigen ‚slawischen Rasse' aufgriff und ausbaute. Insbesondere die *Polenfeindlichkeit* war ein Kernbestandteil des wachsenden Nationalismus im deutschen Kaiserreich, der auch in liberal-bürgerlichen Kreisen en vogue war, z. B. in dem 1894 gegründeten „Deutschen Ostmarkverein". Ein Hinweis auf den Diskurs des Ostmarkvereins findet sich in der Antrittsvorlesung eines Mitglieds dieses Vereins, des Soziologen Max Weber: „Der polnische Kleinbauer gewinnt an Boden, weil er gewissermaßen das Gras vom Boden frißt, nicht trotz, sondern wegen seiner tiefstehenden physischen und geistigen Lebensgewohnheiten. […] Und nicht nur das Interesse an der Hemmung der slavischen Flut ruft nach der Ueberführung bedeutender Teile des östlichen Bodens in die Hand des Staates […]" (Weber 1895, S. 10–11; 14). Hitlers Chefideologe Alfred Rosenberg elaborierte die Lehre von der „minderen Rasse", die der „nordischen Rasse" unterlegen und daher im Zuge der Eroberung von „Lebensraum im Osten" unterworfen, germanisiert und de-kulturalisiert werden sollte. Die darauf basierende Rassenpolitik des Nationalsozialismus in Polen, so Hans-Christian Harten (1996), zielte keinesfalls auf Assimilation, sondern auf eine radikale Trennung und Entmischung von „Herren- und Arbeitsrassen". In der nationalsozialistischen, rassistischen Ideologie waren Juden und Jüdinnen, Sinti und Roma und andere, als unwertes Leben klassifizierte, Bevölkerungsgruppen in einem zukünftigen „Großgermanischen Reich" nicht mehr vorgesehen. Den Pol*innen – und generell den „ostisch-slawischen Rassen" wurde ein „kolonialer Status" als „künftige Arbeitssklaven" zugedacht (Harten 1996, S. 9). Dazu sollte zunächst die polnische Intelligenz eliminiert werden [19]; Polen und Deutsche wurden im besetzten Polen verschiedenen Rechtssystemen unterstellt und im polnischen Generalgouvernement mussten „Polen jedem Deutschen gebührend ihre Demut zeigen, indem sie auf den Bürgersteigen Platz machten, den Hut abnahmen und salutierten. Der Besuch von Kinos, Konzerten, Ausstellungen, Büchereien, Museen und Theatern war ihnen verboten wie der Besitz von Fahrrädern, Kameras und Radios" (Zimmerer 2004, S. 121). Der Historiker Jürgen Zimmerer unterbaut in seinem Aufsatz „Von Windhuk nach Warschau" die These, dass das im Kaiserreich in der Kolonie *Deutsch-Südwestafrika* an den Herero und Nama erprobte System der „rassischen Säuberungspolitik"[20] zur Etablierung einer „rassischen Privilegiengesellschaft" im faschistischen Kolonialprojekt der „Eroberung des

---

19 Die „polnische Intelligenz" wurde von den Nationalsozialist*innen systematisch verfolgt, mit dem Ziel, diese zu vernichten und „unerwünschte polnische Elemente zu entfernen" (Schenk 1990). Reinhard Heydrich, SS-Oberscharführer und Chef der Sicherheitspolizei, war Beauftragter für die „Endlösung der europäischen Judenfrage" und die „Ausrottung der polnischen Intelligenz" (siehe ebd.).
20 Zum ersten Genozid des 20. Jahrhunderts im Jahr 1904 in Deutsch-Südwestafrika siehe Lutz/Gawarecki 2005

Ostens" reaktiviert wurde. Gleichzeitig entstand mit der faschistischen Konstruktion einer „slawischen Arbeitsrasse" ein Legitimationsdiskurs für die Deportation von insgesamt 500.000 Frauen und Mädchen zwischen 15 und 35 Jahren aus den besetzten Ostgebieten (insbesondere aus Polen und der Ukraine) durch die deutsche Armee. Diese Kinder und Frauen wurden als sogenannten Ostarbeiterinnen zu Zwangsarbeit verpflichtet; geschätzte 100.000 von ihnen leisteten „Zwangsarbeit im Kinderzimmer" (Mendel 1993; Winkler 2000) deutscher Haushalte.

In der deutschen Erinnerungskultur als auch innerhalb der familiären Kommunikation wird die fortwirkende Präsenz der nationalsozialistischen Vergangenheit verdrängt und de-thematisiert. In Polen und der Ukraine dagegen wird sie als Teil von Familiengeschichten und des kollektiven Gedächtnisses thematisiert (siehe den Fall von Halina in Kapitel zwei). Dass diese historischen Zusammenhänge in Deutschland weitgehend aus dem Blickfeld verschwunden sind und heute in der Debatte über Care-Arbeiterinnen aus Osteuropa keine Rolle spielen, hängt vermutlich nicht nur mit der ökonomischen Stärke Deutschlands, sondern vor allem mit den politischen und kulturellen Diskursen über ‚Osteuropa' und die osteuropäischen Gesellschaften zusammen, die als *Tor zum Osten* betrachtet werden. „Östlichkeit im europäischen Imaginären" (Boatcă 2008, S. 2231) fungiert in der westlichen Vorstellung als Puffer und als Brücke zwischen Okzident und Orient (bzw. zwischen Christentum und Islam), als ein Raum in Zwischenstufen, der „immer dabei ist, die Rückständigkeit gegenüber dem Westen aufzuholen" (ebd., S. 2232). Damit, so argumentiert Manuela Boatcă, bleiben die Gesellschaften Osteuropas in einem Zwischenraum, dem „Raum des samtenen Vorhangs", gefangen: „Der begehrte Einsatz – Zugang zu westlichen Märkten, Beschäftigungsmöglichkeiten und Finanzhilfe – verlangt dabei die Unterwerfung – oder zumindest das Herunterspielen - ihrer ‚Östlichkeit' und die Erklärung einer Verwestlichungsabsicht" (ebd., S. 2236). Osteuropa, diametral abgegrenzt von Westeuropa, so die Historikerin Maria Todorova (1997), stellt also nicht das *Andere* des *westeuropäischen Selbst* dar - diese Diskursfunktion ist dem *Orient/Islam* vorbehalten. Stattdessen erfüllt es die Aufgabe des *unvollständigen Selbst*, dass zwar weiß, christlich, europäisch aber gleichzeitig rückständig, traditionell und agrarisch ist (Todorova 1997, S. 8). Ohne dass hier auf diese Debatte weiter eingegangen werden kann, scheinen mir die Hinweise von Boatcă und Todorova als ideologische Rahmung eines Zusammenlebens im Privathaushalt, bei dem Nähe und Distanz und damit die eigene Identität über Selbst- und Fremdwahrnehmung täglich ausgehandelt werden (siehe Lutz 2007a, sowie Kapitel zwei und fünf), enorm wichtig: Den Care-Migrantinnen wird ein untergeordneter Platz im Haushalt zugewiesen; sowohl in Bezug auf Tagesabläufe als auch auf Pflege- und Verpflegungstätigkeiten müssen sie sich den Anweisungen der Pflegebedürftigen anpassen. Pflegeagenturen weisen ihre Mitarbeiterinnen darauf hin, dass sie in einem fremden Haushalt arbeiten, den sie nicht mit ihrem eigenen verwechseln dürfen und trainieren sie darin, den Anweisungen der Arbeitgeber*innen Folge zu leisten (siehe etwa Szenen in dem Dokumentarfilm „Family Business" von Christiane Büchner und Herbert Schwarze 2016). Es ist davon auszugehen, dass die Care-Arbeit osteuropäischer Migrantinnen genau deshalb so lautlos funktioniert, weil das Dominanzverhältnis zwischen Arbeitgeber*innen und Migrantinnen ideologisch kodifiziert ist. „Was für die wohlhabenden weißen Frauen ‚zu Hause' heißt, bedeutet für deren Angestellte im Haushalt etwas anderes, nämlich soziale Fremde und Ort der Ausbeutung", so beschreibt aus meiner Sicht sehr treffend die Soziologin Regina Becker-Schmidt (1992, S. 221) die Dominanzverhältnisse im Haushalt, die die Kolonialzeit und historisch sogenannte *Rassentrennung* überlebt haben und sich im 21. Jahrhundert immer wieder neu manifestieren.

Im Rest des Kapitels starte ich einen Versuch, Care-Migration mithilfe von *drei Bausteinen* theoretisch zu verorten. Diese sollen helfen, den analytischen Blick auf die in den kommenden Kapiteln präsentierten Fallstudien zu schärfen, die vor allem die *Hinterbühne* des Phänomens, bzw. das Verhältnis zwischen Vorder-und Hinterbühne in den Blick nehmen.

## Das Global-Care-Chain-Konzept (GCCC)

Das Care-Chain-Konzept, ein Begriff, den die Soziologinnen Arlie Hochschild (2000) und Rhacel Parreñas (2001) geprägt haben, beschreibt die im globalen Ausmaß emergierten personalisierten Beziehungen zwischen Menschen, die bezahlt oder unbezahlt Care-Arbeit verrichten. Das GCCC gilt mittlerweile als das zentrale Konzept zur Erforschung der meist von Frauen geleisteten migrantischen Haushalts- und Care-Arbeit (Yeates 2009, S. 40 f.). Mit ihm wird das Zusammenwirken unterschiedlicher Phänomene wie Globalisierung, Feminisierung der Migration, Geschlechterbeziehungen, Care und emotionale Arbeit in spätkapitalistischen Arbeitsverhältnissen beschrieben und verknüpft. Hochschild und Parreñas geht es dabei um die Kommerzialisierung von Care-Arbeit in der *Ersten Welt*, in der Versorgungs- und Familienarbeit an Migrantinnen *weitergereicht* wird, die ihrerseits einen Teil ihres Einkommens für die Versorgung der eigenen Familie ausgeben (müssen). Dieses Tauschverhältnis verursacht einen Care-Gewinn im Aufnahmeland und einen Care-Abzug im Entsendeland und fördert die Fortschreibung sozialer Ungleichheit im globalen Maßstab (Hochschild 2003b, S. 186 f.). Als Gewinner*innen dieser Situation werden die Familien am oberen Ende der GCCC betrachtet, die Care-Arbeit einkaufen und zudem von einem „emotionalen Mehrwert" profitieren können, während am unteren Ende der Versorgungskette die von den Migrantinnen in den Entsendeländern zurückgelassenen Partner, Kinder und pflegebedürftigen alten Menschen den sozialen und emotionalen Preis für das Care-Defizit bezahlen. Diese kritisch-feministische Betrachtungsweise weist einen von einflussreichen Ökonom*innen vertretenen Standpunkt zurück, demzufolge globale Care-Migration die wirtschaftliche Aufwärtsmobilität der Migrantinnen und ihrer Angehörigen fördert. So beschreibt z. B. die Weltbank Rücküberweisungen von Migrant*innen, die in vielen nationalen Budgets der Entsendeländer die wichtigste Einnahmequelle darstellen, als *Motor der Entwicklung* (siehe Dayton-Johnson/Katseli/Xenogiani 2007). Diese Sichtweise, häufig als *dreifache Gewinnposition* bezeichnet, geht davon aus, dass diese Migrantinnen nicht nur das Versorgungsdefizit in den Zielländern verringern, sondern dass ihr Einkommen außerdem gewinnbringend für die Familien in den Herkunftsländern ist, sowie die Wirtschaft der Herkunftsländer verbessert (für eine Kritik siehe: Yeates/Pillinger 2013; Haer/Sørensen 2003).

In der GCCC-Debatte ist die Diskussion über transnationale Mutterschaft ein Kernaspekt der Analyse. Die Bewertung der Situation zurückgelassener Kinder führt weiterhin zu erheblichen Unterschieden in der Beurteilung der Folgen von Care-Migration (Lutz/Palenga-Möllenbeck 2012). In der 24-Stunden-Pflege ist das Zusammenleben von Müttern und Kindern oft weder rechtlich möglich noch praktisch umsetzbar, weil nicht erwünscht ist, dass die Migrantinnen einen separaten Haushalt mit ihren Familien führen; auch würde die Anwesenheit von Kindern in einem Pflegehaushalt verhindern, dass den Pflegeempfänger*innen ungeteilte Aufmerksamkeit zuteilwird. In der osteuropäischen Pendelmigration dominiert demensprechend ein Familienmodell, in dem Kinder, Eltern und Partner im Herkunftsland zurückbleiben. Die bislang vorliegenden Studien über zurückbleibende Kinder ergeben kein eindeutiges Bild. Während einige die hohen Bildungsleistungen von nicht-migrierenden Kindern als positive Folge der finanziellen Unterstützung durch ihre Mütter betrachten (Nicholas 2008), unterstreichen andere besonders die negativen Auswirkungen der Abwesenheit von Müttern auf ihre minderjährigen Kinder (z. B. Parreñas 2005; Gamburd 2000; Cortés 2007; Coronel/Unterreiner 2007). Aus den Fallstudien, die in den folgenden drei Kapiteln präsentiert werden, geht hervor, dass eine Charakterisierung transnationaler Mutterschaft als ausschließlich negativ oder positiv nicht sinnvoll ist. Vielmehr müssen ernsthafte Bewertungen eine Reihe von Ort- und Fall-abhängigen Faktoren berücksichtigen, wie z. B. die Organisation der Kinderbetreuung vor Ort, die Auswirkungen dieser auf Kinder unterschiedlichen Alters, und die Geschlechterbeziehungen in der Kinderversorgung hinsichtlich der Verteilung von Betreuungs- und Versorgungsaufgaben innerhalb und außerhalb der Familie (siehe Hondagneu-Sotelo/Avila 1997; Parreñas 2005; Madianou/Miller 2011). An der aktuell virulenten Debatte über transnationale Mutterschaft als Folge der feminisierten Migration fällt auf, dass eine solche Debatte in der Vergangenheit nie über abwesende Väter geführt wurde. Die monate- bzw. jahrelange Abwesenheit von Seeleuten, Lastwagenfahrern, Soldaten oder Managern, etc. hat deren Vaterschaftsimago selten belastet; im Gegensatz dazu löste die (zeitweise) Abwesenheit von Müttern nationale Krisendebatten aus (siehe Kapitel drei), in denen die Präsenz von Müttern als unabdingbar für das Wohlergehen ihrer Kinder betrachtet und ihre Abwesenheit als Auslöser für psychische und physische Krisen betrachtet wird. Zusammenfassend zeigen diese Studien, dass in vielen Herkunftsländern die Geschlechterordnungen als Reaktion auf weibliche Migration unter Druck stehen und dass Forschung notwendig ist, die die Differenzen von Geschlechterregimen berücksichtigt. Schlüsselelemente für das Verständnis von transnationalen Mutter- und Vaterschaft sind die kulturell kodierten Geschlechternormen, etwa die geschlechtsspezifische Arbeitsteilung und die Alltagspraxis der Betroffenen, die davon abweichen kann.

## Das Care-Circulation Konzept (CCC)

In jüngster Zeit wird das Konzept der GCCC als rigide und einseitig kritisiert. In vielen Forschungsarbeiten, so die Kritiker*innen, dominiere die dichotome Vorstellung, dass Migrant*innen in eine Richtung wandern, um Geld zu verdienen (vom Süden in den Norden) und ihre Einkünfte dann in die Gegenrichtung zurückschicken, wobei die Beziehung zwischen den beiden Polen statisch bleibe. Das Konzept der Versorgungskette, so wird betont, berücksichtige nicht ausreichend die verschiedenen an dem Care-Austausch partizipierenden Mitglieder eines Netzwerks, sondern konzentriere sich einseitig auf die bilaterale Fürsorgebeziehung zwischen Müttern als Gebenden und zurückbleibenden Familienangehörigen als Nehmenden (siehe Kofman 2012). In ähnlicher Weise kommentieren auch Loretta Baldassar und Laura Merla (2013b, S. 29; Hervorhebung im Original) die Ketten-Metapher: "Thus, we argue that the idea of a *chain* is not the most suitable way of portraying the mobilities of care from a family perspective. The *chain* metaphor tends to limit these mobilities to back and forth movements between two nodes of a chain, where migrant and non-migrant exchange various types of support, thus reinforcing the distinction between the two sets of actors". Weiterhin kritisieren sie, dass Care in dieser Vorstellung durch die Person der Migrantin verkörpert werde, wodurch der Eindruck entstehe, Care sei das inkorporierte Kapital derselben. Dies treffe jedoch nur dann zu, wenn der Fokus auf die Arbeitsmarktperspektive reduziert werde, die in der Tat eine physische Trennung zwischen Familienmitgliedern kreiere; dagegen werde durch die Einbeziehung des Konzepts der moralischen Familienökonomie (moral economy of families) eine andere Perspektive ermöglicht, die den bilateralen Fluss virtueller Formen von Care sichtbar macht (ebd.). Deshalb schlagen Baldassar und Merla vor, von *Care-Zirkulation* zu sprechen, da Care-Zirkulation in der Lage sei, die Mobilität von Care als multi-direktional, simultan und diachron zu betrachten, sowie den Care-Austausch nicht auf zwischen Migrantin und zurückbleibenden Familienmitgliedern beschränkt, sondern ihn als Teil eines umfangreichen Netzes von Care-Austauschbeziehungen konzeptualisiert. Die Autorinnen betonen ebenfalls, dass Care-Bewegungen keineswegs symmetrisch, sondern vielmehr asymmetrisch reziprok seien; als Ressource sei Care ungleich innerhalb und zwischen Familien verteilt (ebd., S. 30–31). Das Konzept der Care-Zirkulation greift somit die Debatten über Transmigration – also Migrationsbewegungen in multiple Richtungen – auf und erweitert sie. Überzeugend an dieser Kritik ist der Hinweis darauf, dass Netzwerkbeziehungen bedeutend komplexer sind als der Austausch zwischen zwei Enden. Auch ist der Hinweis darauf, dass Sozialbeziehungen in der Migration nicht auf die Arbeitsmarktperspektive verkürzt werden sollen, nachvollziehbar. Zu Recht wird von den Vertreterinnen der Care-Zirkulation betont, dass das transformative Potential von Migration nur dann in den Blick genommen werden kann, wenn die sogenannte moralische Familienökonomie berücksichtigt wird, was bedeutet, dass die moralischen Verpflichtungen von Familienmitgliedern untereinander als Teil einer Familienökonomie einbezogen werden müssen: "If we move from a labour market focus to a focus on the moral economies of the family, we can see that not only do embodied and commodified forms of care travel along the chain, but also other 'virtual' forms of care travel in both directions" (ebd., S. 29). Dennoch wird hier übersehen, dass die asymmetrischen Verhältnisse zwischen Care-Geber*innen und Empfänger*innen eine Reziprozität erschweren bzw. verhindern. Weder die schlechten Arbeitsbedingungen noch die fehlenden Rechte vieler Care-Migrantinnen (insbesondere die Möglichkeit mit der Familie zusammenleben zu können) wird im Konzept der Care-Zirkulation aufgegriffen. Das CCC basiert außerdem auf der Annahme, es gäbe eine allgegenwärtige Zugänglichkeit zu neuen Technologien, die eine *virtuelle Ko-Präsenz* ermöglichen; dies ist jedoch keineswegs überall der Fall. Darüber hinaus werden die Grenzen der Technologie übersehen, denn obgleich sie den Austausch von Emotionen erleichtern, sind sie kein Ersatz für *hands-on care*, d. h. für unmittelbare, körpernahe Betreuung und Pflege von Familienmitgliedern. Weiterführend ist allerdings der dem Begriff Care-Zirkulation zugrundeliegende Hinweis darauf, dass die Charakterisierung von transnationalen Familien als Abweichung von der als *natürlich* geltenden sedentären (durch Sesshaftigkeit gekennzeichneten) Familie im 21. Jahrhundert überholt ist (siehe dieses Kapitel weiter unten und Lutz/ Amelina 2017, S. 54 ff.). Vergleichbar mit der Debatte über die Zirkulation von Bildungskapital (Brain-Circulation), die sich als Gegenmodell zum dichotomischen Brain-Drain und Brain-Gain versteht, vernachlässigt das CCC sowohl die sozialen Kosten der Migration, die als emotionale Ungleichheiten (Yeates 2009) virulent werden und läuft dazu Gefahr, neoliberale soziale Ungleichheits- und Ausbeutungsverhältnisse im Weltmaßstab zu ignorieren. Damit droht die Frage unterzugehen, wie sich im globalen Rahmen soziale Ungleichheiten neu kalibrieren.

## Transnationale Soziale Ungleichheit (TSI)

Viele Definitionen von sozialer Ungleichheit verwenden den Nationalstaat als *natürliche* Bezugskategorie für die Analyse von Un-Gleichheit. Monika Büscher, John Urry und Katian Witchger (2011) bezeichnen diese Grundannahme als sedentaristisch, da sie Sesshaftigkeit bzw. geographische Immobilität und lebenslange Zugehörigkeit von Menschen zu *einem* Nationalstaat zum Maßstab der Analyse erklärt und mobile Lebensformen, wie die der Migrant*innen, als *abweichende Praxis* von einer *sedentären Normalität* betrachtet. Andreas Wimmer und Nina Glick-Schiller (2003) haben diesen in den Sozialwissenschaften weiterhin dominanten Ansatz als methodologischen Nationalismus kritisiert. Denn damit verbinde sich die Setzung von Nicht-Sesshaftigkeit als Defizitmerkmal in Untersuchungsdesigns. Büscher, Urry und Witchger (2011) plädieren dafür, dass beide Prozesse, sowohl die Mobilität als auch die Immobilität und ihre gegenseitige Bedingtheit in den Blick genommen werden müssen, um die *Grammatik der Mobilität* zu erfassen. Das erfordert nicht nur die Anwendung der von Büscher und Urry entworfenen Methode der *Mobilen Ethnographie*, sondern auch die Berücksichtigung der Bedeutung von Grenzen und Grenzziehungen bei der Analyse *gleichzeitig ungleicher Lebenschancen* (siehe Beck 2007). Zur Überwindung des methodologischen Nationalismus schlägt Floya Anthias (2012) vor, soziale Ungleichheit als transnationale und damit als *multilokale Hierarchien* zu theoretisieren, während Rhacel Parreñas (2001) von *widersprüchlicher sozialer Mobilität* spricht. Boris Nieswand (2011) wiederum nutzt die Metapher vom "Statusparadox der Migration", um damit die Gleichzeitigkeit sozialer Abwärts- und Aufwärtsmobilität zu beschreiben, die dazu führt, dass Migrant*innen unterschiedlich in der sozialen Klassenhierarchie von Sende- und Destinationsländern positioniert sind (Amelina 2017a, S. 33). Im Falle der Care-Migration zeigt sich dieses *Statusparadoxon* darin, dass die Migrantinnen zum großen Teil aufgrund ihres formalen Bildungsstandes im Herkunftsland der gebildeten Mittelschicht angehören und bemüht sind, ihren Status mithilfe von Einkommensgenerierung und Rücküberweisungen aus dem Ausland aufrechtzuerhalten, gleichzeitig befinden sie sich in der sozialen Hierarchie der Zielländer aufgrund der Etikettierung ihrer Tätigkeit und Bezahlung als *unqualifizierte* Care-Arbeiterinnen im unteren Bereich der Sozialhierarchie. Im Umgang mit solchen Statusunterschieden sind Relationalität und Reflexivität als Schlüsselkomponenten hilfreich. Philip Kelly und Tom Lusis (2006, S. 836) gehen davon aus, dass die Entwicklung eines *relationalen, transnationalen Habitus*, in dem *grenzüberschreitende Mobilität als Kapital fungiert*, den Migrant*innen den Transfer von einer Kapitalsorte in die andere ermöglicht. Transnationale Ungleichheit zu erforschen bedeutet demnach, ein relationales multilokales Setting zu etablieren, das Lokalitäten in den Entsende- und Aufnahmeländern einschließt, in denen diese spezifischen Statusunterschiede koproduziert werden (Amelina 2017a). Ich unterscheide hier in Kürze drei für meine Forschung relevante Aspekte des TSI:

a) Für die Migrantinnen hat Care-Arbeit eine doppelte Bedeutung. Zum einen ist sie eng verknüpft mit der sozialen Konstruktion von Weiblichkeit, die eine für die Beschäftigung relevante, geschlechtsspezifische Form von Sozialkapital generiert. Zum anderen gehört Care-Arbeit zu ihrer geschlechtsspezifischen Verpflichtung, die unter dem Druck hegemonialer Vorstellungen von Mutterschaft und der familiären Verantwortung der moralischen Verwandtschaftsökonomie stehen. Die Erbringung unbezahlter emotionaler Arbeit (Hochschild 2003a) ist nicht nur familiäre Verpflichtung, sondern auch eine Kernaufgabe der Pflegearbeit. So wird die Verfügbarkeit über Care zu einem besonderen Sollwert, der an beiden Enden des Care-Nexus erwünscht ist und als entscheidender Faktor für Lebensqualität und -chancen gewertet werden kann. Anna Amelina (2017b) identifiziert daher transnationale Ungleichheiten als ein *doing* sozial-räumlicher Ungleichheit. Dieses *Doing* unterliegt allerdings aus meiner Sicht strukturellen Beschränkungen, denn die Anwesenheit auf der einen Seite impliziert die (physische) Abwesenheit auf der anderen. Emotionale Ungleichheit wird zum impliziten Bestandteil transnationaler Versorgungsketten, denn solange die Care-Migrantin sich mit der täglichen Betreuung von Pflegebedürftigen im Zielland beschäftigt, beschränken sich die Kontakte zu den zurückbleibenden Familienangehörigen auf digitale Konnektivität und temporäre Besuche.

b) Ein zweiter Aspekt von TSI, der sich nicht nur auf die Care-Migration beschränkt, ist der Mangel an sozialrechtlichem Schutz. Wie Avato, Koettl und Sabates-Wheeler (2010) betonen, gibt es kaum bilaterale Verträge zwischen Entsende- und Empfängerstaaten, in denen eine Übertragbarkeit von Sozialversicherungsrechten und -zahlungen festgelegt ist. Die Autor*innen betonen zwar, dass die EU-Mitgliedstaaten Portabilitätsvereinbarungen einschließlich eines garantierten Zugangs zu Sozialleistungen eingeführt hätten, wie jedoch oben (im Abschnitt zur Care-Ökonomie in Deutschland) beschrieben wurde, gibt es zahlreiche Möglichkeiten in der Dienstleistungsbranche nationale arbeitsrechtliche Auflagen zu unterlaufen. Bisher hat nur ein Land – Österreich – eine offizielle Rekrutierungspolitik für Pflegebedürftige etabliert und darin auch die Höhe der Sozialversicherungszahlungen festgelegt (vgl. Österle/Bauer 2016). In vielen anderen Ländern können Migrantinnen aus Osteuropa die Dienstleistungsfreiheit der EU (2006/123/EG) und die Zuweisungsrichtlinie (96/71/EG) nutzen, die die Erbringung von Dienstleistungen als selbstständige Unternehmerinnen oder als Entsendete ermöglichen. Wie bereits geschildert, werden transnationale soziale Sicherungssysteme nicht kontrolliert und leisten Ausbeutungspraktiken Vorschub.

c) Als dritten Aspekt von TSI betrachte ich den *Rassismus-Migrations-Nexus*

(Erel/Murji/Nahaboo 2016), der bislang noch kaum untersucht ist. Umut Erel und ihre Mitautor*innen betonen, dass die Migrationspolitik der EU vergleichbar mit der der USA von institutionellem Rassismus geprägt ist, welcher klassenspezifische und rassifizierte Berufswege schafft oder verstärkt (ebd., S. 1344). Da der Rassismusbegriff in vielen Zielländern der europäischen Care-Arbeit tendenziell ausgeblendet und vermieden wird, liegen bislang noch kaum Studien zu Rassismuserfahrungen von Migrantinnen vor. Ich stimme Erel, Murji und Nahaboo (ebd., S. 1352) darin zu, dass wir keineswegs in einer post-rassistischen europäischen Migrationsgesellschaft leben, in der die soziale Konstruktion von ‚Rassen', bzw. Ausdrucksformen von Rassismus, obsolet geworden sind – im Gegenteil. Dass der Rassismus-Migrations-Nexus in Bezug auf Care-Migration aus Osteuropa noch kaum untersucht wurde, liegt sicherlich daran, dass die Inklusion dieser Migrantinnen über kulturelle Gemeinsamkeiten in Bezug auf Religion (Christentum) und Hautfarbe (Weiß-Sein) erfolgt, jedoch tauchen – wie oben ausgeführt – immer wieder Diskurse, die Elemente des nationalsozialistischen Rasseverständnisses, z. B. der *slawischen Arbeiterrasse*, in sich tragen, auf. Weitere Forschung ist zu diesem Thema erforderlich.

In diesem Abschnitt habe ich argumentiert, dass die drei Konzepte – das GCCC, das CCC und das TSI – einander nicht nur ergänzen, sondern für die Analyse von Care-Migration gleichermaßen relevant sind. Das Global-Care-Chain Konzept (GCCC) ebnete den Weg für das Verständnis asymmetrischer Dimensionen der globalen Kommerzialisierung von Care. Es betont den Umwandlungsprozess von Care in eine fiktive Ware, der sich als Folge neoliberaler Vermarktungslogik herausbildet. Das Konzept vernachlässigt jedoch das transformative Potential von Migration, dass Migrantinnen neue Möglichkeitsräume eröffnet, fehlendes Einkommen und Lebenschancen zu verbessern. Dagegen beharrt das Care-Circulation Konzept (CCC) darauf, dass die Versorgungsketten nicht auf eine unilaterale Beziehung zwischen Migrantin und ihren Angehörigen reduziert werden darf, sondern dass Care in unterschiedlicher Form in Familiennetzwerken über den Globus zirkuliert. Dieses Konzept hebt die transnationale Dimension der (materiellen und emotionalen) Versorgung innerhalb der Verwandtschaftsökonomie hervor, vernachlässigt jedoch die Analyse prekärer Arbeitsbedingungen in der Care-Ökonomie sowie die asymmetrischen Statuspositionen zwischen Herkunfts- und Destinationsland. Das Konzept der transnationalen sozialen Ungleichheit (TSI) beleuchtet die Entstehung und Koproduktion sozialer Ungleichheiten in und durch transnationale Räume und fokussiert das Statusparadox grenzüberschreitender Mobilität. Die von diesen Theorien zur Verfügung gestellten Heuristiken werde ich in den folgenden Kapiteln nutzen, um zu zeigen, wie migrantische Care-Arbeit im Kontext von Normen und Machtstrukturen (Religion, Politik, Wirtschaft, Kultur etc.) in Diskursen, Praktiken und Institutionen gestaltet wird.

## 2 Distanz und Nähe – Dilemmata migrantischer Mutterschaft

Durch Migrationsbewegungen konstituieren sich multi-lokale Familien, deren Mitglieder über ein zwischen verschiedenen Ländern, Orten und Haushalten aufgespanntes Beziehungsnetzwerk verbunden sind. Als zentrale Reproduktionsmechanismen transnationaler Familien identifiziert Thomas Faist (2000) eine spezifische Reziprozität und fokussierte Solidarität zwischen den Mitgliedern des Netzwerks; das bedeutet, dass nicht nur diejenigen, die die grenzüberschreitende Mobilität physisch vollziehen, sondern auch diejenigen, die in den Herkunftsorten zurückbleiben, an den wechselseitigen Austauschbeziehungen beteiligt sind (siehe auch Baldassar und Merla 2013a). Dieses Kapitel beschäftigt sich mit der Frage, wie das *doing family* in Familien erfolgt, in denen die Mutter migriert. Wie bereits festgestellt, ist weibliche Migration in den Herkunftsländern Osteuropas ein relativ neues Phänomen. Migrationsbewegungen zwischen den Staaten des ehemaligen Ostblocks betrafen vor allem Männer (siehe Kapitel eins), mit deren Weggang in der Regel nicht die Furcht vor Familienfragmentierung verbunden wurde. Der Auszug der Mütter wird dagegen mit dem Verlust von Care-Kapital assoziiert und entfaltet andere Dynamiken. Wie genau entwickelt sich Reziprozität und Solidarität in Familien, in denen Mütter migrieren? Wer ersetzt die mütterliche Care-Arbeit? Wie gestaltet sich die Hinterbühne der Care-Migration? Wie erleben migrantische Mütter ihre transnationale Mutterschaft und wie gehen sie mit emotionalen Verlusterfahrungen um? Wie praktizieren sie praktisch Mutterschaft aus der Distanz? In die folgenden zwei Fallbeschreibungen gehen auch die Narrative derjenigen ein, die Care-Aufgaben in den Herkunftshaushalten übernehmen. Danach stelle ich die Ergebnisse der Gesamtauswertung der von uns vorgefundenen Ersatz-Care-Arrangements vor (ausführlich siehe dazu Lutz und Palenga-Möllenbeck 2011a). Schließlich reflektiere ich die Mutterschaftspraxis der Migrantinnen im Kontext von Mutterschaftsidealen/Maternalismus und analysiere die Trennung der Mütter von ihren Kindern, die infolge von zirkulärer Migration erfolgt, als *emotionale Ungleichheit*, eine Dimension transnationaler sozialer Ungleichheit.

# Mutterschaft aus der Distanz

## Myra/Myroslawa[24]

„Zuerst ist zarobitchanstvo (Arbeitsmigration) eine Notwendigkeit, aber später wird sie zur Krankheit, zur Sucht, man wird immer wieder verleitet, zurückzugehen und dort draußen zu leben. Aber glaubst du, die Leute würden gehen, wenn es hier genug Arbeit gäbe?"

Mit diesem kämpferisch-analytischen Statement, das Myroslawa an den Anfang ihrer erzählten Lebensgeschichte stellt, verortet sie ihre eigene Biographie im Kontext einer Gesellschaftsgeschichte. Geboren im Jahr 1976 erlebte sie als Jugendliche die Auflösung der Sowjetunion und schließlich die Gründung der Ukraine als souveränen Staat. Beide Eltern arbeiten als Lehrkräfte in ihrem Heimatort, einem Dorf in der Region Sambir in der Westukraine. Dort heiratete sie im Alter von 18 Jahren ihre Jugendliebe Oleksij, gebar zwei Jahre später ihren ersten Sohn und schloss ihr Studium nach dessen Geburt mit zwei BAs (Ökonomie und Pädagogik) ab. Danach ist sie im Alter von knapp 24 Jahren nicht nur arbeitslos, sondern auch hoch verschuldet, weil nach der neuen Staatsgründung Zweitstudien kostenpflichtig geworden sind und sie aufgefordert wird, ihre Studiengebühren zurückzuzahlen. Die Situation ihres Ehemannes ist ähnlich; auch er kann nach dem Abschluss von zwei Studiengängen keine Anstellung in seinem Beruf finden und arbeitet abwechselnd als Fahrer, Musiker und Zimmermann. Die junge Familie lebt im Haus von Myroslawas Eltern und steckt in großen finanziellen Schwierigkeiten, da der Staat auch Oleksij zur Rückzahlung seines Studienkredits auffordert. Als ein Anruf aus Warschau kommt, eröffnet sich für Myra eine unerwartete Chance. Ihre Eltern besitzen eines der wenigen Telefone im Dorf und zufällig nimmt sie den Anruf von einem polnischen Arbeitgeber entgegen, der nach Myras Freundin Olenka sucht, einer Nachbarin, die in Polen als Kinderbetreuerin gearbeitet hat. Die Frau des Arbeitgebers benötigt die Betreuerin früher als erwartet und anstelle von Olenka, die wegen der laufenden Hochzeitsvorbereitungen für ihre Schwester unentbehrlich ist, nimmt Myroslawa das Angebot an und fährt nach Polen. 1999 macht sie zum ersten Mal in ihrem Leben eine Reise in ein anderes Land und nimmt den Nachtbus nach Warschau. Sie erinnert sich noch an jedes Detail dieser Reise. Um sechs Uhr morgens kommt sie nach einer langen Nachtfahrt an der Bushaltestelle an und wird nervös, als sie merkt, dass ihr Arbeitgeber nicht wie verabredet dort steht, um sie zu abzuholen. Übermüdet von der Reise wartet sie auf ihn in der Eiseskälte. Plötzlich wird sie von zwei ukrainisch sprechenden Männern angesprochen, die ihr erzählen, sie hätten gerade Geld

---

24 Die Interviews mit Myroslawa und ihrer Familie führte Oksana Kis.

gefunden, das möglicherweise ihr gehöre. Myroslawa, überrumpelt, öffnet ihre Handtasche und sagt: „Nein, nein, ich habe mein Geld." „Wir sind Polizisten: Zeig uns dein Geld" – woraufhin sie, aufgeregt und überrascht, ihre Handtasche an die beiden aushändigt, die ihre Tasche durchsuchen und sie ihr dann zurückgeben. Später bemerkt sie, dass sie ausgetrickst und beraubt wurde: Die 300 Dollar, die sie bei der Einreise an der ukrainisch-polnischen Grenze als Beweis für ihre finanzielle Unabhängigkeit zeigen musste, sind aus dem Portemonnaie verschwunden. Dieses Geld hatte sie sich als eine Art *Investition* für diese Unternehmung ausgeliehen. Ihre erste Erfahrung in einem ihr nicht bekannten Land wird zum Albtraum. Sie scheint aber Glück im Unglück zu haben, denn ihre Arbeitgeber*innen, das polnische Ehepaar, das in der Nähe von Warschau eine Bar betreibt, zahlt ihr den Arbeitslohn (150 Dollar) für zwei Monate im Voraus, so dass sie das Geld unmittelbar zurückzahlen kann.

„Und gerade diese Situation hat uns faktisch einander nähergebracht, dass sie mir geglaubt haben und ich... Es war mehr diese Zuneigung dieser Menschen, dass sie mich einfach verstanden haben."

Den Begriff *verstanden haben* meint sie nicht im sprachlichen, sondern im Sinne von Bedeutungsinhalt; sie spricht die polnische Sprache bereits sehr gut, da sie aus einem Teil der Ukraine kommt, in dem neben Russisch und Ukrainisch auch Polnisch gesprochen wird. Für das polnische Ehepaar zahlt sich diese Großzügigkeit langfristig aus: In den kommenden zwei Jahren betreut Myroslawa – im Zwei-Monatsrhythmus abwechselnd mit einer Freundin aus ihrer Heimatstadt – die drei Kinder (vierzehn, sieben und eins) dieser Familie rund um die Uhr und übernimmt sämtliche Arbeiten im Haushalt. Obgleich sie später von ukrainischen Migrantinnen erfährt, dass sie in anderen polnischen Haushalten doppelt so viel verdienen könne, bleibt sie loyal und wechselt ihren Arbeitsplatz nicht.

„Diese Leute waren anständig, gewöhnliche, einfache Menschen; sie waren völlig unbedarft und vielleicht waren sie gezwungen, eine Nanny zu nehmen... Na ja, im Rahmen ihrer Möglichkeiten haben sie immer alles mit mir geteilt, mir sogar ihre Probleme erzählt, private, geschäftliche und familiäre. Deshalb, na ja, ich sag mal so, in gewisser Weise bin ich ihr Familienmitglied geworden."

Die Vor- aber auch Nachteile einer solchen familiären Einverleibung hat sie im Laufe der Zeit zu spüren bekommen. Am ersten Tag wird ihr die einjährige Tochter übergeben und sie wird in ihre Aufgaben als *Nanny* eingeführt:

„Als ich kam, hat mir die Hausherrin sofort gesagt: ‚Stell dir vor, das ist *dein* Kind, das du die ganze Zeit auf dem Arm trägst'. Durch das Geschäft waren sie die ganze Zeit abwesend, auf Reisen und, und haben Geld verdient, wie man so sagt."

Obgleich sie als Familienmitglied bezeichnet wird, ist Myra offenbar nicht genau darüber informiert, was das Ehepaar im Ausland macht; vermutlich hat sie nie nachgefragt. Ihr Tagesablauf ist mit der Erledigung sämtlicher Hausarbeiten ausgefüllt. Sie muss sich das Zimmer mit dem Kleinkind Maria teilen, versorgt dazu noch deren Brüder. Nachdem alle morgens das Haus verlassen haben, bleibt sie mit Maria zurück, geht mit ihr spazieren, kocht das Mittagessen, wäscht und bügelt, räumt das Haus auf, holt die älteren Kinder aus der Schule und dem Kindergarten ab und macht mit ihnen Hausaufgaben, tischt das Abendessen auf und bringt die Kinder ins Bett:

> „So sah mein Alltag aus, sozusagen ein Tag, wie bei unseren einfachen Frauen. Der einzige Unterschied zur Ukraine war, dass es keine Kuh zu melken und keine Gemüsebeete gab. Es gab Blumenbeete und Apfelbäume. Wenn ich Lust hatte, konnte ich einen Apfelkuchen backen. Ich hatte alle Freiheiten, mich zu bewegen. Sie haben mich überhaupt nicht eingeschränkt, ich hatte die Schlüssel."

Aus dieser Beschreibung ihres Tagesablaufs, den sie mit dem einer „einfachen Frau" in ihrem Herkunftsdorf vergleicht, geht hervor, dass ihre Tätigkeit weit über das hinausgeht, was von einer *Nanny* erwartet wird: Sie übernimmt die Verantwortung für die Kinder, schläft mit dem Kleinkind in einem Zimmer und – da sie „freundlich darum gebeten" wurde – verrichtet sie die meisten Arbeiten im Haushalt. Ohne die heimatliche Subsistenzwirtschaft, zu der (Klein-)Viehhaltung und das Betreiben von großen Gemüsegärten gehört, beschreibt sie zunächst das Leben in einem polnischen Haushalt als moderner und einfacher zu bewältigen. Dahinter verbergen sich jedoch Arbeitskonditionen, die gekennzeichnet sind durch die *Entgrenzung* von Arbeitszeit, Isolation von der Außenwelt und eine miserable Bezahlung. Es gibt keine freien Tage und keine Ruhezeiten; in dieser Wohnsituation kann sie sich psychisch und physisch nicht distanzieren. Ihre Beschreibungen muten euphemistisch an, wenn sie zum Beispiel sagt, sie sei als „Familienmitglied" betrachtet worden. Dahinter verbirgt sich jedoch die Tatsache, dass sie an ihrem abgelegenen Arbeitsort am Stadtrand kaum Möglichkeiten hatte, außerhalb der Familie Freund*innen und Bekannte zu finden. Die 24/7 Betreuung der Kinder und des Haushalts erschweren zudem das Verlassen des Arbeitsplatzes. Isoliert von ihrem gewohnten Umfeld und aufgrund fehlender Kontakte mit Frauen, die in einer ähnlichen Lage sind, wehrt sie sich nicht gegen den skandalös niedrigen Arbeitslohn und die Inanspruchnahme ihrer gesamten Tageszeit. Stattdessen betont sie die positiven Seiten ihrer damaligen Situation:

> „Eigentlich habe ich die gleichen Sachen wie zuhause gemacht, aber zuhause werde ich dafür nicht bezahlt, und die Arbeit wird auch nicht gewürdigt."

Dieses Fazit erschließt sich letztlich daraus, dass sie ihre Geschichte acht Jahre nach ihrer Rückkehr retrospektiv erzählt; vermutlich erschien ihr damals die Situation als alternativlos und zudem wollte sie ihr Ziel, die Rückzahlung von Schulden, nicht aus den Augen verlieren. Allerdings enthält ihre Narration auch negative Erlebnisse, denn es gab nicht nur Anerkennung für ihre Arbeit, sondern sie musste in diesem Haushalt eine Reihe von heftigen Konflikten in Kauf nehmen: Anfangs ist der mittlere Junge ihr gegenüber aggressiv und beschimpft sie als „Dienstmädchen"; dagegen habe sie sich gewehrt und Respekt eingefordert:

„Ich bin kein Dienstmädchen. Ich bin deine Nanny. Wenn du ein Dienstmädchen haben möchtest, muss deine Mutter zusätzlich zahlen. Meine Aufgabe ist es, euch zu erziehen und zu betreuen."

Diese direkte Rede, die sie in ihrer Erzählung benutzt, weist auch darauf hin, dass sie beim Interview, das acht Jahre später stattfindet, noch immer empört ist. Auch über die verbalen Übergriffe des älteren Jungen ist sie entsetzt:

„Der ältere Junge hat mich gebeten, mit ihm Hausaufgaben in Mathe zu machen. Ich habe gesagt: ‚Verstehe bitte, ich bin jetzt gerade beschäftigt.' Daraufhin er: ‚Kurva!' (Hure). So. Ich sage zu ihm: ‚WAS hast du gesagt?' Und ... ich sage zu ihm, dass selbst mein Mann mich so nie genannt hat, und dann DU... – ‚Ich habe dich nicht beschimpft! Ich...' Und dann ist gerade der Hausherr gekommen: ‚Was hast du gesagt?' – ‚Ich habe nichts gesagt, ich habe...' Und er hat ihn verprügelt."

Die Beschimpfung dieses Kindes hat sie tief verletzt, auch deshalb, weil sie sich allein mit verbaler Belehrung nicht wehren konnte; offenbar war körperliche Bestrafung in diesem Fall das Mittel der Wahl des Arbeitgebers. Den wichtigsten Konflikt in diesen beiden Jahren trägt Myra mit sich selbst aus. Wie von ihr erwartet investiert sie ihre mütterlichen Gefühle in die kleine Tochter des Ehepaars. Gleichzeitig kann sie die Trennung von ihrem dreijährigen Sohn schwer verkraften:

„Und die ersten Wochen nach jeder Rückkehr von zuhause waren für mich sehr schwer. Na ja, ich singe dieses Kind in den Schlaf und weiß, dass ich mein EIGENES Kind VERLASSEN habe, um ein fremdes Kind zu betreuen. Du weißt nur, dass du da durchmusst und dass du dazu gezwungen bist. Und andererseits hatte ich ständig diese Zweifel: Warum muss das so sein? Das war innerlich ein starker Kampf, es war für mich psychisch sehr schwer. Aber so war es. Die ersten zwei Wochen waren sehr schwer. Danach lässt du dich brechen, du gewöhnst dich daran, du weißt, dass es nicht anders geht und, wie man so sagt, wie ein Soldat zählst du die Tage bis zum Ende des Wehrdienstes."

Zwei Metaphern, mit der sie ihre Verzweiflung schildert, sind hier interessant: Zum einen die Aussage, dass sie sich in ihr Schicksal fügen und „sich brechen" ließ, was einen Prozess der Unterwerfung unter die *Auswirkungen der symbolischen Gewalt* ihrer Arbeitssituation beschreibt. Zum anderen benutzt sie den Begriff *Wehrdienst*, eine für Männer obligatorische Bürgerpflicht. Damit vergleicht sie ihre Arbeit als Pflichterfüllung gegenüber einer Befehlsstruktur, an die sie gebunden ist und zwar nicht nur im übertragenen Sinne, denn immerhin bezahlt sie an den ukrainischen Staat ihre Studiengeld-Schulden zurück. Diese Metapher veranschaulicht gleichzeitig ihr Leiden an der Trennung von ihrem Sohn, die sie als „Trauma" bezeichnet:

„Wobei ich natürlich wusste, dass meine Mutter da ist, sie würde dem Kind nie etwas Böses antun. Und dennoch willst du selbst da sein und sehen, wie dein Kind aufwächst und also DIESER psychische Zustand."

Die Soziologin Maria Kontos (2013) hat zu Recht die durch Migration erzwungene Trennung zwischen Kindern und Müttern als Verzicht auf ein Menschenrecht – die Versorgung und emotionale Zuwendung zum eigenen Kind – charakterisiert. Darüber hinaus geht es aber auch darum, dass Myra innerlichen Widerstand dagegen leistet, die Unterscheidung zwischen eigenen und fremden Kindern aufzugeben und ihre Liebe dem Kind der Arbeitgeberin zukommen zu lassen. Arlie Hochschild (2003a) geht davon aus, dass diese Erbringung von Gefühlsarbeit (emotional surplus) zu den Kernaspekten der Tätigkeit von Nannys gehört. Nun betreut Myra das kleine Mädchen zwar hingebungsvoll, sie wehrt sich jedoch gegen das von Hochschild beschriebene, von ihr erwartete Emotionsmanagement, bei dem die Gefühle für das eigene Kind auf das ihr anvertraute Kind übertragen werden sollen; sie kann das Kind ihrer Arbeitgeber*innen also nicht als *Surrogat* für ihr eigenes betrachten. In dieser Erzählung findet sich also der Hinweis darauf, dass Care nicht nur *Arbeit* ist, sondern auf dem Austausch wechselseitiger Emotionen basiert, die bei physischer Abwesenheit der Mütter unterbrochen bzw. langfristig gestört werden kann. In Myras Fall hatte ihre Mutter Olesja, die als Lehrerin in Teilzeit an der Dorfschule unterrichtete, die Organisation der Versorgung ihres Sohnes übernommen. Myras Ehemann, Oleksij, der damals Teilzeit im Kulturzentrum des Ortes beschäftig war und seine Arbeit erst nachmittags antreten musste, versorgte das Kind am Vormittag, danach übernahmen Olesja und ihr Mann. Großmutter Olesja bestätigt, dass besonders ihre Tochter unter der Situation gelitten hat:

„Dem Kind war die mütterliche Zärtlichkeit entzogen, aber das Kind hat auf nichts verzichten müssen. Sie hat auf etwas verzichtet, aber das Kind hatte immer alles. Meine Tochter hat sich wahrscheinlich selbst gequält – länger als zwei Monate konnte sie das nicht ertragen (dort zu sein)."

Olesja führt den Begriff „Trauma" zur Beschreibung des Leidens der Tochter ein; sie selbst und ihr Mann leiden offenbar mit:

„Ich habe gesehen, mit welcher schlechten Laune sie jedes Mal weggefahren ist. Und… und ich wusste, dass sie es dort nicht leicht hat, in der Nacht für ein fremdes Kind aufzustehen, alle Macken eines fremden Kindes für nur 100 oder 150 Dollar zu ertragen."

Immerhin, so Olesja, hat ihre Tochter mit dem Geld die Hälfte ihrer Studienschuld abbezahlen können. Myroslawa beendet schließlich das Arbeitsverhältnis als ihr der „Hausherr" während einer Auslandsreise seiner Frau sexuelle Avancen macht:

„Er hat mir den Vorschlag einer zusätzlichen Bezahlung gemacht: Ich werde dich zusätzlich bezahlen und sie wird nichts erfahren. Ich habe gesagt: ‚ICH MÖCHTE NICHT. Ich bin gekommen, um mit den Händen und dem Kopf mein Geld zu verdienen. Aber nicht auf solchem niedrigen Niveau.' Ich sagte: ‚Auf diese Weise hätte ich mein Geld auch in der Ukraine verdienen können, dann hätte ich nicht hierherkommen brauchen!'"

Sie ist immer noch empört über den Vorschlag des Arbeitgebers, mit ihr eine sexuelle Beziehung zu beginnen. Es kränkt sie, mit einer Prostituierten verwechselt zu werden. Offenbar bedrängt der Mann sie nicht weiter und Myra kann den Zeitpunkt des Abbruchs des Arbeitsverhältnisses selbst bestimmen. Ihren Ehemann, so sagt Myra, habe sie über den Vorfall informiert, denn „wir haben keine Geheimnisse voreinander". Retrospektiv ist sie auch der Meinung, dass in den beiden Jahren ihres Auslandsaufenthalts, ihre Beziehung „in Bezug auf Vertrauen zueinander gestärkt wurde". Dieser Eindruck wird von ihrem Mann Oleksij bestätigt. Auf die Frage, ob er Probleme mit der Trennung von seiner Frau hatte, antwortet er:

„Allgemein würde ich sogar umgekehrt sagen, dass die Arbeit im Ausland uns einander nähergebracht hat. Faktisch gab es kein Trauma und keinen Bruch, der unsere Familie beeinflusst hätte."

Interessant ist hier, dass in Oleksijs Erinnerungen das Leiden von Myra an der Situation, das seine Schwiegermutter und seine Ehefrau als „Trauma" bezeichnet haben, nicht mehr präsent ist. Sobald Myra die Studiengebühren zusammengespart hat, kehrt sie in die Ukraine zurück und lässt sich auch nicht wieder anwerben. Sie erzählt:

„Etwa zwei Jahre später als sie (die Arbeitgeberin) aus Amerika zurückgekommen ist, hat sie angerufen, und er hat angerufen und mich gebeten, wieder zu kommen. Aber ich habe da schon angefangen an der Schule (als Lehrerin) zu arbeiten. Und ich habe gesagt: ‚Ich habe jetzt eine staatliche Arbeitsstelle gefunden', ich sagte: ‚Ich habe genau DAS gefunden, WAS ICH MAG.'"

Seit ihrer Rückkehr arbeitet sie als Biologie- und Chemielehrerin an einer Schule in ihrem Wohnort und einem Nachbarort und verdient monatlich etwa 100 Dollar. Sie hat ein zweites Kind bekommen und wünscht sich ein drittes. Zwar ist sie mit ihrer Arbeit zufrieden, aber das Geld im Haushalt ist immer noch knapp und die Familie muss auf viele Konsumgüter verzichten, die in Nachbarhaushalten bereits zu finden sind. Myroslawa und Olesja schätzen aufgrund der Beobachtungen der Familien ihrer Schüler*innen, dass in jeder zweiten bis dritten Familie im Dorf mindestens ein Elternteil (vorübergehend) migriert ist; die Frauen arbeiten meist in Italien oder Spanien, die Männer eher in Russland. Und auch in Myras Familie steht die nächste Migration an: Oleksij möchte sich selbstständig machen; dafür fehlt allerdings das Geld, und er entscheidet sich dafür, dieses in Russland zu verdienen, weil er Russisch spricht und sich dort aufgrund früherer Aufenthalte gut auskennt. Für beide Ehepartner spielte die Sprachkompetenz und die gefühlte kulturelle und sprachliche Nähe zu den beiden postsozialistischen Nachbarstaaten bei der Wahl des Ziellandes eine Rolle. Während Myroslawa die gute Nachbarschaft zwischen Polen und der Ukraine betont, scheint Oleksij den ehemaligen *Brüdervölkern*, die er als ethnisches Kollektiv betrachtet, stärkeres Vertrauen entgegenzubringen als anderen Auswanderungszielen, wie etwa Italien, Spanien oder Deutschland:

„Das sind immerhin SLAWEN... Die Umstände sind so... sie sind den Ukrainern gegenüber nicht so aggressiv eingestellt."[25]

Myroslawas Geschichte steht für Familien, in denen Migration als eine geplante und ständig reflektierte Aktion stattfinden kann. Hier werden Sparziele festgelegt und wenn diese erfüllt sind, kehrt die Mutter im Prinzip zur Familie zurück, obgleich die Anreize groß sind, wie Myroslawa eingangs sagt, immer wieder ins Ausland zu gehen. In keiner dieser Familien ändern sich die Geschlechterverhältnisse während der Abwesenheit der Mütter radikal. In der Regel übernehmen die Großmütter die Betreuung der Kinder, während die Väter vorübergehend einen Teil der Hausarbeit und Kinderbetreuung leisten. In Oleksijs Worten:

„Die Betonung liegt darauf, dass diese Arbeit VORÜBERGEHEND war, also nicht für eine lange Zeit, sie kam ja zwischendurch immer wieder nach Hause zurück ... Ich musste auch

---

25 Dieses Interview hat einige Jahre vor dem bewaffneten Konflikt zwischen der Ukraine und Russland stattgefunden.

zeitweise selbst kochen und darüber nachdenken, was alles für das Mittags-, Frühstücks- oder Abendessen getan werden musste. Ich musste mich im Wesentlichen anpassen und mich daran erinnern, wie ich in meinen Studentenjahren zu Recht gekommen bin."

Die Studienzeit, die neben dem Militärdienst oft die einzige Lebensphase ist, in der Männer autonom die Verantwortung für Hausarbeit übernehmen, wird hier als Bezugspunkt für die Hausarbeit genannt. Dieses Muster wird in vielen Fällen sichtbar: Sobald Frauen zurückkehren, wird die traditionelle Arbeitsteilung wiederhergestellt und damit die Ausnahmesituation kompensiert. Myra verbindet jetzt wieder ihren Beruf mit Haushalt und der Versorgung ihrer eigenen Kinder; sie ist eine überzeugte Familienfrau. Wie sich die Migration von Oleksij nach Russland gestaltet hat, konnte leider nicht mehr erfragt werden. Sicher ist jedoch, dass die gesellschaftliche Akzeptanz seiner Migration größer ist als bei seiner Frau.

Für den Fall Myroslawa kann hier festgehalten werden, dass ihr Netzwerk, bestehend aus einer mehrgenerationalen Familie, in der insbesondere die Großmutter den überwiegenden Teil der Care-Arbeit für ihren Sohn übernommen hat, sich als stabil sowohl in Bezug auf die Paarbeziehung der Migrantin und ihres Partners als auch auf Solidarität und Reziprozität in Bezug auf die ältere Generation erwiesen hat. Auch scheint die Länge der Migration, in diesem Fall der Zeitraum von zwei Jahren, aus der Sicht aller Beteiligten überschaubar und für den Familienzusammenhalt erträglich zu sein. Kontrastiv zum Fall Myroslawa wird im Folgenden Halina vorgestellt, die als Witwe und Mutter von drei Kindern eine grundlegend andere Ausgangsposition hat. Hier wird eine Migrationsentscheidung getroffen, obwohl kein vergleichbar stabiles familiäres Netzwerk vorhanden ist: eine Frau mittleren Alters muss die Existenzgrundlage für sich selbst und ihre Kinder verdienen.

### Halina[26]

„Meine Eltern haben mich das ganze Leben lang unterstützt, und deswegen sage ich mir jetzt, ich muss auch meine Kinder unterstützen. Deswegen bin ich hier, denn ich weiß, hier kann ich mehr verdienen; und dieses Geld kann ich dann an meine Kinder geben. Also, wenn ich in Polen 1.000 Zloty verdienen würde, davon müsste ich 500 Zloty für die Miete bezahlen, den Rest fürs Telefon und dann kann ich mir überlegen, ob ich die Wohnung bezahle oder Essen für meine Kinder kaufe. Und das ist es eben, es ist unsere Lebenslage,

---

26 Die Interviews mit Halina und ihren Angehörigen wurden von Ewa Palenga-Möllenbeck geführt.

die uns dazu zwingt, dass wir hier sind. Denn ich denke nicht, dass irgendjemand sich dazu berufen fühlt, hierhin, nach Deutschland, zu kommen."

Halina beginnt, ganz ähnlich wie Myroslawa, ihre Narration mit der Legitimierung ihrer Migrationsentscheidung und dem Hinweis auf die prekäre finanzielle Notlage. Als sie im Jahre 2003 zum ersten Mal als Care-Migrantin nach Deutschland „fährt", ist sie bereits 42 Jahre alt. Die Entscheidung, nach Deutschland zu gehen, um eine ältere Frau im Privathaushalt zu pflegen, ist ihr schwergefallen. Die innerlichen Widerstände, ausgerechnet in Deutschland zu arbeiten, rühren nicht nur daher, dass sie die deutsche Sprache nicht beherrscht, sondern sie sind auch familienbiographisch begründet. Halinas Vater wurde bei der Besetzung Polens als Kind von der deutschen Armee zusammen mit seinen Geschwistern nach Auschwitz verschleppt; dieses Arbeits- und Vernichtungslager hat außer ihm nur seine Schwester überlebt. Jahrelang hat er versucht, seine Tochter davon abzuhalten, nach Deutschland zu migrieren. Halina folgt dem Rat ihres Vaters zunächst und plant, in die Niederlande zu gehen. In ihrer finanziellen Notlage findet sie jedoch dort nicht schnell genug eine Arbeitsstelle und setzt sich über die Bedenken ihres Vaters hinweg. Geboren 1961, wächst sie mit sieben Geschwistern in einem Dorf in Niederschlesien auf, wo sie 1978 das Abitur macht. Sie verpasst einen Bewerbungstermin für ein Jurastudium und beginnt, als angelernte Buchhalterin in einem genossenschaftlichen Betrieb zu arbeiten, der landwirtschaftliche Produkte vertreibt. Ein Jahr später verlässt sie das elterliche Haus, zieht nach Oberschlesien und arbeitet als Buchhalterin in einer berühmten Porzellanfabrik, dem größten Arbeitgeber der Region. Dort lernt sie ihren späteren Mann kennen, der in der Produktion (am Band) tätig ist, und heiratet ihn im Jahr 1981:

„Wir waren ein sehr glückliches Ehepaar, mein Mann war sehr gut zu mir, (lacht) alle Freundinnen beneideten mich. Er konnte alles im Haushalt machen – er hat sogar mein Hochzeitskleid genäht."

1982 bekommt sie eine Tochter, vier Jahre später einen Sohn und schließlich im Jahr 1997 ihr drittes Kind, die Tochter Iga. Über den gesamten Zeitraum arbeitet Halina in der Personalverwaltung in verschiedenen Firmen. Sie möchte weiterhin studieren, was in Polen zu dem Zeitpunkt auch nebenberuflich möglich ist; allerdings wird sie daran durch ihren Mann, der keine Bildungsaspirationen hat, gehindert – aus Eifersucht und Angst, so Halina, sie könnte andere Männer kennenlernen und sich durch das Studium von ihm entfernen. Offenbar ist sie aber auch nicht bereit oder in der Lage, ihn zu verlassen und ihren Studientraum zu verwirklichen. Nach der Wende Anfang der 1990er Jahre eröffnet ihr Mann mit einem Freund zusammen eine Bar, für die Halina einen Kredit aufnimmt. Auf seinen Wunsch hin gibt sie ihre Stelle auf. Das eigene

Geschäft läuft anfangs sehr gut, nach finanziellen Streitigkeiten muss jedoch Konkurs angemeldet werden. Der Ehemann „flieht" vor seinen Gläubigern ins Ausland und arbeitet auf Baustellen in Deutschland und Österreich. Als er 1996 bei einem Autounfall ums Leben kommt, ist Halina bereits schwanger mit Iga. Sie kehrt an ihren alten Arbeitsplatz in der Porzellanfabrik zurück. Dann erfährt sie, dass ihr Mann keine Versicherungsbeiträge für die Familie bezahlt hat und dass sie die von ihm hinterlassenen Schulden begleichen muss; sie gerät dadurch in massive finanzielle Schwierigkeiten. Dennoch, als hätte sie auf diesen Moment der Freiheit gewartet, schreibt sich Halina gleich nach seinem Tod für ein Fernstudium ein, das ihrem *Traum* am nächsten kommt, für Europäisches Verwaltungsrecht. Sie setzt das Studium auch nach der Geburt Igas fort. Von ihrem Arbeitgeber wird sie für die Präsenzphasen ihres Fernstudiums freigestellt. Ihre finanzielle Situation ist miserabel; sie muss ihren Schmuck und die Eigentumswohnung verkaufen; ihre kranken Eltern helfen ihr, den niedrigen Lebensstandard für sich und die Kinder zu sichern. Dennoch hält sie am Studium fest und beendet dieses im Jahr 2000 mit einem Magisterabschluss. Dieser Abschluss verhilft ihr jedoch nicht zu einer besser bezahlten Tätigkeit; sie bleibt in der Fabrik bis diese im Jahr 2002 insolvent wird und ihre Tore schließt. Ihre älteste Tochter, zu dem Zeitpunkt 20 Jahre alt, hat dann bereits das Gymnasium mit einem sehr guten Abitur abgeschlossen, will dem Drängen ihrer Mutter, ein Studium zu absolvieren, aber nicht folgen. Stattdessen sucht sie sich eine Arbeit im Dienstleistungsbereich, zunächst in Polen, später in den Niederlanden. Halina ist darüber nicht glücklich, allerdings benötigt die Tochter aufgrund ihrer eigenen Einkünfte auch keine weitere finanzielle Hilfe, was ihr entgegenkommt.

Als sie zu ihrer ersten Arbeitsstelle nach Deutschland reist, ist ihr Sohn sechzehn Jahre alt und hat große Lernschwierigkeiten. Patryk musste bereits als Schulkind psychologische Beratung suchen und Halina hatte lange Zeit versucht, seine Lernprobleme durch häusliche und bezahlte Nachhilfe zu kompensieren. Er beendet die Schule ohne Abschluss und fängt an zu arbeiten, wird unstetig, nimmt Drogen, ist regelmäßig arbeitslos und zieht dann wieder bei seiner Mutter ein; dort übernimmt er keinerlei häusliche Aufgaben, weder in der Betreuung der kleinen Schwester noch im Haushalt:

„Patryk ist es gewohnt, nichts zu machen, denn Mama macht es immer für ihn. ... Er war immer ein Muttersöhnchen, ich habe immer alles für ihn erledigt. Ich habe sogar seine Schuhe geschnürt, als er zur Schule gegangen ist."

In der Wohnung seiner Mutter feiert er in ihrer Abwesenheit Partys und selbst dafür, dass er seine Mutter bestiehlt, wenn er in finanziellen Schwierigkeiten ist, findet Halina eine Entschuldigung: „Er ist so naiv, er lässt sich ausnutzen". Zum Zeitpunkt ihrer ersten Migration nach Deutschland ist die jüngste Tochter, Iga, erst fünf Jahre alt, und ihre Betreuung übernimmt am Anfang die ältere Tochter. Nach deren Weggang in die Niederlande findet Halina neue, zum Teil wechselnde Lösungen: Verschiedene Freundinnen, die sie symbolisch mit Geschenken bezahlt, ziehen in Halinas Wohnung ein und kümmern sich um Iga. Es gibt Probleme mit der Kontinuität der Betreuung und Iga wird zwischendurch immer wieder bei Halinas Schwester untergebracht. Halina berichtet, dass das Verhältnis zwischen der gerade betreuenden Freundin Lucyna und Iga schlecht sei:

„[…] denn Iga ist schon frech und streitet sich die ganze Zeit mit ihr. Und Lucyna sagt: ‚Deine Iga ist so frech.' Iga lässt sich nichts sagen. Letztens meinte Iga zu mir: ‚Mama, mein Zimmer ist aufgeräumt, und trotzdem kommt sie und saugt den Boden mit dem Staubsauger.' …Iga hatte einfach nicht genug Privatsphäre mit ihr, ja."

Halina ist stolz darauf, dass sie ihrem Kind eine „Privatsphäre" bieten kann:

„Sie hat ihr Zimmer, ich habe mein Zimmer, ja. Sie sind zwar klein, aber immerhin was, und jeder hat seins. Sie sagt, sie will nicht den ganzen Tag mit der Tante (meint Lucyna) sprechen, denn es macht für sie keinen Sinn, ja. Ich sage: ‚Iga, guck diese Serie (meint Telenovela) mit ihr an, danach mach deine Hausaufgaben, ihr macht dann den Fernseher aus, das ist der Deal.' Und ich sage ihr auch: ‚Es gibt keine neuen Leckereien: das muss dir reichen, das muss dir reichen!' Iga ruft immer an und beschwert sich."

Offenbar hat Iga, zum Zeitpunkt des Interviews zehn Jahre alt, klare Präferenzen und verabscheut die Serien, die ihre Betreuerin anschaut. Sie besitzt mittlerweile selbst einen Computer, auf dem sie – mithilfe ihres älteren Bruders – Filme herunterladen kann, die sie sich gern anschaut. Iga und ihre Mutter stehen im täglichen Telefonkontakt und Halina beschreibt das Verhältnis zu ihrer Tochter als sehr eng. In den Jahren 2003 bis 2007 arbeitet Halina als 24-Stunden Pflegerin alter und kranker Menschen im Rhythmus von zwei bis drei Monaten in deutschen Haushalten, zunächst undokumentiert, ab 2005 legal über eine Agentur und ab 2006 als sogenannte *Selbstständige* (siehe dazu Kapitel eins). In den vier Jahren muss sie sieben Mal den Haushalt wechseln, denn ihre Pflegebedürftigen sind schwerkrank (Krebs, Alzheimer) und sterben oder werden auf Wunsch der Angehörigen in ein Pflegeheim überführt. Halina übernimmt in einigen Fällen die Sterbebegleitung, obgleich sie dafür nicht ausgebildet ist und obwohl ihre deutschen Sprachkompetenzen dafür eigentlich nicht ausreichen. Mehrfach versucht sie, Iga nach Deutschland mitzunehmen; dieser Plan scheitert jedoch am Veto der Arbeitgeber*innen. Halinas Freizeit ist auf zweimal fünf Stunden in der Woche beschränkt. Ihr Gehalt liegt knapp über 1.000 Euro, als *Selbstständige* bekommt sie 1.300 Euro und muss davon jedoch ihre Sozialabgaben selbst bezahlen. Halina hat in den vier Jahren nie versucht, mit ihren Arbeitgeber*innen ein besseres Gehalt auszuhandeln. Dafür fehlen ihr die nötigen Deutschkenntnisse, aber auch das Bewusstsein, das sie bei jüngeren Kolleginnen beobachtet hat, dass nämlich ihre Klient*innen auf sie angewiesen sind und sie sich dadurch in einer guten Verhandlungsposition befindet. Es ist anzunehmen, dass ihr christlicher Glauben und eine stark ausgebildete humanitäre Haltung ihre Bereitschaft fördern, schwierige Arbeitsbedingungen ohne Widerspruch zu ertragen, sodass sie sich letztlich nie über ihre Arbeitsbedingungen beschwert. Im August 2007 beendet Halina ihre Tätigkeit, kehrt nach Polen zurück und beginnt als Buchhalterin bzw. Managerin einer Pflegeagentur in Polen zu arbeiten. Ihre Biographie enthält viele Charakteristika einer alleinerziehenden Mutter, die noch dazu über wenig familiäres Kapital verfügt, denn in ihrer Familie gibt es eine gehäufte Anzahl von Sterbefällen, die (Schwieger-)Eltern sind entweder schon tot oder aus Krankheitsgründen nicht mehr in der Lage, ihre Kinder zu betreuen. Ihre ältere Tochter hat die Verantwortung für ihre kleine Schwester eine Zeitlang übernommen, migriert dann aber selbst und lebt ihr eigenes Leben. Der Sohn ist unwillig, oder nicht in der Lage, seine kleine Schwester zu betreuen und damit die Mutter zu entlasten, was seine Mutter auch nicht von ihm erwartet. Halina betont, dass neben der Notwendigkeit, die von ihrem Mann hinterlassenen Schulden zurückzuzahlen, die Hoffnung, ihren Kindern bessere Lebensbedingungen zu verschaffen, der wichtigste Stimulus für ihre Migration war. Genau wie für Myra ist für sie die Trennung von ihren Kindern, vor allem von Iga, besonders schwer:

„Am Abend, wenn ich in mein Zimmer gehe, wenn ich frei habe, dann kommen diese schlimmen Gedanken. Was mache ich hier? Warum ist das so? Ich versuche eine Erklärung dafür zu finden. Hätte ich nicht mein Leben anders steuern können? Hätte ich dies und das machen können? Solche Gedanken kommen dann."

Von Selbstzweifeln geplagt, sucht sie nach Antworten, die sie nicht finden kann. Im Gegensatz zu Myra ist Halinas Care-Ersatz-Netzwerk zuhause nicht stabil; sie kann sich nicht darauf verlassen und muss täglich damit rechnen, dass Probleme entstehen, die sie aus der Distanz nicht zufriedenstellend lösen kann. Von ihrer ältesten Tochter hat sie noch Solidarität erfahren, doch diese reziproke Bindung ist mit dem Verhältnis zu den Freundinnen, die Iga betreuen, keineswegs vergleichbar. Auch das Verhältnis zu ihrer Schwester, die Iga aufnimmt, wenn andere Betreuungsarrangements zusammenbrechen, ist offenbar nicht stark genug, um daraus eine Dauerlösung zu etablieren. Halina bedauert, dass sie Iga bei jedem Abschied erzählt hat, sie werde nicht mehr weggehen, und dieses Versprechen dann immer wieder gebrochen hat:

„Ich sagte: ‚Du weißt, wie schwer es ist, guck, wie viel man bei uns verdient, wie schwer das Leben ist, wie arm die Leute sind.' Und ich versuchte das so, ja, das war Bestechung. (Die anderen beiden) sind schon erwachsen, sie, sie waren schon groß, deswegen haben sie nicht so geheult, ja."

Letztendlich hat sich Halina entschlossen, wegen der schwierigen Arbeitsbedingungen, aber auch wegen Iga, nach Polen zurückzukehren. Ihre Erzählung verdeutlicht, dass sie die Kompensation ihrer Abwesenheit durch Konsumgüter, die sie als „Bestechung" bezeichnet, eigentlich verurteilt, da sie konträr zu ihren Mutterschaftsidealen stehen. In den Phasen ihrer Rückkehr nach Hause sucht sie die Lehrer*innen von Iga auf, wie sie dies bereits für Patryk getan hat, versucht auch für ihren Sohn eine Arbeit zu finden. Sie hat Angst davor, dass sich die räumliche Trennung von ihren Kindern langfristig in emotionale Distanz verwandelt.

### Vergleich der beiden Fälle

Myroslawa und Halina betonen den durch die prekären wirtschaftlichen Verhältnisse im Postsozialismus gestiegenen Migrationsdruck, der sie zu einem in ihrer Lebensplanung ursprünglich nicht vorgesehenen Schritt bewegt. Für beide Frauen steht die Kombination von Mutterschaft und Berufstätigkeit außer Frage, denn sie gehörte bereits für ihre eigenen Mütter zur Bürger*innenpflicht. Diese im Staatssozialismus durch staatliche Institutionen unterstützte Vereinbarkeit erhält in der Migration eine neue Dimension, resultierend aus der Tatsache, dass zwischen Wohn- und Arbeitsort hunderte Kilometer liegen, dass Staats- und Sprachgrenzen überschritten werden und dass mit der physischen Distanz neue Anforderungen verbunden sind, die es bis dato nicht gab: Die Frauen hinterlassen eine Care-Lücke, die vor Ort durch Care-Ersatz-Arrangements geschlossen werden muss. Beide Frauen legen in ihren Narrationen sehr viel Wert darauf, sich als *gute Mutter* zu präsentieren, was darauf schließen lässt, dass sowohl ihr individuelles als auch das gesellschaftliche Verständnis von Mutterschaft unter Druck steht. In der Zeit der Datenerhebung war bereits die sogenannte *Euro-Waisen-Debatte* (siehe Kapitel drei), die die Abwesenheit von Müttern zum nationalen gesellschaftlichen Problem katapultierte, in Polen und in der Ukraine virulent und hinterließ ihre Spuren in den Erzählungen der Befragten. Zu den Gemeinsamkeiten gehören neben Vulnerabilität und den problematischen Arbeitsbedingungen das Leiden und die Schuldgefühle in Bezug auf die räumliche Distanz zu den eigenen Kindern, auf die im letzten Teil des Kapitels genauer eingegangen wird. Unterschiede zwischen den Fällen kommen vor allem in der Stabilität/Instabilität der familiären Netzwerke zum Ausdruck, womit der Hinweis verbunden ist, dass diese Netzwerke die Funktion von sozialem Kapital erfüllen; sie beeinflussen entscheidend die Interpretation der eigenen Migration als Scheitern oder Erfolg (siehe unten). Über die beiden Fälle hinaus habe ich zusammen mit Ewa Palenga-Möllenbeck eine Gesamtauswertung der in unseren Interviews analysierten Mutterschaftspraktiken erstellt (siehe Lutz und Palenga-Möllenbeck 2011a), die im Anschluss präsentiert werden.

## Mutterschaftspraktiken

### Care-Ersatz

Wie bereits in anderen Studien beschrieben (Lutz 2007a), bevorzugen transnationale Mütter aus Osteuropa ein Rotationssystem im Vier-Wochen- bis Dreimonatsrhythmus, das es ihnen ermöglicht, regelmäßig zu ihren Familien zurückzukehren. Die Mehrheit der migrierenden Mütter in unserem Sample hat ihr Arbeits- und Familienleben nach diesem Muster organisiert, womit der Versuch einhergeht, ein Gleichgewicht zwischen der Häufigkeit und der Qualität ihrer Anwesenheit in der Familie und dem von ihnen meist selbst organisierten *Ersatz* während der Abwesenheit herzustellen. Vier Ersatz-Modelle sind zu unterscheiden:

a) Das dominante Modell der Kinderbetreuung, das in zahlreichen anderen Studien bestätigt wird (Haidinger 2013; Solari 2017; Kindler/Kordasiewicz/Szulecka 2016; Safuta/Kordasiewicz/Urbańska 2016), zeichnet sich durch die Umverteilung der Care-Arbeit an Großmütter aus. Großmütter (sowohl die eigenen Mütter als auch Schwiegermütter) werden von den Migrantinnen als hingebungsvolle Betreuerinnen beschrieben, auf die sie sich verlassen können. Die Großmütter bestätigen, dass sie diesen Einsatz für die Enkelkinder gerne leisten[27], jedoch fühlen sie sich in dieser Rolle oft überfordert. Differenzen tauchen dort auf, wo schulische Probleme gelöst werden müssen, wo Auseinandersetzungen mit Adoleszenten auftreten und/oder sich die Großmütter aufgrund der *digitalen Lücke* unfähig fühlen, die Alltagsaktivitäten (z. B. Computerspiele) der Enkelkinder adäquat zu supervisieren. Neben der Betreuung ihrer Enkelkinder übernehmen sie oft auch die Betreuung/Anleitung der zurückbleibenden Kindesväter in Bezug auf das Haushaltsmanagement.

b) Weniger üblich, aber doch präsent – wie in dem oben geschilderten Fall von Halina – ist die Übernahme der temporären Kinderbetreuung durch Freun-

---

[27] Womit die Praxis von Rentnerinnen, die im Staatssozialismus bereits zahlreiche Care-Aufgaben übernahmen und darüber hinaus ihre Kinder und Enkelkinder etwa bei der Beschaffung von Konsumgütern unterstützten, in neuer Form fortgeschrieben wird.

dinnen und Nachbarinnen, die auch gelegentlich bezahlte oder unbezahlt Hausaufgabenhilfe, Altenpflege oder Notfallhilfe übernehmen. Von den Müttern werden diese Arrangements als tendenziell instabil beschrieben und die Ersatzbetreuerinnen berichten – wie die Großmütter – von Anerkennungsproblemen. Sie fühlen sich bei der Übernahme elterlicher Verantwortung überfordert. Von ähnlichen Problemen berichten weibliche Verwandte, z. B. Tanten, sowie ältere Kinder, in erster Linie Mädchen, wenn sie die Betreuung ihrer jüngeren Geschwister übernommen haben.

c) In sehr wenigen Fällen sind allein Väter für die Versorgung und Erziehung ihrer Kinder zuständig (siehe dazu Kapitel vier). In der Regel bleiben Väter während der Abwesenheit ihrer Frauen selbst berufstätig und beschränken ihre Beteiligung an der Care- und Haushaltsarbeit auf wenige Stunden am Abend oder am Wochenende, teilweise kommen sie über den gesamten Zeitraum der Berufstätigkeit ihrer Ehefrauen im Ausland gar nicht nach Hause.

d) Ein weiteres Modell transnationaler weiblicher Care-Migration, das der Großmütter-Migration, kann hier nur erwähnt werden, da wir dieses Phänomen in unserem Sample nicht erfasst haben. Dabei geht es um Frauen im Alter von fünfzig Jahren plus, die ihren Arbeitsplatz im Zuge der Systemtransformation verloren haben und frühverrentet wurden (siehe auch Satola 2015; Lutz und Palenga-Möllenbeck 2011b). Von ihrer Rente können sie in der Regel nicht leben und sind auf zusätzliche Einnahmen angewiesen. Darüber hinaus möchten sie einen Beitrag zum Einkommen und zum Wohlergehen ihrer Familien leisten, etwa zum Kauf von Konsumgütern oder einer Wohnung für ihre Kinder, oder zur Unterstützung der Ausbildung ihrer Enkelkinder in privaten Schulen und Universitäten (siehe Solari 2017 für die Ukraine; Satola 2015 für Polen). Dieses Phänomen weist auch darauf hin, dass Großmütter sich als Teil eines moralisch-ökonomischen Familiennetzwerks verstehen und eine sehr enge Beziehung zu ihren Kindern und Enkelkindern pflegen, von denen sie im Gegenzug Care-Leistungen erwarten, sobald sie diese aufgrund ihres Gesundheitszustandes benötigen.

## Emotionsmanagement

Ein wichtiger Bestandteil migrantischer Mutterschaft ist ein sensibles Emotionsmanagement, in dem, unterstützt durch die neuen Informationstechnologien, Nähe und Abwesenheit ausbalanciert werden. Während sich ukrainische Migrantinnen in Polen wöchentlich auf wenige, damals noch sehr kostspielige Telefonate beschränken mussten, gehören Auslandsgespräche mit Familienmitgliedern über Telefon oder Internet für polnische Care-Arbeiterinnen in Deutschland zur täglichen Kommunikationsroutine. Die Mütter werden ausführlich über alle Angelegenheiten des Alltagslebens zuhause informiert, Kinder können ihre Mütter autonom kontaktieren, Alltagsfreuden und -sorgen austauschen, sowie über die räumliche Trennung hinweg zum Ausdruck bringen, dass sie einander vermissen. Dort, wo im Haushalt des Herkunfts- und des Ziellandes an beiden Endpunkten Computer und Webcams vorhanden sind – was in dieser Untersuchung nur für Polen, nicht aber für die Ukraine gilt – werden täglich Alltagsentscheidungen besprochen und getroffen. Schulpflichtige Kinder werden von ihren Müttern bei den Hausaufgaben supervisiert und kontrolliert, was wir als *Skype-Mutterschaft* bezeichnet haben. Einerseits stützt die Analyse der Erzählungen in unserem Sample die These von Baldassar und Merla (2013b), dass *Care* im digitalisierten Zeitalter nicht nur in eine Richtung fließt, sondern innerhalb des Familiennetzwerks der Migrantinnen zirkuliert. Das Internet wird dabei zum zentralen Instrument des *doing family* im Alltagsleben transnationaler Mütter. Andererseits muss gegen die Idealisierung von Technologien eingewendet werden, dass Fernkontakte auch an Grenzen stoßen, denn vor allem Kinder betrachten virtuelle Kontakte oft nicht als gleichwertigen Ersatz für physische Nähe. Für introvertierte Kinder sind Telefongespräche oft keine gute Option, da diese sprachlich-expressive Kompetenzen voraussetzen. Zudem erfordert der Umgang mit Fernkontakten von allen Beteiligten, dass sie ihre Gefühle nicht nur zeigen, sondern auch verbergen können. Schlechte Nachrichten aus der Schule und familiäre Probleme können virtuell oft nicht gelöst werden; Kinder und Erwachsene müssen lernen, einander mit Nachrichten zu verschonen, die die jeweilig andere Seite in Aufregung versetzen kann. In den Interviews mit den Müttern zeigt sich zudem, dass Arbeitgeber*innen sich durch Anrufe und Internettelefonie gestört fühlen, etwa weil sie die Sprache nicht verstehen oder befürchten, dass ihnen Aufmerksamkeit entzogen wird. Mütter versuchen, ihre Abwesenheit durch die Intensivierung der Heimataufenthalte (emotional) zu kompensieren, etwa indem sie sich bemühen, zu besonderen Ereignissen (Einschulung, Schulabschluss, religiöse Feste, Geburtstage, etc.) physisch anwesend zu sein und diese mit ihren Kindern zu zelebrieren. In Zeiten ihrer Anwesenheit sind sie darauf bedacht, kindliche Bedürfnisse nach Körperkontakten zu erfüllen und sich um alle in ihrer Abwesenheit vernachlässigten schulischen und familiären Probleme zu kümmern. Dadurch können diese Aufenthalte zuhause nicht als Erholungsurlaub genutzt werden, sondern dienen in erster Linie dazu, die als *Defizit* charakterisierte physische Abwesenheit zu kompensieren.

Als Zwischenfazit lässt sich hier festhalten, dass die zirkuläre Migration der Mütter keineswegs – wie möglicherweise zu erwarten wäre – eine Umverteilung von familiären Care-Verpflichtungen auf die Väter der Kinder nach sich zieht. Die Redistribution erfolgt weniger *zwischen den Geschlechtern*, sondern eher *zwischen weiblichen Personen des Familiennetzwerks*, womit auch die weibliche Genderkodierung der Care-Arbeit intakt bleibt. Mit diesem Sample kann im

Übrigen empirisch *nicht* bestätigt werden, dass transnationale Mütter eine von Hochschild (2000) und Parreñas (2001) beschriebene Ersatzlösung arrangieren, bei der eine Migrantin aus einem wirtschaftlich schwächeren Land für die Betreuung von Kindern und die Pflege von Angehörigen angeworben wird; sondern präferiert wird eine *interne* Lösung mithilfe von Verwandten. Dieses Ergebnis wird von anderen Studien über Care-Migration in Polen und der Ukraine bekräftigt (siehe Kindler/Kordasiewicz/Szulecka 2016, S. 6; Safuta/Kordasiewicz/Urbańska 2016).

## Erzwungene Trennung – Die Kehrseite multi-lokaler Mutterschaft

Während die Vertreterinnen des Global-Care-Chain-Ansatzes (Hochschild 2000; Parreñas 2001) die in den Heimatländern zurückbleibenden Kinder und Familienmitglieder als Verlierer der Care-Migration charakterisieren, zeigen die Fallbeispiele von Myroslawa und Halina exemplarisch, dass vor allem die migrantischen Mütter selbst an der Trennung von ihren Kindern leiden und sie als die schwerste Belastung ihrer Berufstätigkeit betrachten. Damit weisen sie auf ein Problem dieser Debatte hin, dass ich in meinen früheren Arbeiten vernachlässigt habe. Während ich in vielen Aufsätzen (Lutz 2016; 2015) und in meinem letzten Buch zu diesem Thema (Lutz 2007a) zwar hervorgehoben habe, dass transnationale Mütter von ungeheuren Schuldgefühlen geplagt werden, war ich dennoch der Meinung, dass angesichts der täglichen, weltweit millionenfach praktizierten Mutterschaft aus der Distanz die Kräfte des Faktischen zur Revision der idealisierten Mutter-Kind-Beziehung beitragen und langfristig die Anerkennung von Care-Ersatz-Lösungen als gleichwertige Betreuungs- und Versorgungspraxis erfolgen würde. Ich habe diese Position vor allem als einen Beitrag zur Entdramatisierung einer ideologisch aufgeheizten Debatte (siehe auch Kapitel drei) und zur Zurückweisung stigmatisierender Diskurse (mother blaming) vertreten, dabei aber übersehen, dass die Emotionen der Mütter nicht nur von Mutterschaftsdiskursen beeinflusst sind, sondern dass das Recht auf emotionale Zuwendung und Versorgung des eigenen Kindes, wie Kontos (2013) schreibt, ein Menschenrecht ist, auf das Migrantinnen verzichten müssen. Die durch die Arbeitssituation erzwungene Trennung betrachte ich deshalb als ein wichtiges Element der Transnationalen Sozialen Ungleichheit (siehe Kapitel eins).

## Mutterschaftsideologien – Maternalismen

Mutterschaftsideologien sind in der feministischen Debatte zu Recht immer wieder hinterfragt, demontiert und attackiert worden. So hat etwa die französische Historikerin Elisabeth Badinter (2013) in ihrem Buch über den *neuen Maternalismus* gezeigt, dass Schwangerschaft und Geburt für die Mehrheit der Frauen (in Industrieländern) seit der Verfügbarkeit von Antibabypillen nicht mehr *Schicksal*, sondern das Resultat einer wohlüberlegten *Wahl* sind. Laut Badinter hat sich seitdem auch der Diskurs über Mütterlichkeit verändert, indem immer mehr und neue Anforderungen an *gute Mutterschaft* gestellt werden; Mutterschaft als Wahl erfordert aktive Gestaltung und Leistung.[28] Sie beschreibt verschiedene ideologische Kämpfe – ideologische *Kreuzzüge* – die seit den 1970er Jahren in Frankreich und anderen westlichen Ländern ausgetragen wurden. So etwa der Standpunkt, dass eine gute Mutter beim Stillen ihres Säuglings die *natürlichen* Bedürfnisse ihres Kindes über ihre eigenen stellen sollte und dieses solange wie möglich mit Muttermilch versorgen müsse, um Allergien und Erkrankungen vorzubeugen (Badinter 2013, S. 69 ff.). Oder die Empfehlung, Kinder bis zum Alter von vier Jahren (ebd., S. 101 ff.) im eigenen Bett schlafen zu lassen, um das Sicherheitsbedürfnis von Kleinkindern zu befriedigen. Badinter sieht dahinter die Ideologisierung eines biologistischen Care-Modells, das die Kombination von Mutterschaft und beruflicher Karriere verhindert. Diese auf dem Bindungsmodell des britischen Kinderpsychiaters John Bowlbys (1958) aufbauende Annahme, dass die *dyadische Beziehung zwischen Mutter und Kind* einen exklusiven und grundlegenden Stellenwert in der Evolution habe und deshalb unabdingbar für das gesunde Aufwachsen eines Kindes sei, schlug sich, wie Badinter zeigt, in den 1980er Jahren in der Überhöhung von *Mutterschaft* und *mütterlicher Verantwortung* nieder. Trotz des steigenden Anteils berufstätiger Frauen sind solche Vorstellungen, die von Kinderpsycholog\*innen, Gesundheits- und Erziehungsexpert\*innen vorangetrieben werden, bis heute nicht verschwunden. Sie blühen im Gegenteil zu Beginn des 21. Jahrhunderts in der Form eines sich im Internet manifestierenden *E-Maternalismus* (Mezey/Pillard 2012) auf. Abweichend vom *alten Maternalismus* vertritt dieser nicht mehr die Überzeugung, dass Privatheit und Arbeitswelt getrennte Sphären seien oder dass der Platz der guten Mutter am Herd bzw. im Haushalt sei, sondern er geht von der Grundannahme aus, Mütter seien einfach die idealen Eltern und in dieser Eigenschaft unersetzbar (ebd.). Maternalismus ist demnach entgegen der Diagnose von Ann Orloff (2006) nicht verschwunden, sondern

---

28 Badinter vergisst leider zu vermelden, dass es sich dabei in erster Linie um Mittelschichtsideale handelt, die allerdings einen auch für andere soziale Schichten normativen Charakter haben.

integriert gesellschaftliche Trendwendungen, etwa die Forderung nach (Selbst-) Optimierung, indem Mütter sich in Mütterforen über (die Organisation von) guter Mutterschaft austauschen. Der neue Maternalismus hat mittlerweile auch im postsozialistischen Osteuropa Anschluss gefunden und Einzug gehalten. Nach der Systemtransformation sind im Postsozialismus mit Unterstützung der Katholischen und Orthodoxen Kirchen, aber auch (ultra-)nationalistischer Parteien pro-natalistische Politiken erstarkt, die z. B. in Abtreibungsverboten zum Ausdruck kommen. Die Überhöhung von Mutterschaft ist sowohl ein zentrales Element der nationalistischen Symbolik der neuen Nationalstaaten (Skocpol 1992; Verdery 1994; Kis 2007; Solari 2017) als auch zentraler Gegenstand der Familien- und Beschäftigungspolitiken, die eine Wende zur Re-Familialisierung der Sozialpolitik eingeleitet haben. Mutterschaft gilt heute als weibliche Bürger*innenpflicht. An die Stelle des sozialistischen Gleichheitsideals, das allerdings im privaten Raum nie verwirklicht wurde (Kałwa 2008, S. 124), trat ein neues Verständnis von Weiblichkeit, das die Rolle der Hausfrau und Mutter idealisiert und propagiert (Michoń 2009). Laut Marta Trzebiatowska (2013, S. 207) verbirgt sich dahinter die Überzeugung, zur Selbsterfüllung einer Frau gehöre eine heterosexuelle Beziehung sowie die Fähigkeit, Kinder zu gebären: „Having a child means having a real, useful, purposeful and dignified femininity" (Środa 2009, S. 84 zitiert in Trzebiatowska 2013, S. 208). In der Folge der Systemtransformation werden somit kulturelle Veränderungen diagnostiziert, die Weiblichkeit und Mutterschaft miteinander verknüpfen. *Betonte Weiblichkeit* (emphazised femininity), so lässt sich mit R. Connell feststellen, steht im Zentrum eines neuen (und zugleich alten) Frauenbildes, „which contributes to the global dominance of men over women through a social performance in which the key features are compliance, nurturance and empathy" (Connell 1987, S. 188). Daraus ist zu schließen, dass sich die Geschlechterverhältnisse in Ost- und Westeuropa angenähert haben: Frauen versuchen, gute Mutterschaft und Berufstätigkeit zu vereinbaren, ohne dass die dafür erforderlichen Voraussetzungen, etwa die Transformation von vergeschlechtlichter Care-Arbeit (siehe Kapitel fünf), gegeben sind. Während sich jedoch Angehörige der Mittelschichten im wohlhabenden Teil der Welt von Nannys und Pflegerinnen dabei unterstützen lassen können, ihre Kinder von Substitutions- oder Schatten-Müttern (MacDonald 2010) optimal betreuen zu lassen, misslingt dieser Drahtseilakt auf der Seite der transnationalen Mütter. Da beide Seiten an demselben Mutterschaftsideal gemessen werden, bzw. sich daran auch selbst messen, entsteht eine deutliche Asymmetrie.

## Emotionale Ungleichheit

Aus der staatlichen Protektion der Bedürfnisse der Mitteschicht, so evaluiert Geraldine Pratt (2012) das kanadische *Live-In Care-Giver Program*[29], entstehen geopolitische Hierarchien von Mutterschaft. Sie kritisiert sowohl die öffentliche Präsentation dieses Modells als dreifaches Gewinnmodell (kanadische Arbeitgeber*innen, migrantische Nannys und deren Familien und die Herkunftsländer der Migrantinnen als Remissionsempfänger) als auch die Scheinheiligkeit des neoliberalen Politikverständnisses, das diesem Programm zugrunde liegt. So werde den kanadischen Familien zugestanden, ihre familiäre Intimität abzusichern und ihren Kindern optimale Entwicklungsbedingungen zu bieten, während die Kinder der Migrantinnen einen solchen Schutz entbehren müssen und damit offenbar als schutzunwürdig (unworthy of protection) gelten; den Migrantinnen werde unterstellt, dass sie eine rationale Wahl getroffen hätten, für deren Folgen sie selbst einstehen müssten (Pratt 2012, S. 164). Pratt kennzeichnet diese Haltung als *normativen Nationalismus* (ebd.). Auf die Situation der osteuropäischen Migrantinnen lässt sich diese Analyse deshalb nicht Eins-zu-Eins übertragen, weil das kanadische Programm keine zirkuläre Migration kennt, sondern die vollständige Abwesenheit der Mütter für mindestens zwei Jahre impliziert. Vergleichbar sind jedoch die Legitimationsstrategie (triple win) und die Ignoranz der Care-empfangenden Länder gegenüber den emotionalen Folgen für Kinder *und* Mütter. Die Europäische Union betont zwar immer wieder das Menschenrecht auf Familienleben, dennoch fehlen etwa in Deutschland bislang gesellschaftliche und staatliche Interventionen, die Arbeitgeber*innen von Care-Migrantinnen auf diese Rechte hinweisen und die Migrantinnen darin unterstützen, mit ihren Kindern in einem Haushalt zusammenleben zu können. Die Herkunftsländer stützen diese Haltung, da sie auf die Remissionen nicht verzichten wollen und darum die Loyalität der Migrantinnen zu Kindern und Familie als Bürgerinnenpflicht betrachten. Als Fazit lässt sich daraus ableiten, dass *normativer Nationalismus* auf beiden Seiten dazu führt, dass die Interessen der Care-Arbeiterinnen von keiner Seite unterstützt werden. Emotionale Ungleichheit bzw. der Verzicht auf die physische und emotionale Versorgung der eigenen Kinder, bleibt somit ein verborgener Bestandteil transnationaler Mutterschaft. Nun hat Ewa Palenga-Möllenbeck (2016) in ihrer Studie über die Vaterschaftserfahrungen männlicher polnischer Migranten, die als Heimhandwerker (handymen) in deutschen Privathaushalten arbeiten, zu Recht darauf hingewiesen, dass deren Arbeitssituation ebenfalls

---

29 Ein Rekrutierungsmodell, das Migrantinnen in erster Linie zur 24/7 Betreuung von Kindern im Privathaushalt anwirbt und das Migrantinnen verpflichtet, zwei Jahre lang in einem Haushalt zu verbleiben (siehe auch Boyd 2017).

prekär und der Verzicht auf Familie für diese Männer ebenfalls ein großes Problem ist. Der Unterschied zu der Situation der migrantischen Mütter besteht allerdings darin, dass sie sich nicht dafür rechtfertigen müssen, ihre Familien in Polen zurückzulassen; Care-Verantwortlichkeit zuhause zu übernehmen, wird von ihnen nicht erwartet. Ihre väterliche Aufgabe besteht darin, ein Einkommen zu generieren – was bedeutet, dass auch die Väter unter großem Erwartungsdruck stehen, jedoch nicht den gleichen gesellschaftlichen Anforderungen ausgesetzt sind, die in diesem Kapitel als Dilemmata migrantischer Mutterschaft beschrieben wurden.

# 3 Euro-Waisen: Transnationale Mutterschaft unter Beschuss

> "One of the most tenacious instances of universalism – the belief in the universality of something – is motherhood, doubtlessly the most intimate of relationships. The current state of the allegedly globalized world makes this universalism both urgently necessary and deeply problematic" (Bal 2012, S. 119).

Dieses Zitat der Literaturwissenschaftlerin Mieke Bal illustriert treffend die Kontroverse um die ambivalente Stellung der Mutterschaft von Migrantinnen, die als Ernährerinnen eine zentrale Funktion für die Verbesserung der Lebensqualität ihrer Familien haben und doch gleichzeitig den normativen Anforderungen an eine *gute Mutter* gerecht werden sollen/wollen. Im letzten Kapitel wurden die Umstände thematisiert, unter denen diese Frauen Erwerbs- und Care-Arbeit aus der Entfernung miteinander kombinieren müssen. Nun sind Vorstellungen und Praktiken von Mutterschaft keineswegs universal, sondern unterliegen kulturellen, sozialen, religiösen sowie regionalen Normierungen und haben sich im Zeitverlauf verändert (siehe Koven/Michel 1993; Michel 1999; Hochschild 2012). Gleichzeitig bleibt jedoch die Universalität der weltweiten *Anrufung der Mutter* als zentrale Figur von Familien-/Verwandtschaftsnetzwerken bestehen. Dieses Kapitel beschäftigt sich noch einmal mit Mutterschaft, allerdings aus einer anderen Perspektive: Es diskutiert die seit etwas mehr als 10 Jahren geführte mediale Skandalisierung der Leiden von Kindern als soziale Folge der physischen Abwesenheit von Müttern, die ihre Kinder in der Obhut von Familienangehörigen zurücklassen. Diese Debatte, vorranging in den Medien der osteuropäischen Entsendeländer geführt, wurde in der westlichen Presse aufgegriffen und ist auch heute noch transnational präsent. Zurückbleibende Kinder werden als *zurückgelassene Kinder*, *Kinder allein zuhause*, *verlassene Kinder* (Rumänien), *soziale Waisen* (Ukraine), *Euro-Waisen* (Polen) und *weiße Waisen* (Moldawien) bezeichnet. Es lässt sich nicht mehr nachvollziehen, in welchem Land Osteuropas diese Debatte begann; wie in diesem Kapitel ausgeführt, sind erste Hinweise bereits im Jahr 2005 in der ukrainischen Presse zu finden, aber es ist anzunehmen, dass die westlichen Medien erstmals über diese Kinder aus der Berichterstattung über Rumänien informiert wurden. So betitelte zum Beispiel die englische Tageszeitung The Telegraph am 25. März 2007: "Suffering Grips Europe's Nation of Orphans", einen Artikel, in dem der Selbstmord eines Kindes in einem rumänischen Dorf folgendermaßen beschrieben wurde:

"Last March, Razvan Suculiuc walked home from school in the village of Ciorteşti, fed the chickens, went to the woodshed and hanged himself. He was 10 years old. [...] His mother, Liliane, had abandoned the bar job that paid her £ 100 a month and had gone to Italy to work as a maid, leaving Razvan in the care of his unemployed father [...] Maybe he missed her more than she realized" (Chamberlain 2007, o.S.).

Ein Jahr später erschien in der Süddeutschen Zeitung ein Artikel von Franziska Brüning unter dem Titel „Ausgesetzt im Waisenhaus. Tausende rumänische Eltern lassen ihre Kinder im Stich. Verantwortlich dafür ist nicht zuletzt die humanitäre Hilfe aus dem Westen", mit folgendem Zitat:

„Als Razvan Suculiuc sich erhängte, weil ihn seine Mutter allein in Rumänien zurückgelassen hatte, war er erst zehn Jahre alt. Der Fall ging 2006 durch die europäische Presse und wurde dennoch bald wieder vergessen. Dabei ist sein einsames Kinderleben kein Einzelfall. Mehr als 100.000 Kinder und Jugendliche wachsen derzeit in Rumänien ohne Eltern auf. Nach wie vor sind die wenigsten von ihnen echte Waisen. Tatsächlich wird ein Großteil der Kinder und Jugendlichen noch wie zu kommunistischen Zeiten von den Eltern im Stich gelassen. Verantwortlich dafür ist nicht zuletzt die humanitäre Hilfe aus dem Westen. [...] ‚Diese Hilfe ist gut gemeint, aber sie hat fatale Folgen. Sie veranlasst rumänische Eltern dazu, ihre Kinder einfach abzugeben, nach dem Motto, im Heim geht es ihnen ohnehin besser als bei uns', sagt René Mérite" (Brüning 2010 [2008][30], o.S.).

In diesem Artikel wird der Hinweis darauf, dass Razvan in der Obhut seines Vaters verblieben war, der ein Jahr vorher im Daily Telegraph immerhin noch Erwähnung fand, verschwiegen. Auf die *Abwesenheit der Väter* wird im Laufe dieses Kapitels noch eingegangen. In den hier zitierten Beispielen zeigt sich auch, dass in westlichen Medien Ereignisse aufgegriffen werden, die im Fall von Rumänien immer einen Bezug zum brutalen Umgang des früheren rumänischen Regimes mit Reproduktionsfragen (Abtreibungsverbot, Hospitalisierung behinderter Kinder, Verwahrlosung von Heimkindern) herstellen. In beiden Artikeln fehlen jegliche Quellenverweise, sodass unklar bleibt, woher die Zahlen über die „Nation der Waisen" stammen. Anstelle einer tiefgehenden Analyse der Ursachen dieser sogenannten Ver-Waisung von Kindern, findet sich die Skandalisierung verrohter Praktiken von Elternschaft mit dem Hinweis auf deren dunkle, kommunistische Vorgeschichte. Der im Jahr 2009 ins Netz gestellte Film „Price of Hearts", produziert mit Unterstützung der US-amerikanischen (christlichen) Hilfsorganisationen World Vision/Youth Services America/Disney Foundation geht zwar etwas genauer auf die Hintergründe der Emigration der Mütter ein, behauptet aber, dass 350.000 rumänische Kinder

---

30  Der Artikel wurde erstmals am 26.05.2008 publiziert.

unter zehn Jahren von ihren Eltern zurückgelassen und dadurch traumatisiert wurden, ohne sich genauer mit den Care-Praktiken der Familien auseinanderzusetzen. Der Film ist hochprofessionell gemacht: Unterlegt mit tragischer Musik, die den Tenor des Films verstärkt, identifiziert er die Abwesenheit der Mütter als Ursache des Kinderleidens und nimmt an keiner Stelle einen männlichen Elternteil in den Blick. Plädiert wird für die Mitnahme der Kinder an den Arbeitsort der Mütter, was, wie in diesem Buch mehrfach beschrieben, für die meisten Mütter keine reale Option ist. Die im Film und den Artikeln erwähnte Charakterisierung der Kinder als *Waisen* ist faktisch inkorrekt, da die Mehrheit der nicht-migrierenden Kinder in der Obhut von Verwandten, also wenn Väter migrieren bei der Mutter, oder wenn die Mutter migriert bei Großmüttern bzw. anderen weiblichen Familienangehörigen bleiben. Wie bereits im zweiten Kapitel gezeigt und im nächsten, dem vierten Kapitel, genauer ausgeführt, werden die männlichen Partner migrantischer Mütter weniger in die Pflicht genommen als weibliche Familienmitglieder, darunter auch ältere Töchter. Wie gezeigt wird, hat die Charakterisierung dieser Kinder mit der wirkmächtigen Metapher *Waisen* weitreichende Konsequenzen für die Bewertung weiblicher Migration und der Problematisierung transnationaler Mutterschaft. In manchen Entsendeländern gipfelte die *Waisen-Debatte* bereits in der Einführung rechtlicher Maßnahmen, die das Zurücklassen der Kinder eindämmen oder erschweren sollen. Eine weitere Konsequenz ist der soziale Druck auf Mütter, die aufgefordert werden, *nach Hause* zu kommen.

Ich werde im Folgenden die Ergebnisse einer umfassenden Medienanalyse polnischer und ukrainischer Zeitungen zwischen 1997 und 2008 präsentieren[31], um die radikalen Veränderungen in der öffentlichen Wahrnehmung der polnischen und ukrainischen Migrantinnen zu demonstrieren. Die Analyse erstreckt sich über eine Zeitspanne, die einige Jahre nach der Systemtransformation beginnt, zu einem Zeitpunkt als diese Migrantinnen als modern und innovativ gefeiert und als *Euro-Migrant\*innen* bewundert wurden und erstreckt sich bis zu einem zehn Jahre späteren Zeitpunkt, an dem sich Ton und Beurteilung einschneidend änderten und die Darstellung der negativen Folgen von Migration für die Entsendeländer Priorität erhielt. Eltern wird dann erzieherische Unfähigkeit und Verantwortungslosigkeit vorgeworfen und vor allem die Mütter werden der *schlechten Mutterschaft* bezichtigt. Der letzte Teil des Kapitels analysiert den Euro-Waisen-Diskurs durch drei verschiedene, einander ergänzende Erklärungsmodelle: Erstens wird die *Waisen-Debatte* als Ausdruck einer *moralischen Panik* und als Reaktion auf die Unfähigkeit des Herkunftslandes inter-

---

31 Insgesamt wurden 969 Zeitungsartikel aus der Presse dreier Länder – Deutschland, Polen und der Ukraine – ausgewertet. Die deutsche Debatte, die sich nicht so sehr auf Euro-Waisen, sondern auf die sogenannte Care-Krise bezog, wird hier vernachlässigt.

pretiert, mit den Konsequenzen der durch weibliche Migration verursachten Abwesenheit von arbeitenden Müttern umzugehen bzw. darauf mit einer adäquaten Familien- und Bildungspolitik zu reagieren; hier wird eine historische Parallele gezogen zu der Debatte über die (vorsätzliche) Vernachlässigung von sogenannten *Schlüsselkindern* in den 1940er und 1950er Jahren. Zweitens korrespondiert diese Debatte mit der negativen Bewertung und Ablehnung von *transnationaler Mutterschaft* sowohl in den Entsende- als auch Empfängerländern. *Mutterschaft aus der Distanz* wird von Expert*innen (Psycholog*innen, Pädagog*innen, Lehrer*innen) als schädlich für die Entwicklung von Kindern angesehen und die aus der Distanz geführte Mutterschaftspraxis wird als defizitäre gekennzeichnet. Drittens ist mittlerweile die Debatte über die Vernachlässigung von im Heimatland zurückgelassenen Kindern keineswegs nur auf Osteuropa beschränkt, sondern die diskursive Figur der *Waisen* wird gegenwärtig von transnationalen Organisationen (UNCRC, UNESCO, World Vision, Safe the Children, etc.) mithilfe von Berichten befeuert, die die Vernachlässigung von weltweit mehreren Millionen Kindern migrantischer Eltern/Mütter skandalisieren. Summa summarum lässt sich daraus der erstaunliche Schluss ziehen, dass die enorme globale Vielfalt von Erziehungswelten und Kindererziehungspraktiken in und durch diese Debatte aus dem Blickfeld gerät. Stattdessen wird die physische Präsenz von Müttern als zentrale Versorgerinnen und Erzieherinnen ihrer leiblichen Kinder als unabdingbare Voraussetzung für ein gelungenes Familienleben stilisiert und damit zum zentralen Bewertungs- und Normierungsmaßstab für gesunde und erfolgreiche Kindheit erhoben, während die Abwesenheit mit der Schaffung traumatisierender Folgeprobleme gleichgesetzt wird.

## Euro-Waisen und Soziale Waisen

Die Auseinandersetzung mit der Euro-Waisen-Debatte kam unerwartet und völlig überraschend, denn das ursprüngliche Anliegen unserer im Kontext des Forschungsprojektes „Landscapes of Care Drain" durchgeführten Medienanalyse war es, Artikel über Migration, transnationale Familien, Elternschaft und Care/Pflege zu sammeln. Unser vornehmliches Ziel war die Erstellung einer komplementären und vergleichbaren Kollektion von Artikeln aus zwei Entsendeländern, Polen und der Ukraine, und aus einem Destinationsland, Deutschland, das zu einem der wichtigsten Ziele der Care-Migrantinnen in Westeuropa gehört.[32] Wir waren davon ausgegangen, dass in den Debatten der Entsende-

---

32 Der Erhebungszeitraum 1997 bis 2008 wurde vor dem Hintergrund der Aufnahmeverhandlungen festgelegt, die 2004 zu einer Aufnahme Polens in die EU führten.

länder Polen und Ukraine im ersten Jahrzehnt nach der Systemtransformation vor allem Beschreibungen und Bewertungen über die Öffnung der Arbeitsmärkte, Erwerbsmöglichkeiten im Ausland sowie die damit verknüpften (positiven) Konsequenzen der Migration im Mittelpunkt der Debatten stehen würden. Dabei hatten wir auch die Thematisierung (der Folgen von) weiblicher Migration erwartet. Dass diese sich dann vornehmlich in den nationalen Debatten über zurückgelassene/verlassene Kinder widerspiegelte, die um 2005 in der Ukraine und 2007 in Polen einsetzte, hatten wir nicht antizipiert. Ich werde zunächst einen kurzen Überblick über die Ergebnisse der Datenerhebung geben, um die Diskursveränderung zu verorten und dann den Fokus auf die *Waisen-Debatte* legen. Zunächst wird Polen in den Blick genommen, danach geht es um die Ukraine.[33]

### Polen

In Polen hat Arbeitsmigration seit dem 19. Jahrhundert, insbesondere Anfang des 20. Jahrhunderts in die Bergbaugebiete Deutschlands oder die industriellen Zentren im Norden der USA, eine lange Tradition. Im Staatssozialismus nach dem Zweiten Weltkrieg war der Prototyp der Ost-West-Migration die Flucht aus dem sozialistischen Block, bei der es keine Rückkehrmöglichkeit gab. Dennoch erfolgte saisonale und kurzfristige Arbeitsmigration zwischen Staaten des sozialistischen Blocks; so etwa landwirtschaftliche Saisonarbeit von Pol\*innen in die DDR. Infolge der Liberalisierung der Grenzregime nach 1989 änderte sich dieses Muster grundlegend; im Prinzip ist nun Auswanderung möglich, allerdings besteht gegenwärtig die dominante Form der *zirkulären, transnationalen Migration*, bei der Migrant\*innen ihre Familien an ihrem Wohnort zurücklassen und in Intervallen von einer Woche bis zu mehreren Monaten zum Arbeitsort pendeln. Seit den frühen 1990er Jahren sind etwa zehn Prozent der polnischen Bevölkerung in die *Pendelmigration* involviert (siehe erstes Kapitel). Diese neue Form der Work-Life-Balance bevorzugen vor allem Migrat*innen*, die – wie bereits beschrieben – die Mehrheit der aus Polen Migrierenden stellt.

Die von uns[34] durchgeführte Analyse basiert auf 316 Artikeln (1997–2008) der folgenden nationalen Tageszeitungen: 138 Artikel aus der Gazeta Wyborcza (links-liberal), 105 Artikel aus der konservativen Rzeczpospolita, 19 Artikel aus der Boulevardzeitung FAKT und 54 aus der schlesischen Regionalzeitung Nowa

---

33 Unser methodisches Vorgehen nutzte die kritische Diskursanalyse nach Siegfried Jäger (2012).
34 Die Analysen wurden im Team zusammen mit Ewa Palenga-Möllenbeck und Yevgeniya Wirz durchgeführt.

Trybuna Opolska; letztere wurde wegen der Bedeutung Schlesiens als wichtige Entsenderegion gewählt.[35] Zwischen den Jahren 1998 und 2007 wurde Migration und deren Auswirkung auf Politik und Ökonomie in allen von uns untersuchten polnischen Medien vorwiegend positiv bewertet. Unter den positiven Auswirkungen wurden etwa der Rückgang von Arbeitslosigkeit, die Entlastung der Sozialversicherungsfonds und die besseren Ausbildungsmöglichkeiten im Ausland angeführt, sowie die Vorteile der migrantischen Remissionen für Investitionen in Polen betont. Abhängig von der ideologischen Orientierung der Zeitung wurde Arbeitsmigration als Ausdruck von kreativem *Unternehmertum*, als individuelle und kollektive *Erfolgsgeschichte* oder als *Krisenüberwindungsstrategie* charakterisiert. Während die Gazeta Wyborcza (GW) vorrangig die sozialen Aspekte von Migration, einschließlich komplexer Themen wie die Situation nationaler Minderheiten oder die Negativfolgen der Abwanderung von Fachkräften fokussiert, geht es bei Rzeczpospolita (RZ) eher um die positive Bewertung der Einführung eines liberalen Marktregimes, um individuelle Freiheit, selbstständiges Unternehmertum, worunter z. B. auch die Berichterstattung über zunehmenden Arbeitskräftemangel und dessen Bekämpfung durch Arbeitgeber-bezogene Migrationssteuerung temporärer Arbeitskräfte aus der Ukraine, Weißrussland und Russland fällt. Bemerkenswert fanden wir, dass die Kategorie Gender vor dem Jahr 2007 in der Presse eher implizit als explizit angesprochen wurde, z. B. über Prostitution und Menschenhandel an der polnisch-deutschen Grenze (drei Artikel in GW, einer in RZ). Die steigende Teilnahme von polnischen Frauen an der Migration war vor allem dort Thema, wo es um die Eheschließung ‚polnischer Bräute' mit Partnern aus dem ‚alten Europa' ging. Drei Artikel in GW beschäftigten sich mit ukrainischen Care-Arbeiterinnen in polnischen, urbanen Mittelstandshaushalten und mit der steigenden Anzahl von polnischen Frührentnerinnen (50+), die es nach Deutschland oder Österreich zieht; kein einziger Artikel beschäftigte sich jedoch mit den Arbeitsbedingungen polnischer Frauen in ausländischen Haushalten. In diesem Diskurs fanden im Herbst 2007 plötzlich einschneidende Veränderungen statt: Der relative Mangel an Beschreibung negativer oder problematischer sozialer Folgen von Migration veränderte sich nun in ein lebhaftes Interesse an den zurückbleibenden Kindern von Arbeitsmigrant\*innen. Ausgelöst wurde die Debatte durch ein scheinbar unspektakuläres Ereignis, die Präsentation eines dokumentarischen Kurzfilms mit dem Titel „Alex Home Alone", den der damals 18-jährige Aleksander Makowiak und seine Freunde gedreht hatten (vgl.

---

35 Die folgenden Verweise auf polnische und ukrainische Zeitungsartikel, deren Titel, Erscheinungsdatum und Inhalte sind unsere nicht veröffentlichten Forschungsberichten „Migrationsdiskurse in Polen" (Palenga-Möllenbeck 2010) und „Migration und Care in der ukrainischen Presse" (Wirz 2009) entnommen.

GW 28.12.2007). Als Thema seiner Abschlussarbeit für sein Studium der Computerwissenschaften an einem technischen Gymnasium in Posen wählte Makowiak, der sich im Film selbst spielte, die Darstellung der Situation von Kindern, deren Eltern im Ausland erwerbstägig sind. Zum Zeitpunkt der Arbeit an diesem Film lebte sein Vater bereits über ein Jahr in den Niederlanden, sechs Monate später waren seine Mutter, sein jüngerer Bruder, der Hund und die Schildkröte der Familie dem Vater gefolgt. Diese Erzählung bildete den Ausgangspunkt der Dokumentation, die sich mit Alex Makowiaks Erfahrungen der Alltagsbewältigung, dem Alleinsein in der Wohnung der Familie befasste. In der Darstellung ging es vorrangig um lustige Situationen, in denen Alex zum ersten Mal in seinem Leben alleine Kartoffeln schälen muss und diese in Quadrate schneidet; wie er in der gesamten Wohnung Klebenotizen verteilt, die sein Gedächtnis im Umgang mit Heizung, Elektrogeräten, Müllentsorgung, Briefkasten und Lebensmitteln unterstützen sollen. Insgesamt wird darin also die Übergangspassage zur Selbstständigkeit und zum Erwachsenwerden eines Jugendlichen beschrieben, dem all diese Tätigkeiten fremd waren, da sie ihm bis dato abgenommen worden waren – vermutlich von der Mutter. Der Artikel über diesen Film in der Gazeta Wyborcza setzte viele weitere Berichterstattungen in Gang, was schließlich dazu führte, dass der Film auf Youtube gestellt wurde und die internationale Presse die Geschichte aufgriff. Die niederländische Zeitung De Volkskrant (Hunin 2008) verkündigte zum Bespiel in einem Artikel mit der Überschrift „Euro-Waise", dass Hunderttausende Migrant*innen ihre Kinder in Polen zurücklassen. Dabei hatte sich Alex Mokowiak im Interview mit dem niederländischen Journalisten sehr positiv über die Migration seiner Eltern geäußert und die damit für ihn verbundenen Chancen betont: Er selbst – nicht seine Eltern – habe die Entscheidung gefällt, zurück zu bleiben und der Familie erst nach dem Schulabschluss zu folgen. Das Aufsehen, das die Berichterstattung über den Film auslöste, lässt sich ohne den Zusammenhang mit einem anderen Ereignis nicht erklären. Zwei polnische NGOs, Fundacja Prawo Europejskie und Instytut Europejski w Warszawie, präsentierten zum gleichen Zeitpunkt eine von ihnen in Auftrag gegebene Studie über den Einfluss von Arbeitsmigration auf Familienzusammenhalt, wobei – wie die Autor*innen bereits im Titel ankündigten – vor allem die Probleme von zurückbleibenden Kindern, den von ihnen so betitelten *Euro-Waisen*, in den Blick genommen werden (Majchrzyk-Mikuła 2008, S. 3). Nach dem Erscheinen des ersten Artikels in Gazeta Wyborcza am 28.12.2017, in dem das Schlagwort *Euro-Waise* (Eurosieroctwo) zum ersten Mal erschien, nahm die Zeitung das Thema auf und publizierte dazu 50 Beiträge in 17 Monaten. Die enorme Wirksamkeit dieses Begriffs zeigt sich darin, dass der Begriff *Euro-Waise* zur zentralen Metapher der seither geführten *Euro-Waisen*-Debatte avancierte. Der Begriff entwickelte sich schnell zu einem Schlagwort, das seither nicht nur in vielen Presseartikeln, sondern auch in Forschungsberichten verwendet wird (z. B. Majchrzyk-

Mikuła 2008, S. 3), ohne dass jemals eindeutig definiert wurde, welche Situation damit beschrieben wird. Zum Beispiel behauptete ein Repräsentant der Posischen Bildungsabteilung, dass Kinder, die sich aufgrund der Arbeit eines Elternteils im Ausland mit einem Elternteil begnügen müssen, den gleichen schädlichen Auswirkungen ausgesetzt seien wie Kinder geschiedener Eltern. Außerdem beteuerten Wissenschaftler*innen, dass diese Kinder das gleiche Verhalten wie *tatsächliche Waisen* zeigten (vgl. Hunin 2008). Das Präfix *Euro*, das in der Presse seit der Öffnung der westlichen Arbeitsmärkte für Pol*innen im Jahr 2003 sehr positiv konnotiert und in Begriffen wie *Euro-Migrant* und *Euro-Arbeit* auftauchte, veränderte nun seine Bedeutung in eine negative Konnotation. Die Berichterstattung der Gazeta Wyborcza über Euro-Waisen im ersten Jahre der Debatte zeichnete sich durch empörte Schlagzeilen aus wie „Waisen aufgrund der Migration der Eltern" (GW 28.12.2007), „Fast 8000 Euro-Waisen in der Provinz Łódź" (GW 27.01.2008), „110.000 Euro-Waisen hoffen auf Hilfe" (GW 12.05.2008), „Wer hilft Euro-Waisen?" (GW 13.05.2008), „Eltern verdienen viel Geld und ihre Kinder leiden" (GW 19.07. 2008), „Eltern sind nicht ersetzbar" (GW 12.08.2008), „Die Regierung zählt Euro-Waisen: Eltern halten ihr Rückkehrversprechen nicht" (GW 16.08.2008), „Lasst eure Kinder nicht im Stich" (GW 11.09. 2008) und „Lies dies bevor du dein Kind verlässt" (GW 03.10.2008). Die Aussagen und moralischen Apelle wurden oft mit Bildern verstärkt, wie dieses des polnischen Fotografen Wojciech Druszcz.

© Wojciech Druszacz

Die in den Artikeln artikulierte Entrüstung über die Situation der zurückgelassenen Kinder wird durch Expert*innenzitate von Psycholog*innen, Lehrer*innen, Polizeibeamt*innen und Politiker*innen gestützt. All diese Professionellen beschreiben das Verhalten der Kinder als pathologisch. Im Juli 2008 berichtete die Gazeta Wyborcza über die Herausgabe eines Berichts, der von dem Zuständigen für Kinderrechte in Auftrag gegeben wurde („Schulen unterstützen die Euro-Waisen nicht", GW 03.07. 2008). Der Bericht fasst die Ergebnisse einer Befragung von Schulkindern über die Auswirkungen der Arbeitsmigration ihrer Eltern zusammen. Für diese Untersuchung hatte der Soziologe Bartlomiej Walczak (2008) 2.597 Kinder in 110 Schulen befragt. Walczaks Ergebnisse widersprachen zunächst einmal der immer wieder aufs Neue in der Presse auftauchenden, gewaltigen Anzahl von 110.000 polnischen Euro-Waisen. Stattdessen unterstrich er, dass es sich bei der Mehrheit derjenigen, die länger als ein Jahr nicht mit ihren Familien zusammenleben, um Väter und nicht etwa um Mütter handele. Mütter dagegen seien in der Regel nur über kürzere Zeitabstände physisch abwesend. Aufgrund seiner Ergebnisse berechnete Bartlomiej Walczak, dass etwa drei- bis sechstausend Kinder im Alter von neun bis 18 Jahren über einen Zeitraum von zwölf Monaten von *beiden Elternteilen* getrennt lebten, während dieser Zeit jedoch in der Regel im Haushalt von Verwandten, bei der Großmutter oder bei der Tante verblieben und in diesem Sinne zu Unrecht als Waisen bezeichnet würden (ebd., S. 32). Obgleich dieser Bericht der Presse allen Anlass zu einer Revision der bis dato erfolgten statistischen Übertreibungen und einer Reflexion über ihre skandalisierende Berichterstattung gegeben hätte, fand keine Neubewertung des Euro-Waisen-Diskurses statt. Ein wichtiges Ergebnis unserer Analyse der Euro-Waisen-Debatte war, dass die meisten Zeitungsartikel in erster Linie keineswegs die *Mutter*, sondern die *Eltern* für die Situation der verlassenen Kinder verantwortlich machten; sobald die Berichterstattung jedoch ins Detail geht, tauchen die Müttern auf:

„Der 15-Jährige Maciek wanderte drei Tage auf den Straßen umher und schlief bei Freunden. Die Polizei, seine Lehrer und sein Vater, alle suchten nach ihm – nicht jedoch seine Mutter, die das Land für ihre Arbeit verlassen hatte" (GW 12.05.2008).

„Bartek schlüpft in den Ärmel einer Bluse, die seine Mutter ihm gegeben hat und schläft ein. Der weiche Stoff riecht nach Joanna. […] Er zieht an der Bluse und wickelt die Ärmel um sich, als ob sie ihn umarmen würden. Wenn er ihre Wärme und ihren Geruch fühlt, dann tut sein Bauch nicht mehr weh" (RZ 22.1.2008).

Viele andere Beispiele weisen in die gleiche Richtung: Mütter werden oft nicht direkt an den Pranger gestellt, sondern die emotionale Skandalisierung ihrer (physischen) Abwesenheit erfolgt durch die Beschreibung der Probleme ihrer Kinder. Nur eine sehr kleine Anzahl von Artikeln zitiert positive Aussagen zurückbleibender Kinder in Bezug auf die Migration der Mütter, etwa die Intensivierung der emotionalen Beziehung. Ein Beispiel:

„Marta 18 Jahre alt: ‚Ich habe gelernt, auch wenn Mama nicht in der Nähe ist, ist sie immer noch nah. Nicht nur weil wir jeden Tag [per Telekommunikation; H.L.] darüber reden, was am Tag so los war – wir haben fast telepathischen Kontakt. Wenn ich sie so schrecklich vermisse, dass ich es nicht mehr aushalten kann, fühlt sie das genauso; es passiert, dass ich in ein Flugzeug steige und einfach zu ihr fliege. Zum Glück lebt sie nicht am anderen Ende der Welt" (GW 21.5.2008).

Auffällig ist in der gesamten Berichterstattung die Abwesenheit der Väter. Auch den Journalist*innen von Gazeta Wyborcza muss diese aufgefallen sein, denn sie initiierten zum Thema Vaterschaft eine Diskussion, über die unter dem Titel „Die Abschaffung des Vaters als Gott" (Detronizacja Ojca Boga) berichtet wird. Vier Teilnehmerinnen, zwei Literaturwissenschaftlerinnen und zwei Schauspielerinnen, hatten über die Frage diskutiert, ob Väter früher mehr Zeit mit ihrer Familie verbrachten als heute:

„Die Antwort war negativ; die Frauen erklärten, dass Väter früher nie zu Hause waren. Die Rolle von Vätern sei darauf beschränkt gewesen, entweder im Krieg zu kämpfen bzw. in Konzentrationslagern zu sterben oder aber als intellektuelle Migranten Polen gänzlich zu verlassen. Nach Ansicht der Expertinnen mussten aufgrund ihrer symbolischen Position Väter gar nicht physisch anwesend sein, denn ihr Status und ihre Macht blieben trotz ihrer Abwesenheit intakt. Väter hätten eine Gott-ähnliche Position gehabt, die keine enge Beziehung zwischen Vätern und Kindern vorsahen. Die Expertinnen kommen zu dem Schluss, dass das Thema der Abwesenheit von Eltern zwar nun wieder in der Gestalt des Euro-Waisen aufgegriffen werde, dass jedoch zahlreiche Beispiele aus der Literatur davon zeugten, dass dies kein neues Phänomen sei" (GW 07.01.2008).

Ergo bleibt die Abwesenheit des Vaters ein *normales* Charakteristikum der Migration, das dazu beiträgt, die Familie – verglichen mit der Zeit des Sozialismus – zu restrukturieren:

„Sabina, 19 Jahre alt: ,Vater migrierte vor zwei Jahren. Sein Freund, der in Norwegen Arbeit gefunden hatte, überzeugte ihn. Er ging fort und alles wurde besser. Zuvor hatte er immer eine ganze Woche in Warschau oder Lublin bleiben müssen. Er kam am Freitagabend und musste am Samstagmorgen wieder wegfahren. Er war immer müde und schlief viel. Mutter arbeitete auch – bis zu zwölf Stunden am Tag und in der Nacht kochte sie das Essen für den nächsten Tag. Jetzt muss sie nicht mehr arbeiten, sie ist immer zuhause, am Putzen; wir essen immer Mittagessen zusammen. Und wir reden jeden Tag mit Vater über Skype, wir sehen einander in der Webcam. Alle zwei Monate kommt er für zwei oder drei Wochen nach Hause. Dann machen wir einen Ausflug und grillen mit Omi, laufen am Wislok [lokaler Fluss; H.L.] entlang und spielen Volleyball. In Norwegen hat er seine Sicht auf das Leben komplett verändert, denn die Menschen dort widmen ihren Familien viel Zeit und das macht er nun auch" (GW 21.5.2008).

In Sabinas Erzählung zeigt sich eine Bewältigungsstrategie, die nicht nur die zweitweise Abwesenheit ihres Vaters und die kurzen Perioden seiner physischen Nähe positiv bewertet, sondern gleichzeitig den familiären Wandel hin zu einer konservativen Familienkonstellation, mit dem Vater als Alleinverdiener und der Mutter als Hausfrau, affirmiert. Die Normalisierung umfasst hier also die Einführung einer Geschlechterordnung, die während der Jahre des Staatssozialismus und Doppelverdiener-Systems eine Ausnahme war (siehe Lutz/Palenga-Möllenbeck 2014).

## Ukraine

Für die Analyse der ukrainischen Presse wählten wir 616 Artikel (1997–2008) der nationalen Zeitung Fakty i Kommentary (Abkürzung: FiK; eine populistische Boulevardzeitung in russischer Sprache), Ukraina Moloda (Abkürzung: UM; konservativ-liberale Zeitung auf Ukrainisch), der regionalen Zeitung Lvivs'ka Gazeta Visnyk Mista (Abkürzung: LG; konservativ-patriotisch), die in der westukrainischen Emigrationsregion Oblast und deren Hauptstadt Lwiw – deutsch Lemberg – erscheint und der Boulevardzeitung 15 Minut (kostenlose Boulevardzeitung, die in Russisch und Ukrainisch erscheint). In der postkommunistischen Ukraine variiert die ideologische Orientierung der Zeitungen zwischen einer pro- und einer anti-russischen Position. An diesen Sprachgrenzen orientiert sich auch die Spaltung zwischen den östlichen (pro-russischen) und westlichen (anti-russischen) Gebieten des Landes und dementsprechend wählten wir Zeitungen beider Positionierungen. Verglichen mit Polen befand sich die Ukraine nach dem Ende der kommunistischen Herrschaft in noch größerer Aufruhr; das Ausmaß der Armut und des wirtschaftlichen Zusammenbruchs waren immens (siehe dazu Kapitel Eins). Die Mehrheit der Migrant*innen (zarobitchany) arbeiten als undokumentierte (Care-)Arbeiterinnen in West- und Südeuropa oder in der Russischen Föderation. Während vornehmlich männliche Migranten aus dem russischsprachigen, östlichen Teil der Ukraine die Migration nach Russland wählen, migrieren mehrheitlich Frauen aus den westlichen Teilen des Landes nach Polen, Italien, Österreich, Deutschland, Spanien, in die Türkei oder vor der Wirtschaftskrise des Landes auch nach Griechenland. Wie bereits erwähnt war Arbeitsmigration auch während der kommunistischen Ära nicht ungewöhnlich; so gab es z. B. Frauen, die als transnationale *Geschäftsreisende* eine Art Import-Export-Handel zwischen den Ländern des sozialistischen Blocks betrieben, einen Schmuggel von Gebrauchswaren, die in dem jeweilig anderen Land als Mangelwaren zählten und die ihnen einen komfortablen (Zu-)Verdienst bescherten (siehe dazu auch den Fall der *Globetrotterin* Anna Koscinska in Lutz 2007a, S. 190 ff.). Die große Mehrheit der Migrierenden aus der Ukrainisch-Sozialistischen Sowjetrepublik (1922–1991) waren jedoch Männer, die in *Arbeitsbrigaden* organisiert in anderen Republiken der Sowjetischen Föderation tätig waren. Weibliche Migration in großem Umfang war, wie für Polen, auch für die Ukraine ein neues Phänomen. Im Unterschied zu Polen gab es bereits in den frühen 2000er Jahren ein gesteigertes Medieninteresse an der Situation von Migrantinnen: So thematisierte die Presse Menschenhandel, Prostitution oder *weiße Sklaverei* als Frauen betreffendes Migrationsrisiko. Insgesamt behandelten ca. 30 Prozent aller von uns ausgewerteten Artikel diese gender-spezifischen Gefahren. Die öffentlichen Auseinandersetzungen drehten sich im Jahr 2004 um ein besonderes Medienereignis: Während eines Staatsbesuches in Italien im Jahr 2002 hatte der damalige ukrainische Präsident Leonid Kutschma die ukrainischen Migrantinnen, die in italienischen Haushalten Care-Arbeit verrichteten, als Prostituierte bezeichnet, die zu faul seien, um in der Ukraine zu arbeiten (Solari 2017, S. 42; Keryk 2004). Diese Bemerkung gelangte zunächst nicht an die ukrainische Presse, bzw. wurde von dieser nicht aufgegriffen. Erst während der Orangenen Revolution zitierten und skandalisierten Julija Timoschenko und Viktor Juschtschenko Kutschmas Bemerkung in ihrer Wahlkampagne und priesen diese Migrant*innen als besonders mobile, moderne und gewissenhafte Bürger*innen: „Nicht die Faulenzer gehen. Nur die Besten verlassen die Ukraine, diejenigen, die Verantwortung für ihre Familien übernehmen und fähig sind, Schwierigkeiten zu meistern" (UM 15.09.2004). Migrantinnen wurden nun erstmal als Heldinnen gerühmt und ihre Charakterisierung als Prostituierte oder Opfer zurückgewiesen. Nach seinem Amtsantritt im Jahr 2005 entschuldigte sich Viktor Juschtschenko als neuer Präsident für die Bemerkungen seines Vorgängers und bat die ukrainischen Migrantinnen, aus dem Ausland zurückzukehren. Julija Timoschenko dagegen nahm eine etwas andere Haltung ein. Sie pries die im Ausland lebenden Migrantinnen dafür, dass sie mit ihren Remissionen die ukrainische Wirtschaft unterstützen. Im Rahmen ihrer Wahlkampagne besuchte sie *die ukrainische Diaspora* in Neapel und ließ sich dabei von einem Team von Filmemachern begleiten. Im Jahr 2007 kam diese Dokumentation als 60-minütiger Dokumentarfilm mit dem Titel „Mutter – Stiefmutter" (Мати Мачуха) in ukrainische Theater, Kinos und ins Fernsehen. ‚Mutter' bezieht sich hier auf den ukrainischen Staat, der nicht in der Lage ist, für seine ‚Kinder' zu ‚sorgen', während Italien als Stiefmutter zwar reich ist und die Ukrainer*innen ökonomisch rettet, ihre Seelen jedoch nicht erreichen und nähren kann. In erster Linie adressiert dieser Film ukrainische Diasporawähler*innen und ist vornehmlich um die Figur von Julija Timoschenko als Ikone inszeniert, „eine große Mutter-Göttin und die Mutter der Nation", wie Oksana Kis (2007, S. 40) sie charakterisiert. Gleichzeitig sind die wichtigsten Protagonist*innen von „Mutter – Stiefmutter" ukrainische Migrantinnen, deren Patriotismus und Aufopferungsbereitschaft für ihre Familien und ihre *Heimat* hervorgehoben wird. Als symbolische *Mutter der Nation* stärkt Timoschenko ihre Position, indem sie unter anderem mit drastischen Begriffen gegen den bösen Verräter Kutschma wettert, dessen „Zunge sie gern abschneiden würde" (Zitat aus „Mutter – Stiefmutter"). Den Nachdruck der Mutterschaftsmetapher erklärt Cinzia Solari (2017, S. 28) folgendermaßen: „After a Soviet state-driven ideology that celebrated unity and collectivism, Ukraine now wrestles with competing notions of morality concerned with balancing individual and collective interests and pursuit of wealth. [...] Therefore, changes in markets, moralities and motherhood are closely intertwined in Ukraine."

Im Zusammenhang mit unserer Presseanalyse ist es wichtig zu betonen, dass weder in diesem Film noch in anderen von uns analysierten Artikeln bis zum Jahr 2005 – von wenigen Ausnahmen abgesehen – Migrant*innen keineswegs beschuldigt wurden, ihre Kinder zurückzulassen. Es war die westukrainische Lvivs'ka Gazeta, die als erste den Begriff der *Sozialwaisen*, eine Bezeichnung für in Armut lebende Straßenkinder, verwendete und damit die Kontroverse über die Verwahrlosung der Angehörigen von Migrant*innen in Gang setzte (LG „Zurückgelassene Kinder", 23.03.2005; „Die Waisen, deren Eltern leben", 14.07.2005). Interessanterweise wurde das Thema von der nationalen Presse erst zwei Jahre später aufgenommen. Lvivs'ka Gazeta bleibt jedoch über die Zeit gesehen in dieser Diskussion federführend. Vergleichbar mit Polen wurden Artikel über die Sozialwaisen mittels skandalöser Berichte über Migrant*innen, die angeblich ihre Kinder in der Obhut von Kinderheimen zurücklassen, illustriert.[36] Die Berichterstattung der Lvivska Gazeta umfasste Experteninterviews wie das folgende:

„Es ist wichtig, unsere Gesetzgebung zu verändern. Zum Beispiel sollten die Pass-ausstellenden Behörden den Eltern von Minderjährigen die Migration untersagen. In Stryj wurde eine Untersuchung durchgeführt, die zu dem Ergebnis kam, dass Kinder, deren Eltern im Ausland leben, Schulversager sind. Sie verpassen mehr Unterricht, haben aber mehr Geld und können sich deshalb mehr leisten. Das ist ein ernstzunehmendes Problem, das wir Sozialwaisenschaft nennen" (Interview mit Iryna Kurevina, einer Forscherin am Nationalen Institut für Strategische Studien in Lviv; LG 29.8.2006).

Die nationale Tageszeitung Facty i Kommentari nahm das Thema 2007 auf: „Mami, warum arbeitest du in Italien, wenn Vater alles vertrinkt, was du uns schickst? Bitte komm zurück, Mami, mein Bruder und ich werden für dich sorgen" (FiK 14.6.2007). Dieser Artikel handelt von dem Anruf eines zwölfjährigen Mädchens, Nadia, bei einem Redakteur der FiK, dessen Mutter angeblich seit vier Jahre in Rom arbeitete. Nachdem sie sich erkundigt habe, ob die Fakty von Ukrainer*innen im Ausland gelesen werde, habe sie den Redakteur eingeladen, sie in ihrem Dorf zu besuchen, damit sie ihm die Geschichte ihres *mutterlosen Lebens* beschreiben könnte, in der Hoffnung, die Mutter werde den Artikel lesen und endlich zurückkommen. Der Journalist präsentiert eine er-

---

36 Seit 2007 zirkuliert die Zahl von 7,5 bis 9 Millionen zurückgelassenen Kindern. In dem Versuch, die Quelle dieser Zahlen ausfindig zu machen, stießen wir auf eine Umfrage, die die Zahl der im Ausland arbeitenden Ukrainer*innen auf 7 Millionen schätzt, von denen lediglich 6 Prozent kinderlos sein sollen (LG 05.07.2006).

greifende Erzählung, in der mehrere Stimmen mobilisiert werden; die der Kinder, die ihrer Großmutter, die von Lehrer*innen und Regionalpolitiker*innen. Er beschreibt anschaulich die sich schnell verändernde Umgebung und Wirtschaft eines einstmalig florierenden Dorfes, das nun auf Geldüberweisungen von Migrantinnen aus Italien angewiesen sei, „wie ein kranker Patient auf seine intravenöse Infusion" (ebd., o.S.). Auch auf das Phänomen des totalen Rückzugs von Vätern aus ihren Care-Verantwortlichkeiten wird eingegangen. In den Worten der Großmutter, Anna Stepanova:

> „Das zweite Problem ist mein Schwiegersohn. Er begann zu trinken und mit Frauen auszugehen. Ich beschimpfe ihn: ‚Warum arbeitest du nicht, warum kümmerst du dich nicht um dich und die Kinder, warum hilfst du nicht im Haushalt?' Und er sagte zu mir: ‚Lass mich in Ruhe, Mutter. Warum sollte ich arbeiten, wenn meine Frau Geld schickt?' Er geht immer mit Freunden aus; er hat es immer wieder geschafft, alle monatlichen Einnahmen, die meine Tochter uns geschickt hat, auf Alkohol zu verschwenden. Und diese Probleme betreffen fast alle unsere Männer, deren Frauen im Ausland Geld verdienen! Fast alle jungen verheirateten Frauen haben das Dorf verlassen" (ebd., o.S.).

Dieser Artikel ist exemplarisch für viele andere, die die Migration der Mutter vorrangig als persönliche Entscheidung und nicht als wirtschaftliche Notwendigkeit für die Familien porträtieren. Negative Folgeerscheinungen der mütterlichen Abwesenheit, wie das Elend der Kinder und die Not der Großmutter, kein guter Ersatz für ihre Tochter als Hauptbezugsperson zu sein oder des Vaters, der zum Alkoholiker wird, werden zur logischen Konsequenz der Migration der Mutter stilisiert. All diese Auswirkungen tragen dann zum Phänomen *Sozialwaisenschaft* bei. Der Journalist versäumt es, sich kritisch mit dem Begriff Waisen auseinanderzusetzen, mit der Folge, dass das wirtschaftliche und soziale Versagen des politischen Systems weitgehend unberücksichtigt bleibt. Aus einem anderen Blickwinkel betrachtet könnten die vorliegenden Tatsachen ebenso als Geschichte eines hochgradig intelligenten und selbstständigen Mädchens vom Lande erzählt werden, das im Alter von zwölf Jahren den Mut hat, einen unbekannten Journalisten anzurufen und ihn aufzufordern, ihre Geschichte zu erzählen. Sie ist offenbar bereits reif genug, ihrer Mutter zu raten, sich von einem trinkenden Ehemann zu befreien und zeigt damit ein Einsichtsvermögen, das bei Kindern ihres Alters wohl eher selten zu finden ist:

> „Bitte sag unserer Mutter, dass wir sie lieben und auf sie warten! […] Wir sind sehr einsam und ohne sie ist es schwierig. Warum muss sie in Italien leben, wenn fast alles, was sie nach Hause schickt, von unserem Vater für Alkohol verschwendet wird? Er kommt nicht nach Hause, spielt nicht mit uns, er kauft nie etwas für uns. Er weigert sich sogar im Garten Kartoffeln anzupflanzen, mein Bruder und ich kommen kaum zurecht. Mama, komm nach Hause, wirf meinen Vater aus dem Haus, weil er weder dich noch uns liebt. Mein Bruder und

ich werden für dich sorgen, das verspreche ich dir! Wir sind prima Hauswirtschaftler, und wir lernen gut. Bitte komm zurück, bitte!" (ebd., o.S.)

Diese Geschichte hätte also auch anders geschrieben werden können: als eine über die enge und liebevolle Beziehung zwischen einer Großmutter und ihren beiden Enkelkindern, die große soziale und emotionale Kompetenzen besitzen, ausgezeichnete Leistungen in der Schule erbringen und im gemeinsamen Haushalt ihre Großmutter fleißig unterstützen; oder als die Geschichte einer Mutter, die unter schwierigsten Bedingungen immense finanzielle Investitionen in die Bildung ihrer Kinder erbringt. Es wäre möglicherweise eine andere Geschichte geworden, hätte der Journalist die Mutter angerufen und sie nach ihrer Perspektive gefragt. Doch die Mutter ist in dieser Erzählung – so wie in fast allen anderen – die Abwesende, deren Stimme fehlt. Im Herbst des Jahres 2007, als das Internationale Frauenrechtszentrum La Strada[37] in Kiew die Ergebnisse einer Umfrage über „Die Probleme der Kinder von Wanderarbeitern" veröffentlichte, war eine nationale Debatte über *soziale Waisen* bereits allgegenwärtig. Der Bericht bewertete die Absicht der migrierenden Eltern, ihre Kinder zu unterstützen als positiv, fokussierte danach jedoch die *Sozialwaisenschaft* als unerwünschte Folge. La Strada entwickelte Materialien zur Verteilung in Schulen an Eltern mit Migrationsplänen: Eltern sollten regelmäßig monatlich Remissionen an die Familie schicken, ihre Kinder in die Migrationsentscheidung miteinbeziehen, ihre Lehrer*innen und die Schulpsycholog*innen über die (temporäre) Abwesenheit informieren. La Strada organisierte im Laufe der Jahre auch Treffpunkte in Internetcafés, wo Kinder die Möglichkeit erhalten, mit ihren Eltern mittels Internettelefonie Kontakt zu halten. Ein weiterer Auslöser einer landesweiten Debatte war der vom Institut für Bildung, Kultur und Diaspora in Lviv im Januar 2008 gestartete Kinder- und Jugendwettbewerb mit dem Titel „Migrantenkinder über sich selbst: Leben in der Ukraine und im Ausland – Träume und Wünsche". Eine Auswahl der 156 Einsendungen, darunter Gedichte, Romane, Briefe, Erzählungen, Märchen und Bilder, wurde im Sommer 2008 in einem Sammelband präsentiert. Im Frühling 2008 erreichte das Thema den nationalen Nachrichtensender 1+1. Ein dreiminütiger Bericht über „Die Kinder von Arbeitsmigranten" beteuerte, dass der Staat verpflichtet sei, sich um die zurückgelassenen Kinder von Arbeitsmigrant*innen zu kümmern. Das ukrainische Parlament reagierte darauf mit der Vorbereitung eines Gesetzes, das Eltern vorschreibt, für die Zeit ihrer Abwesenheit einen Vormund für ihre Kinder zu bestimmen; ohne diese Regelung sollten sie das Land nicht verlassen dürfen. In den Fällen, in denen Verwandte sich nicht um ein Kind kümmern (könnten), müsse es in einer staatlichen Institution untergebracht

---

37  Eine von der Global Alliances Against Traffic in Women unterstützte Organisation.

werden (Yavorska/Petrenko 2007). Zwei Jahre später, am 12.05.2010, wurde ein Gesetz mit dem Titel „Gesetzliche Änderungen zur Bekämpfung der Sozialwaisenschaft in Familien von Bürgern, die im Ausland arbeiten" als Teil des Bürgerlichen Sozial- und Familienrechts vom ukrainischen Parlament verabschiedet.[38]

### Vergleich der beiden Fälle

Unsere Analyse der polnischen und der ukrainischen Presse hat gezeigt, dass in der Mehrheit der Berichterstattungen über die Situation zurückbleibender Kindern zwar von migrierenden *Eltern* geschrieben wird, jedoch in erster Linie an Mütter und nicht an Väter appelliert wird, Verantwortung zu übernehmen. Folglich ist in den Berichterstattungen beider Länder evident, dass an Mütter andere Erwartungen in Bezug auf die Übernahme von Care-Verpflichtungen gestellt werden als an Väter (siehe dazu auch Kapitel vier). Vergleicht man die negative Darstellung von migrierenden Müttern im öffentlichen Diskurs mit deren Praktiken der transnationalen Mutterschaft (siehe Kapitel zwei und Lutz/Palenga-Möllenbeck 2012), dann zeigt sich, dass Mütter im Postsozialismus zwar neue und weitergehende Mobilitätsoptionen haben, dass jedoch die Kombination von Erwerbsarbeit und Care-Arbeit, die beide zu den Pflichten weiblicher Staatsbürgerschaft in der sozialistischen Ära zählten (siehe Kapitel eins), an Grenzen stößt, sobald Arbeitsort und Familienwohnsitz auseinanderfallen. Abgesehen von der Einführung restriktiver Gesetzgebung zur Obhut-Verpflichtung ist weder in Polen noch in der Ukraine erkennbar, dass der Staat etwa durch die Bereitstellung von Kindertagesstätten, Betreuungspersonal in Schulen und Jugendhäusern, etc. bereit ist, einen konstruktiven Beitrag zur Vereinbarkeit von transnationaler Berufstätigkeit und Familienleben zu leisten. Ebenfalls fehlt es an öffentlichen Debatten über die neue Rolle, die Vätern dann zukommt, wenn ihre Frauen zur Ernährerin der Familie werden. In beiden Ländern befindet sich die politische Führung in einer schwigrien Position. Auf der einen Seite sind die Remissionen von Migrant*innen als ökonomisch wertvolle Einnahmequellen willkommen, auf der anderen Seite steht sie durch die meist aufgebauschten, falschen Zahlen und Skandalgeschichten der *Waisen-Debatte* unter erheblichen Handlungsdruck. In beiden Ländern wurden, dem Druck der öffentlichen Meinung folgend, restriktive Maßnahmen ergriffen, um die Ausreise der Eltern zu erschweren, jedoch bleibt unklar, wie deren Einhaltung kontrolliert wird bzw. werden kann.

---

[38] Dieses Gesetz heißt Feldman-Gesetz nach dem Abgeordneten Oleksandr Feldman, dem damaligen Vorsitzenden der Parlamentarischen Kommission für Menschenrechte.

In beiden Ländern drängen außerdem rechte Parteien in Allianz mit konservativen NGOs, mit der Katholischen und der Orthodoxen Kirche darauf, ein konservatives Familien- und Frauenbild zu (re-)installieren, in dem *gute Mütter* als zentrale Säule der Gesellschaft inszeniert werden; transnationale Mutterschaft hat in diesem Weltbild keinen Platz. Warum wurde diese Debatte um *verlassene Kinder* so relevant in den Entsendeländern? Warum entstand sie genau zu diesem Zeitpunkt und was steht in der Debatte auf dem Spiel?

## Moralische Panik

Meine erste Interpretation bezieht sich auf die Frage, wie die *Waisen-Metapher* aus der Sicht der Massenmedienanalyse innerhalb sehr kurzer Zeit ein aufgeladenes Schlagwort werden konnte.[39] Medienexpert*innen gehen davon aus, dass durch die Verwendung immer gleicher Begriffe zur Erstellung von Schlagzeilen eine Stimmung erzeugt werden kann, die eine Form von Panik, eine *moralische Panik*, erzeugen kann. Moralische Panik ist Ausdruck *sozialer Angst* und wird dort generiert, wo Medienberichterstattung mit übertriebener Aufmerksamkeit, Verzerrung und Stereotypisierung arbeitet (Cohen 1972, S. 31-38). Allerdings führt dieses Vorgehen von Journalist*innen allein noch nicht zum Ausbruch moralischer Panik, sondern dazu bedarf es ebenfalls einer starken Reaktion der Leser*innenschaft auf diese Berichte, eines Echos, in dem Schlagzeilen in einen moralischen Aufschrei übersetzt werden (Goode/Ben-Yehuda 1994, S. 26). In der *Waisen-Debatte* erfolgt diese Übersetzung folgendermaßen: Der Zustand der zurückbleibenden Kinder wird nicht nur als Bedrohung für die Entwicklung der betroffenen Familien und Individuen betrachtet, sondern als langfristiges, ernsthaftes Problem für die Entwicklung der gesamten Gesellschaft. Mit der Identifikation eines tieferliegenden Problems mit der Kategorie *Euro-/soziale Waisen* setzte sich eine Bedeutungsspirale (Hall et al. 1978) in Gang, die in der Lage war, individuellen Krisenerfahrungen innerhalb einer geballten, kollektiven Angst Ausdruck und Sinn zu geben. Der Waisen-Begriff wurde populär und entwickelte sich zu einem Genre[40], da er offenbar seine Wirkung dadurch entfalten konnte, den vielfältigen und widersprüchlichen (existentiellen) Ängsten einen Namen zu geben. Die *Waisen-Debatte* entpuppt sich damit als legitimer Ausdruck des Ärgers über alle aus dem Systemwandel resultierenden gesellschaftlichen Schieflagen und Fehlschläge.

---

39 Siehe zu einer ähnlichen Interpretation Urbańska (2015).
40 Zu dem Thema können zahlreiche Filme auf YouTube und anderen sozialen Medien gefunden werden, siehe z. B. Filmographie.

Es ist kein Zufall, dass in dieser Debatte *Kinder* als Symbol der Zukunft eine wichtige Rolle spielen. In seiner Polemik mit dem Titel „Kinder als moralische Schutzschilder verwenden" (Übersetzung H.L.), schreibt der Soziologe Frank Furedi: "Mention the word 'child' and people will listen. Raise the moral stakes by claiming that a 'child is at risk' and people will not just listen but endorse your demand that 'something must be done'" (Furedi 2013, o. S.). Es ist offensichtlich, dass die Feminisierung der Migration in Polen und der Ukraine nicht von Beginn an als Gefahr für den Verfall der Geschlechterordnung identifiziert wurde. Sobald jedoch die Probleme, mit denen transnationale Familien auf der ganzen Welt zu kämpfen haben, als die *Ver-Waisung von Kindern* einen Namen bekam, avancierte dieser Begriff zum Kernproblem des Transformationsprozesses, mit dessen Hilfe der Kontrollverlust der Regierung über gesellschaftliche Veränderungen genauso skandalisiert werden konnte, wie die Erfahrung individueller Familienkonflikte:

> "When traditional norms and values no longer appear to have much relevance to people's lives then they are most susceptible to moral panics. Against this background an ordinary event like a woman leaving her children at home can assume extraordinary significance as a symbol of social chaos" (Furedi 1994, o.S.).

Dieses Zitat von Furedi, das in einem vollkommen anderen Kontext verfasst wurde, veranlasste mich dazu, mir frühere Debatten über Kindesvernachlässigung und die Rolle, die Müttern dabei zugeschrieben wurde, anzusehen. Ein offensichtlicher Vergleich ist die Debatte über sogenannte Schlüsselkinder, die in den 1940ern Jahren in den USA begann. Mitten im Zweiten Weltkrieg wurden Erzählungen über Amerikas Schlüsselkinder publiziert, welche "overwrought in their lamentations for the suffering [...] [were], locked in cars, scared and lonely, or wandering the street, looking for trouble" (Tuttle 1995, S. 93). Den Begriff *Schlüsselkinder* (latchkey children) hatte eine NBC Fernsehdokumentation, die 1944 ausgestrahlt wurde, geprägt; sie berichtete über die Situation von Kindern, deren Väter in die Armee eingezogen worden waren und deren Mütter in Munitionsfabriken arbeiteten. Dem Historiker William Tuttle zufolge stieß die patriotische Erwartung der Regierung, Frauen bzw. Mütter als Arbeiterinnen in die Kriegs- bzw. Verteidigungswirtschaft einzubeziehen auf großen Widerstand in der Bevölkerung. Arbeitende Mütter, wie die berühmte Rosie the Riveter, die einige Jahrzehnte später zum Symbol der Frauenbewegung wurde („We can do it"), sahen sich mit zahlreichen Anfeindungen konfrontiert. "Feeding this sentiment were not only long-standing gender stereotypes, but also a slew of wartime magazine articles and speeches by Father Edward J. Flanagan of Boys Town, J. Edgar Hoover of the FBI, and other defenders of father-led families in which the mother dutifully stays at home" (ebd., S. 3). In dieser Zeit standen skandalisierende Berichterstattungen über ver-

nachlässigte Kinder auf der Tagesordnung und laut Tuttle war der Zweck dieser Skandalberichterstattung die Diskreditierung arbeitender Frauen und Mütter. Tuttle führt in seiner Studie ein Beispiel öffentlicher Denunziation von Müttern an, das verblüffende Ähnlichkeiten mit der *Waisen-Debatte* aufweist (siehe Illustration in Better Homes and Gardens): "'Who's going to take care of me, Mother, if you take a war-plant job'? So asked the curly blond-haired boy of three or four pictured in the May 1943 issue of *Better Homes and Gardens*. The boy looked sad but resigned to his fate" (ebd., S. 95, Hervorh. im Orig.).[41]

Übereinstimmungen mit oben angeführten Beispielen aus der polnischen und ukrainischen Presse sind augenfällig. Gemeinsamkeiten ergeben sich auch darin, dass in der Fabrik arbeitende Mütter in dieser Zeit private Lösungen suchen mussten, um die Betreuung ihrer Kinder sicherzustellen. Laut Tuttle griffen während des Krieges 30–45 Prozent der Mütter auf die Hilfe von (weiblichen) Verwandten oder älteren Kindern zurück: "Perhaps most importantly,

---

41 Better Homes and Gardens existiert seit 1925 unter diesem Namen und ist eines der wichtigsten (Frauen-) Magazine der USA.

grandparents filled much of the void. One grandmother even suggested, 'If anyone asks for a name for this war, it's 'Grandmother's War'" (ebd., S. 96). Eine vergleichbare Debatte über *Schlüsselkinder* als Ausdruck der Verwahrlosung und des moralischen Verfalls fand im Nachkriegsdeutschland der BRD in den 1950er Jahren statt (siehe Plakat aus dem Haus der Geschichte), in einer Zeit, in der notgedrungen viele Witwen als berufstätige Mütter für den Lebensunterhalt der Familien sorgen mussten.

### Transnationale Mutterschaft als defizitäre Mutterschaftspraxis

Wie bereits im ersten Kapitel beim Thema Global-Care-Chains erläutert, wird transnationale Mutterschaft in vielen Ländern nicht als angemessene Betreuungsform von Kindern akzeptiert. Mit der *Waisen-Debatte* geht nun die Angst einher, dass die Abwesenheit der biologischen Mutter der Entwicklung ihrer Kinder schadet. Dabei ist wissenschaftlich keineswegs erwiesen, dass biologische Mütter die optimalen Betreuungspersonen für ihre Kinder und somit unersetzlich sind. Während sich manche Autor*innen auf die Nachteile für zurückbleibende Kinder und Traumatisierungen konzentrieren, die durch die Migration und Abwesenheit biologischer Mütter ausgelöst werden, zeigen andere, dass das Wohlbefinden der Kinder wesentlich von der Kompetenz derjenigen Personen abhängt, die als Betreuungsersatz fungieren (Lutz 2011; Lutz/Palenga-Möllenbeck 2012; Rerrich 2012). Neben Studien, die besonders die negativen Effekte des Abzugs von Care (care drain) betonen (Gamburd 2000; Hochschild/Ehrenreich 2003; Parreñas 2005; Phoenix 2009), habe sich in den vergangenen 20 Jahren zahlreiche Forschungen mit der Frage beschäftigt, welchen Einfluss die neuen Technologien auf die Kommunikations-/Kulturtechniken transnationaler Familiennetzwerke haben. Neben dem bereits im ersten Kapitel vorgestellten Forschungsansatz von Baldassar und Merla (2013b), die davon ausgehen, dass die extensive Verwendung von Technologien (Textnachrichten, Anrufe etc.) ein Gefühl globaler Verbundenheit herstellen kann und dazu beiträgt, dass *Care* multidirektional als emotionaler Klebstoff in physisch voneinander getrennten Familienmitgliedern fungiert (Care-Circulation), kommen andere Untersuchungen (McKay 2007; Madianou/Miller 2011) zu dem Schluss, dass der Einsatz von Technologien dort sehr hilfreich sein kann, wo Mütter und Kinder lernen, ihre Gefühle zu artikulieren – eine Praxis, die vor ihrer Migration nicht existierte. Daraus ergebe sich die Chance für alle Beteiligten, dass der emotionelle und intime Austausch durch die virtuelle Kopräsenz zwischen Kindern und ihren Müttern sogar verbessert wird (während die praktische, tägliche Versorgung durch Mitglieder der weiteren Familie bereitgestellt wird). Gleichzeitig weisen jedoch Mirca Madianou und Daniel Miller (2011) auch darauf hin, dass sich bei den von ihnen untersuchten, auf den Philippinen verbliebenen Kindern zwei Gruppen unterscheiden lassen, die die mobile Kommunikation eher unterschiedlich beurteilen: Kinder, deren Kontakt zu ihren Müttern vor der Verbreitung von Handys unregelmäßig oder abgebrochen war, beurteilten die mobile Kommunikation als oberflächlich und sahen darin keinen Ersatz für eine tiefere Beziehungen, während die Kinder der zweiten Gruppe, die virtuelle Kommunikation überwiegend positiv bewerteten, da sie beim Weggang der Mutter von Anfang an im Umgang mit Mobiltelefonen sozialisiert wurden. Andere Forscher*innen gehen davon aus, dass sich die Abwesenheit von Müttern weder ausschließlich negativ noch ausschließlich positiv bewerten lässt (Zentgraf/Chinchilla 2012). So wie Kristine Zentgraf und Norma Chinchilla (ebd.) weisen auch andere Autor*innen (Hondagneu-Sotelo/Avila 1997) darauf hin, dass verlässliche und belastbare Betreuungsarrangements vor Ort in den transnationalen Familien von herausragender Bedeutung sind (siehe dazu auch Kapitel zwei). Außerdem sind Alter und Gesundheit der Kinder wichtige Variablen, die zum Gelingen oder Scheitern der guten Betreuung von zurückbleibenden Kindern beitragen. In ihrer Befragung von zurückbleibenden Kindern ghanaischer Migrant*innen kommen Miranda Poeze und Valentina Mazzucato (2014) zu dem Schluss, dass die befragten

Minderjährigen die Abwesenheit ihrer Eltern keineswegs als Scheitern eines sozialen Ideals betrachteten; sie hätten eher eine generelle Akzeptanz der Ersatz-Betreuer*innen – bestehend aus nicht-biologischen Mitgliedern des Verwandtschafts- oder Nachbarschaftsnetzwerkes – festgestellt. Hilfreich seien in diesem Kontext vor allem die gesellschaftlichen Normierungen von Elternschaft: „The flexible and inclusive childcare and family norms in Ghana help children to cope with and even value their lives in a transnational family context" (Poeze/Mazzucato 2014, S. 166). Bezogen auf die Waisen-Debatte in Osteuropa scheint mir diese Beobachtung von entscheidender Bedeutung zu sein, denn eine inklusive Sicht auf Betreuungsarrangements, die die Abwesenheit von Müttern in transnationalen Familien erleichtern, wird hier mit dem Hinweis auf die Unersetzbarkeit der Mutter ausgeschlossen. Eine vergleichbare positive Stellungnahme der Kinder zur Migration der Mütter bleibt damit nicht nur unerwähnt, sondern auch unaussprechlich, denn ein anschlussfähiges Narrativ, das die positiven Seiten eines transnationalen Familienlebens herausstellen könnte, wird im Waisen-Diskurs marginalisiert.

## Das weltweit zurückgelassene Kind

Erstaunlicherweise beschränkt sich die Debatte über verlassene Kinder keineswegs auf Osteuropa, sondern hat mittlerweile eine globale Dimension bekommen. So schätzt etwa Cortés (2007, S. 14) die Anzahl der von Migrant*innen zurückgelassenen Kinder in Ecuador auf 150.000 im Jahr 2000, während Coronel und Unterreiner (2007) von einer Schätzung von 1,5 Millionen zurückbleibenden Kinder auf den Philippinen ausgehen. Die Anthropologin und Historikerin Annika Pissin (2013, S. 5) zitiert sogar einen Bericht, der die Zahl der in China auf dem Lande zurückgelassenen Kinder (liushou ertong) auf 58 Millionen schätzt. Es handelt sich dabei um Kinder von Binnenmigrant*innen, die vom Land in die Fabriken der wirtschaftlich aufstrebenden Megastädte migrieren. Aus Mangel an Wohnraum an den Orten der Erwerbsarbeit werden sie unter der Obhut älterer Familienangehöriger zurückzulassen (Biao 2007, S. 180). Pissins Hinweis, dass es sich bei den Daten nicht um erwiesene Fakten, sondern um vermutete Schätzungen handelt, zeigt Übereinstimmung mit unserer Analyse der Waisen-Debatte in Osteuropa. Wie in Osteuropa wird der Begriff *liushou ertong* nicht nur für Kinder verwendet, deren beider Elternteile migriert sind, sondern auch für jene, deren Mütter allein zur Erwerbsarbeit in die Städte zogen und die im aktuellen Migrationsmuster Chinas in der Mehrheit sind. Ähnlich wie in Osteuropa übernehmen Großeltern oder Mitglieder der erweiterten Familie die praktische Erziehung und Betreuung der Kinder, was aus Sicht des Anthropologen Xiang Biao nicht unbedingt problematische Folgen hat: "In general, their situation is not much worse than that of those living with other family members in the same community" (ebd., S. 180). Biao interpretiert die *Zurückgelassenen-Debatte* als Reaktion auf die hohe Geschwindigkeit sozialer Transformationen, die im ländlichen und urbanen China zu sozialer Desorientierung führe. Annika Pissin (2013) hebt dagegen hervor, die *Waisen-Debatte* werde in sehr unterschiedlichen Ländern und Erdteilen geführt, deren unterschiedliche Kindererziehungspraktiken erstaunlicherweise keinerlei Einfluss auf den Umgang mit transnationalen Müttern zu haben scheinen. Sie kommt deshalb zu dem Schluss, dass die schnelle Verbreitung der Metapher und ihre globale Anwendung zu einem bestimmten historischen Zeitpunkt von *globalen Organisationen* hervorgebracht wurde. Pissin zeichnet die Debatten verschiedener Organisationen und Tätigkeiten der Vereinten Nationen nach, die ihren Ausgangspunkt im Jahr 1979, dem *Jahr des Kindes* nehmen. Außerdem verweist sie darauf, dass die „United Nations Convention on the Rights of the Child" (UNCRC) im Jahr 1989 erstmals eine *standardisierte* Definition von Kindheit und Kinderrechten generierte. Diese idealisierten und universalisierten Standards für alle Kinder auf der ganzen Welt, so Pissin, entstammen dem westlichen Mittelschichts-Modell und sind auf dieses zugeschnitten. Darin wird Kindheit als die Periode zwischen Geburt und dem Alter von 18 Jahren definiert, eine Beschreibung, die in vielen Regionen der Welt vollkommen am Alltagsleben der Mehrheit der Kinder vorbeigeht, denn kulturelle, klassenspezifische und ethnische sowie geschlechtsspezifische Unterscheidungen, die die Lebensrealitäten von Kindern beeinflussen, werden außer Acht gelassen. Seither hat sich das westliche Modell der nuklearen Familie als *universalisiertes Ideal* durchgesetzt und wurde zum Beurteilungsmaßstab des Kindeswohls weltweit erhoben. Als Folge davon werden nun Kinder, die in fragmentierten Familien oder transnationalen Familien aufwachsen als eine potentiell gefährdete Bevölkerungsgruppe betrachtet. Seit dem Jahr 2005 produziert die UNESCO fast jährlich Berichte über zurückgelassene Kinder in allen fünf Kontinenten, die von global agierenden NGOs aufgegriffen werden. Unsere Forschungsergebnisse zu Osteuropa stimmen mit diesem Bild überein: zahlreiche transnationale, bzw. religiös orientierte wie die katholischen NGOs La Strada, Fondazione l'Albero de la Vita and Fondazione Paoletti, haben sich auf das Thema spezialisiert und produzieren Berichte, starten Kampagnen und Büros in den Entsendeländern. Diese Organisationen betrachten sich als Verteidiger\*innen von Kinderrechten in Verhandlungen und haben sich als solche in der UNESCO und der UNICEF etabliert; sie drängen auch die Europäische Union, sich für zurückgelassene Kinder einzusetzen, so etwa die in Brüssel ansässigen Organisation „Children Left Behind" (siehe www.childrenleft behind.eu/). Aus diesem Grund ist Annika Pissins Schlussfolgerung (2013, S. 12) zuzustimmen, dass das Phänomen regionale und nationale Dimensionen übersteigt und deshalb als ein im globalen Kontext produzierter Diskurs über *das weltweit zurückgelassene Kind* analysiert werden muss. Die Debatte steht in engem Zusammenhang mit einer über nationale Grenzen und Sprachen hinweg eingesetzten Expert*innensprache. Pissin interpretiert Chinas Familienpolitik mit dem Fokus auf die Förderung von Ein-Kind-Familien und auf eine gute Ausbildung als Indikator für die Absicht des Regimes, eine „quality population" (2013, S. 9), also eine optimierte Bevölkerung, zu generieren. Obwohl die Dimensionen der Systemtransformation in China ungemein größer sind als in Osteuropa, sind auch hier Biopolitiken in der Ausbreitung des globalen Kapitalismus zu beobachten (siehe auch Randeria 2009). In beiden Fällen spielt z. B. die Angst vor unkontrollierter Bevölkerungsentwicklung eine Rolle, wenn auch in unterschiedlicher Weise. Während China Bevölkerungswachstum fürchtet, sehen die osteuropäischen Entsendeländer ein großes Problem in der Bevölkerungsabwanderung. Demographische Krisen werden zwar überall auf der Welt mit Reproduktion und Mutterschaft in Verbindung gebracht, darüber hinaus handelt es sich im postsozialistischen Europa jedoch auch um die Herausbildung neuer Nationalstaaten und hier wird die Rolle von Müttern bei der symbolischen Konstruktion der Nation evident (siehe Solari 2017 für die Ukraine; Yuval-Davis 1997). Ihre Abwanderung symbolisiert den Zerfall des Staates und folglich wird auf sie besonderer Druck ausgeübt und es bleibt wenig Raum für die Akzeptanz alternativer Betreuungsarrangements. Mit der Pathologisierung transnationaler Formen von Mutterschaft werden alternative Betreuungsarrangements als Normverletzung und Verstoß gegen die universelle Norm ‚guter Mutterschaft' stigmatisiert – womit sich der Kreis zurück zum Eingangszitat dieses Kapitels von Mieke Bal schließt.

# 4 Männlichkeit und Care im Postsozialismus – Die Vaterschaft zurückbleibender Partner

> "It is very important for a father to teach his son about a real man's life. And when Kolya [my youngest son] turned one year old, I took him by the hand and brought him to a steam room. Of course, he complained and ran out. But now that he is four years old, he can endure temperature differences from 100f to 28f in the swimming pool. Plus, he endures ice baths. In Belarus, this is called fatherhood. Everywhere else it is called child abuse"[42] (Alexander Lukaschenko zitiert in Novikova 2012, S. 95).

Dieses Zitat stammt aus einem Interview der Financial Times im Jahre 2009 mit dem weißrussischen Präsidenten Lukaschenko zum Thema Vaterschaft. Hier benutzt ein mächtiger Mann die Rhetorik der Distinktion, um damit ein hegemoniales Männlichkeitsbild zu präsentieren, das dem aus seiner Sicht verweichlichten Männlichkeitsdiskurs in anderen Teilen der Welt ein hartes, heroisches, auf körperliche Stärke und das Ertragen von physischen Herausforderungen trainiertes Ideal entgegensetzt. Gleichzeitig ist jedoch nicht unerheblich, dass der Autor dieser Worte seit mehreren Jahrzehnten Präsident eines der letzten diktatorischen Regime Europas ist[43]; er versteht sich als Verteidiger eines kommunistischen Systems und demonstriert nicht von ungefähr männliche Stärke. Interessant wird dieses Interviewfragment im Vergleich mit einem anderen mächtigen Präsidenten, Barack Obama, den Irina Novikova (2012) in ihrem ausgezeichneten Aufsatz über Vaterschaft im postsozialistischen Kontext folgendermaßen zitiert: „Fathers [need] to step up, to realize that their job does not end at conception; that what makes you a man is not the ability to have a child, but to raise one" (Interview mit Parade Magazin 2009 zitiert in ebd., S. 95). Auf diese Weise kontrastiert stehen die beiden Zitate als Antipoden für idealisierte, stereotypisierte Männlichkeitsideale: eine liebevoll fürsorgliche Männlichkeit und verantwortungsbewusste Vaterschaft gegenüber einer atavistischen, körperlichen Stärke und Strenge väterlicher Männlichkeit. Nun stabilisieren Gegenüberstellungen dieser Art gleichzeitig dichotomisierende Ost-

---

42 In Celsius: 38 Grad plus und zwei Grad minus.
43 Er wurde am 10.07.1994 gewählt.

West-Diskurse. Während sich die westliche Seite gern moderne, zugewandte Vaterschaft attestiert, wird *dem Osten* Rückständigkeit und Traditionalität in Bezug auf Geschlechterbeziehungen und Vaterschaftsideale zugeschrieben. Aus der Sicht der neuen Nationalist*innen sowie der Katholischen und Orthodoxen Kirche in Osteuropa wird diese Kontrastierung ebenso benutzt, allerdings mit umgekehrter Bewertung: die Geschlechterdebatte, insbesondere die Gleichstellung von Frauen und Homosexuellen und die Antidiskriminierungspolitiken der EU werden als gegen die Natur gerichtete *Genderideologie* attackiert; der angeblich aus dem Westen importierte Diskurs wird als Plan zur Demontage der Familie charakterisiert (Graff 2014).[44] Die Anthropologin Katherine Verdery (1994, S. 251) betrachtet diese in ganz Osteuropa nach der Wende entstandenen politischen Diskurse als eine Reaktion, die in den der Systemtransformation vorangehenden Oppositionsbewegungen ihren Ursprung hat. Die (Wieder-)Einführung traditioneller Familienmuster galt als Alternative zum sozialistischen Modell; Männer sollten sich nicht mehr, wie im Sozialismus/Kommunismus, als vom Staat entmündigte Wesen begreifen, sondern das *sozialistische Matriarchat* überwinden.[45] Im Postsozialismus benutzen insbesondere die neuen religiös-nationalistischen Parteien und Bewegungen, die aus den Oppositionsgruppierungen entstanden sind, diese Argumentation und rufen zu einer Erneuerung der Geschlechterbeziehungen auf, um sich, wie Joanna Goven in Bezug auf Ungarn schreibt, des Stigmas *effeminierter Männlichkeit* zu entledigen: „Socialist mothering made men weak and lacking in authority, and to alter this requires restoring autonomy to the family and authority to the father: mothers should be dependent, not on society but on their husbands" (Goven 1993, S. 234). Als neues Familienideal der Restauration des Kapitalismus gelte nun die Wiedereinführung bürgerlicher Familiennormen, vor allem die Einführung männlicher Autorität und des männlichen Alleinverdienermodells (ebd.). Damit wird suggeriert, dass die Gesellschaften Osteuropas wieder dort angekommen seien, wo sie vor einigen Jahrzehnten bereits waren.

Dieses Kapitel beschäftigt sich mit Vorstellungen und Praktiken von Männlichkeit und Vaterschaft *zurückbleibender* Väter, den Partnern der Migrantinnen, und fragt danach, wo diese im Diskurs hegemonialer Männlichkeit verortet werden. Dabei versuche ich, den antipodischen Ost-West Diskurs zu

---

44 So z. B. Pater Tadeusz Rydzyk, ein katholischer Redemptionistenprediger und Inhaber eines Medienimperiums, u.a. des einflussreichen Senders Radio Maria. Er warnt seine Millionen-Anhängerschaft vor der „Homo-Lobby" und dem „Gender-Tsunami", der über Polen hereinbricht und sagt der Abtreibung genauso wie der künstlichen Befruchtung den Kampf an (siehe Brill 2014, o.S.).

45 Dazu gehörte auch die Behauptung, der Sozialismus habe Frauen ermutigt, sexuell aggressiv zu sein und „that they have ceased to be affectionate and understanding" (Goven 1993, S. 227–228).

vermeiden, denn er impliziert in der Regel einen Analyserahmen, in dem *der Westen/der Norden* als Norm und *der Osten/der Süden* als Abweichung präsentiert werden. Stattdessen sollen hier mithilfe einer sozialhistorischen Kontextualisierung Aspekte der Transformation der Geschlechterordnung in Osteuropa rekonstruiert werden. Im Gegensatz zu den aktuell einschlägigen Studien über moderne Vaterschaft, die in der Regel mit der im Laufe des 19. Jahrhunderts stattfindenden Durchsetzung und jetzt zunehmenden Erosion des männlichen Alleinverdienermodells beginnen, fokussiert meine Analyse das sozialistische Experiment der Geschlechtergleichstellung und seine Auswirkungen auf Männlichkeit und Vaterschaft zu Anfang des 20. Jahrhunderts. Dieses Experiment betrachte ich als ein gesellschaftliches Erbe, das sich heute in sehr widersprüchlicher Weise auf die Geschlechter-Debatten im Postsozialismus auswirkt. Auch beschränkt sich die folgende Analyse keineswegs nur auf die Klärung dessen, wie Vaterschaft von Mutterschaft in den Entsendeländern Osteuropas unterschieden und bedeutsam werden und richtet sich nicht nur auf deren Neukonzipierung im Zuge von Migrationsprozessen, sondern es geht hier auch um hegemoniale Geschlechterordnungen und die darin verdiskontierten Leitbilder sowie um das sich gegenseitig bedingende Verhältnis von Vaterschaft und Männlichkeit (siehe Hearn 1987). Ich greife den überzeugenden Vorschlag von Lynne Segal (1990) auf, dieses Verhältnis anhand von väterlichen *Praktiken* zu eruieren und die soziale Transformation von Männlichkeit daran zu messen, wie Männer als Väter agieren. Michael Meuser, der Segals These übernimmt, begreift Vaterschaft als *Lackmustest* für den sozialen Wandel von Männlichkeit und schreibt der Organisation der Arbeitsteilung in der Familie, dem Grundpfeiler der bürgerlichen Geschlechterordnung, einen herausgehobenen Stellenwert zu (Meuser 2014, S. 160). Die Analyse von Vaterschaft im Postsozialismus muss allerdings dort beginnen, wo der Sozialismus anfängt: bei dem Entwurf eines expliziten Gegenmodells zur Geschlechterordnung des Bürgertums.

## ‚Sozialistisches Matriarchat' und ‚effeminierte Männlichkeit' im Staatssozialismus

Die russischen Soziologinnen Elena Zdravomyslova und Anna Temkina (2007) charakterisieren das Gender-Regime in der UDSSR als „etatcretic"; darunter verstehen sie die vollständige Kontrolle der Geschlechterbeziehungen mithilfe vielfältiger institutioneller Eingriffe und gesetzlicher Verordnungen durch den Staat. Diese lassen sich nach Tetyana Bureychak über die gesamte Periode vom Anfang des 20. Jahrhunderts bis zum Fall des *Eisernen Vorhangs* in drei distinkte historische Phasen unterteilen. Ziel der ersten, als *bolschewistischen Experiment* bezeichneten Phase (1918–1930), sei die Zerstörung der traditionellen bürgerlichen Familie zugunsten frei gelebter Sexualität gewesen. Die Phase zwischen 1930 und 1950, in etwa identisch mit der Stalin-Ära, war nach Bureychak von zwei Entwicklungen gekennzeichnet, a) der Reduktion männlicher Autorität durch die Eliminierung des Alleinernährer- und die Schaffung des Ko-Ernährerprinzips und b) einem gleichzeitigen Rückschlag hin zu pronatalistischen Politiken und Familienbeziehungen (Bureychak 2011, S. 326 ff.), mit deren Hilfe die Hinwendung zu sexueller Freiheit eleminiert werden sollte. Die Abkehr vom Alleinernährer-Modell und die damit verbundene Emanzipation von Frauen galt den staatssozialistischen Erneuerern als Kernelement einer modernen, nicht-kapitalistischen Gesellschaftsordnung, in der weibliche Berufstätigkeit den ersten, notwendigen Schritt in Richtung Geschlechtergerechtigkeit und -gleichheit darstellte (siehe auch Kapitel fünf). Zwischen 1920 und 1930 wurde in der Sowjetunion der *neue Haushalt* zum Familienmodell, das die Kameradschaft von Männern und Frauen im Kollektiv der Werktätigen und als Teil der großen Sowjetfamilie propagierte. Gleichzeitig wurde in der Stalin-Ära Mutterschaft politisiert, indem Mütter mehr Kontrolle und Rechte in Bezug auf Kinder erhielten als Väter (ebd). Eine Steigerung väterlicher Partizipation an der Kindererziehung und im Haushalt war jedoch nie Teil eines staatlich gelenkten Programms (Gerasimova/Chuikina 2005; Koshulap 2007). Sehr wohl aber gab es immer wieder Versuche des Staates, männliches Fehlverhalten wie Alkoholismus, eheliche Untreue und Gewalt auch unter Mithilfe von Frauen und Kindern zu kontrollieren (Bureychak 2011, S. 327). In der dritten Phase von 1950 bis 1980 entstand zwar eine Debatte über die Liberalisierung der Geschlechterverhältnisse, diese wurde jedoch staatlich kontrolliert und zensiert (Zdravomyslova/Temkina 2007; Rotkirch 2000).

Das von diesen Autorinnen gezeichnete Bild geht von einer hohen weiblichen Aktivität im Haushalt bei gleichzeitiger Vollzeitbeschäftigung von Frauen im Arbeitsleben aus, kontrastiert mit einer Entfremdung der Männer von ihren Familien und deren Abwesenheit im Privatbereich (Chernova 2007, S. 166). Die Rolle des *neuen Sowjetmannes* lag darin, Erfolge in der Erwerbsarbeit und im öffentlichen Bereich zu suchen (Koshulap 2007, S. 364). Als Pendant zur werktätigen Mutter wird ein neues hegemoniales Männlichkeitsbild entworfen, das den Mann als soldatischen Helden (Verteidiger des Landes), als körperlich und moralisch gestählten, selbstlosen Arbeiter zelebriert, der den Aufbau des Kommunismus und Sozialismus vorantreibt sowie als weiser Lehrer und strategisches Genie die Geschicke des Kommunismus/Sozialismus führt (Bureychak 2011, S. 329 ff.). Die schon von Lenin vorangetriebene praktische Umsetzung der Arbeitsmarktpartizipation von Frauen wurde nach 1945 von den meisten (süd-)osteuropäischen Staaten, inklusive der DDR, relativ schnell aufgegriffen und als ein Zweiverdiener-Modell etabliert: Das Einkommen eines männlichen Alleinverdieners wurde unter die Armutsgrenze abgesenkt bzw. durch ein Doppelverdiener-Einkommen ersetzt und zum Standard erhoben, was zu einem massiven Eintritt von Frauen in den Arbeitsmarkt führte, in der Regel als

Vollbeschäftigte. Die neuen Verfassungen garantierten gleiche Rechte für Frauen in Bezug auf den Zugang zu Bildung (in Universitäten und Technischen Hochschulen wurden Frauenquoten eingeführt), zum Arbeitsmarkt, im Scheidungs-, und Eigentumsrecht (Fodor 2011). Viele Autorinnen behaupten, der Staatssozialismus habe nicht nur Männer „effeminiert" (Goven 1993; Verdery 1994; Imre 2001), sondern auch die Bedeutung von Vaterschaft marginalisiert (Ostner 2002, S. 152). Eine solche Qualifizierung halte ich für wenig hilfreich, denn diese Bewertung orientiert sich weiterhin an dem Ideal des autoritären bürgerlichen Patriarchen des 19. Jahrhunderts, von dem der *sozialistische Vater* normativ abwich. Da aus dieser Zeit kaum empirische Studien zum Thema Vaterschaft vorliegen, scheint mir weder die väterliche Marginalisierung noch die Effeminierungsthese ausreichend belegt. Sicher ist jedoch, dass eine solche Darstellung bereits von den Oppositionsparteien osteuropäischer Länder vor der Systemtransformation präferiert und lanciert wurde und gerade deshalb auch eine wichtige Rolle bei der postsozialistischen Transformation spielte.

## Veränderte Geschlechterordnungen im Postsozialismus

> "The breakdown of the socialist system was perceived as 'heroic' and like all 'heroic' acts, masculine, with the emphasis on the importance of bringing men back from their 'feminized' condition to their natural power positions in both the family and the economy (father and breadwinner) as the bedrock of order and rationality in a nation encountering globality" (Novikova 2012, S. 98).

Der Implosion des Staatssozialismus folgte der Rückzug des Staates aus Versorgungs- und Care-Verpflichtungen, die Re-Lokalisierung dieser Aufgaben in der Familie durch die Aufwertung von Mutterschaft (ebd.). Durch die Vernichtung von staatlich garantierten und finanzierten sozialen Sicherheitsnetzen wurden Anforderungen an die gesamte Bevölkerung gestellt, sich in einer Marktökonomie neu zu verorten und zurechtzufinden, was einen kollektiven Schock hervorrief, oder wie Pjort Sztompka (2000) schreibt, traumatogenetische Veränderungen für große Gruppen der Gesellschaft nach sich zog, die weder dem Tempo noch der Veränderung von damit einhergehenden Grundwerten gewachsen waren (siehe dazu auch Alexievich 2013). Diese Werteänderung bezog sich nicht so sehr auf die Ordnung im Privathaushalt, sondern Millionen von Menschen – vorrangig Frauen, aber auch ein Großteil der Männer – verloren als Folge der ökonomischen Systemveränderungen ihren Arbeitsplatz; eine bis dahin kaum gekannte Erfahrung löste tiefe existenzielle Ängste aus. Zudem wirkte die Systemtransformation als Beschleunigung bei der Abschaffung von staatlichen Versorgungsleistungen insbesondere im Care-Bereich. Daraus ergibt sich das interessante Phänomen, dass nach dem Fall des *Eisernen Vor-*

*hangs* die aktuellen hegemonialen Geschlechterordnungen in Ost- und West/Süd/Nordeuropa mehr Gemeinsamkeiten verzeichnen als in den vorangegangenen 50 Jahren (siehe auch Palenga-Möllenbeck/Lutz 2016). Für Männer in Osteuropa entstand eine paradoxe Situation: In dem Moment, in dem der männliche Alleinverdiener als neues Ideal hegemonialer Männlichkeit öffentlich proklamiert wird, ist dieses Ideal aufgrund der wirtschaftlichen Misere schwer zu erfüllen (Mazierska 2008, S. 12). Umfassende Migrationsbewegungen von Männern aus Osteuropa sind daher auch als Versuch zu verstehen, den neuen Standards männlicher Staatsbürgerschaft zumindest im materiellen Sinne zu entsprechen. Die Migration der Frauen passt zunächst nicht in dieses Schema, sondern ist, wie in den vorherigen Kapiteln bereits beschrieben, eher als Fortsetzung des Zwei-Verdiener-Selbstverständnisses zu verstehen, denn als Bruch mit dem neuen Genderregime (Lutz/Palenga-Möllenbeck 2012; Lutz/Palenga-Möllenbeck 2014). Wie aber gehen ihre Ehemänner mit ihrer temporären Abwesenheit um? Was bedeutet es für die Männer, dass ihre Partnerinnen zu Allein- bzw. Hauptverdienerinnen der Familie avancieren? Gehen damit Ängste einher, hegemoniale Männlichkeit einzubüßen oder zu verlieren? Welche Vaterschaftsideale sind für sie relevant? Die im Folgenden dargestellten Fallbeispiele sind idealtypisch ausgewählt: a) der *involvierte, versorgende* Vater; und b) der als *autoritäres Familienoberhaupt agierende* Vater, der die alltägliche Care-Arbeit der Großmutter überlässt (siehe auch Lutz/Palenga-Möllenbeck 2012). Ein in der Literatur beschriebener *abwesender* Vater, der während der Arbeitseinsätze seiner Frau den gemeinsamen Haushalt verlässt, ein Muster, das bei Geschäftsmännern zu finden ist (Walczak 2008), war in unserem Sample nicht vorhanden. Der Anteil der von verwitweten und geschiedenen Migrantinnen war in unserem Sample hoch (etwa 50 Prozent). Wir haben jedoch keinen einzigen Fall gefunden, in dem ein geschiedener Vater die Versorgung der Kinder übernimmt. Im Folgenden werden drei idealtypische Fälle beschrieben, die aus unserer Analyse emergierten.[46] Die ersten beiden Fälle (Pawel und Sergij) basieren auf Interviews mit Vätern, ihren Kindern und teilweise auch Ehefrauen, der dritte Fall (Costica) ist einem Dokumentarfilm entnommen.

---

46 Die von uns interviewten Väter wurden ohne Anwesenheit ihrer Partnerin interviewt, um einen möglichen Bias zu vermeiden, der bei der konsensuellen Konstruktion von Partnerschaftsgeschichte entstehen kann. Väter wurden mithilfe von teil-strukturierten narrativen Interviews befragt: beginnend mit der Phase der Entscheidungsfindung und der ersten Erfahrung mit der Migration der Ehefrauen konzentrierten sich die Interviews auf die Bewältigung des Familien-Alltags.

# Involvierte Vaterschaft und fürsorgliche Männlichkeit (Caring Masculinity)

## Fallstudie 1
### Pawel: „Ich muss es jetzt einfach allein schaffen"

Der Fall Pawel, Vater von Dawid und Ehemann von Klaudia, stammt aus unserem polnischen Sample.[47] Pawel ist 33 Jahre alt, als seine Frau Klaudia im Jahr 2000 zum ersten Mal ihre Cousine als Haushalts-Arbeiterin in München vertritt und drei Monate dort bleibt. Er ist dann zum ersten Mal mit seinem fünfjährigen Sohn Dawid allein im Haushalt. Auf die Frage, ob er die Entscheidung von Klaudia unterstützt habe, sagt er:

„Ja-a. Ich war dafür, und wir haben das zusammen beschlossen, Klaudia wollte auch. Es gab schon einen kleinen Konflikt, weil ich nicht wusste, wie wir das hier schaffen sollen, aber - irgendwie funktioniert es bis heute."

Zum damaligen Zeitpunkt trat er gerade eine Arbeit als Gruppenführer in einer Firma, die für eine große deutsche Automarke die Vormontage produziert, an. Pawel ist für die Einteilung und Beaufsichtigung von 52 Personen zuständig. Besonders schwierig für die Betreuung von Dawid ist der Schichtdienst, insbesondere die Nachtschicht. Er bringt dann das Kind ins Bett und verlässt das Haus. Es fällt Pawel sichtbar schwer, darüber zu sprechen, dass er das Kind allein gelassen hat:

„Ich habe mich darum bemüht, dass er eingeschlafen ist, bevor ich wegmuss."

Darin ist der Hinweis enthalten, dass dies oft nicht gelang. Im Interview erzählt der zwölfjährige Dawid, dass er oft Angst hatte und weinte, wenn sein Vater die Wohnung verließ. In den ersten Jahren kommt Pawels Mutter am Morgen, weckt den Jungen, macht ihm Frühstück und bringt ihn in den Kindergarten, später in die Schule und holt ihn wieder ab. Alle übrigen Arbeiten übernimmt Pawel, sobald er zuhause ist. Die Kombination seiner Vollzeitarbeitsstelle mit der Verantwortlichkeit für seinen Sohn fällt ihm schwer:

„Aber das lag alles an der Arbeit. Ich muss gestehen, dass es bis heute so ist. Aber jetzt versuche ich, ich habe gelernt, den Stress in den Griff zu kriegen, damit ich die Arbeitswelt und das Private trennen kann. Auf der Arbeit nervt mich jemand, und zu Hause lasse ich es

---

47 Hier wurden sowohl Klaudia als auch Pawel und der Sohn Dawid jeweils allein interviewt. Alle Interviews mit dieser Familie wurden von Ewa Palenga-Möllenbeck geführt.

raus. Manchmal kriegt Dawid was ab, denn statt ruhig mit ihm zu sprechen, bin ich noch von der Arbeit genervt, wenn ich nach Hause komme, und wenn Dawid dann noch mit seinen Problemen ankommt, und dann – ist es zu viel. Aber – manchmal war das eben so, und Klaudia war auch sauer auf mich deswegen, dass ich so wütend nach Hause komme, und so weiter."

Der Stresspegel bei seiner Arbeit ist vor allem deshalb so hoch, weil er oft am Anfang einer Schicht feststellen muss, dass ein Viertel der Arbeitskräfte fehlen; die Männer lassen sich für Saisonarbeiten im Ausland freistellen, was er zwar angesichts des niedrigen Gehalts nachvollziehen kann, was ihn aber in Bedrängnis bringt, da er dafür Verantwortung trägt, das Fließband am Laufen zu halten – zu Schichtende müssen 290 Autos fertig sein. Klaudias Migration ist nicht die erste in der Familie; auch Pawel hat in den 1990er Jahren sein Glück im Ausland versucht. 1968 in einer Bergbauregion Polens geboren, erlernte er den Beruf des Automechanikers und schloss später ein zweijähriges Studium an einer Fachschule mit einem Fachabitur, Schwerpunkt Sozial- und Politikwissenschaft, ab. Nach der Schule findet er keine dem Abschluss angemessene Arbeit, geht zwei Jahre in den Bergbau, als Saisonarbeiter nach Frankreich, Österreich, Deutschland und folgt 1997 dem Bruder seiner Frau nach England, wo er undokumentiert für englische Firmen auf dem Bau und später als Handwerker arbeitet. Er schickt Klaudia das Geld, mit dem eine Wohnung finanziert werden kann; nach elf Monaten bricht er den Aufenthalt in England schließlich ab und begründet seine Rückkehr nach Polen damit, dass ihm die ausbeuterischen Arbeitsbedingungen und der „Lebensstil der Engländer" nicht zusagten.[48] Klaudia, 35, ist gelernte Schuhmacherin und arbeitet zum Zeitpunkt der Interviews bereits seit sieben Jahren in München, wo sie sieben Tage in der Woche Haushalte putzt und dazu am Wochenende die Tagesbetreuung älterer Menschen übernimmt. Sie hat mit ihrer Schwester, mit der sie sich im Zwei/Drei-Monats-Rhythmus abwechselt, eine kleine Wohnung gemietet und würde am liebsten nach Deutschland emigrieren. Aber ihr Sohn wehrt sich vehement dagegen. Mit Pawel und Dawid steht Klaudia in täglichem Telefonkontakt, mit Dawid macht sie über das Telefon manchmal Hausaufgaben. Stolz berichtet sie, dass Pawel in diesem Jahr bei ihrer Ankunft am 24. Dezember bereits das Haus geputzt und zwölf Gerichte für das Weihnachtsfest gekocht hat. Pawel hat sich im Laufe der ersten Jahre mit seiner kranken Mutter aus etwas unklaren Gründen zerstritten und verzichtete mittlerweile auf ihre Hilfe:

---

48 Diese Beschreibung weist auf eine kollektive Ermächtigungsstrategie hin, die in Forschungen zur Situation polnischer Arbeiter in Großbritannien mehrfach festgestellt wurde (vgl. Datta/Brickwell 2009).

"Und irgendwann mal war es so weit, dass ich gesagt habe, ich muss es jetzt einfach alleine schaffen, und ich möchte nicht mehr, dass sie zu uns kommt."

Danach lehrt er Dawid, das Telefon zu benutzen und ihn anzurufen, wenn er nachts Angst hat. Er benachrichtigt die Nachbarn, die sich um den Jungen kümmern. Pawel legt Wert darauf, dass die Bedürfnisse seines Sohnes für ihn an erster Stelle stehen, dass er auf dessen Anrufe sofort reagieren muss, selbst wenn er seine Arbeit dafür unterbrechen muss:

"Ich habe immer ein paar Minuten für ihn gefunden, also ich habe ihn nicht abgewiesen oder gesagt: 'Warum rufst du an? Bleib zuhause sitzen, lass niemanden rein und Schluss! Ruf nicht bei mir auf der Arbeit an, wir reden, wenn ich wieder da bin.' So habe ich das nicht gemacht. Mir war klar, dass er als Kind, das alleine war, Angst bekommen konnte."

Dawid bestätigt, dass die Nachbar*innen im Haus ihn kennen und ihn während der Abwesenheit seines Vaters unterstützen. Auf die Frage, wie seine Kollegen und Bekannten auf die Abwesenheit seiner Frau und seine Alleinverantwortung reagieren, sagt Pawel, es liege ihm fern, seinen Kollegen den Eindruck zu vermitteln, er könne jederzeit aufhören, weil das Gehalt seiner Frau sein eigenes um ein Vielfaches übersteigt. Diese Aussage ist sehr aufschlussreich für das Verständnis der Beziehung zwischen Vaterschaft und Männlichkeit, denn potenziell kann die Selbstpräsentation als alleinerziehender Vater unter Männern den *Verlust von Männlichkeit* hervorrufen (siehe dazu Meuser 2014; Behnke/Meuser 2012). Pawels Hinweis darauf, dass er die Arbeit genauso ernst nimmt wie seine Vaterpflichten, ermöglicht ihm jedoch, Männlichkeitsverlust über die nachdrückliche Selbstverortung in der Lohnarbeit abzuwenden bzw. zu kompensieren. Außerdem beharrt er auf einer klaren Trennung von Arbeits- und Privatleben – generell werde das Thema Ehefrauen und Familie während der Arbeit nicht angesprochen, dafür sei keine Zeit. Pawel ist stolz darauf, dass er beides kann, den Sohn versorgen, erziehen *und* bei der Arbeit seinen Mann stehen. Seine Werktage sehen folgendermaßen aus: Er steht um 3.45 Uhr auf, brüht für Dawid Tee, der in einer Thermoskanne warmgehalten wird, stellt ihm Cornflakes und Milch bereit, legt für ihn die Kleidung zurecht, fährt zur Arbeit, weckt Dawid um sieben Uhr telefonisch und kontrolliert mit einem weiteren Anruf noch einmal um kurz nach sieben, ob er tatsächlich aufgestanden ist. Früher hat er für Dawid Frühstück mit Brot und Aufschnitt vorbereitet, heute übernimmt Dawid das selbst. Dawids erste Aufgabe am Tag ist es, den Hund rauszulassen; Pawel kontrolliert, ob das geschehen ist mit einem Anruf nach einer weiteren halben Stunde und erinnert seinen Sohn daran, dass er die Tür abschließen und den Hund füttern muss bevor er zur Schule geht. Mittags isst Dawid in der Schule, Pawel kommt zwischen 15.15 und 15.30 Uhr nach Hause. Pawel erkundigt sich telefonisch, ob Dawid schon im Haus ist; er macht sich

Sorgen, denn Dawid muss stark befahrene Straßen überqueren: „Also ich kontrolliere ihn fast durchgehend." Zuhause angekommen kocht Pawel das Mittagessen und kommentiert: "Ich kann auch kochen, das Leben hat mich dazu gezwungen." Ab 17 Uhr widmet sich Pawel dem Haushalt: „Rechnungen bezahlen, aufräumen, putzen, abwaschen, ein normales Leben halt."

Der Tagesablauf von Pawel und Dawid scheint sehr pragmatisch geregelt zu sein; Pawel bemüht sich sehr, seinen Alltag mit Dawid zu *normalisieren* und aus seiner Sicht gelingt das sehr gut. Auf die Frage, ob es mit Dawid auch Schwierigkeiten gab, antwortet er:

„Nein, die einzigen Schwierigkeiten ergeben sich daraus, dass ich sein Klagen nicht mag, dass er so ein Weichei ist, er weiß, dass sie wiederkommt, aber für ein Kind ist es doch eine große Sache, wenn Mama weg ist, denn Papa schimpft mehr mit ihm und das ist für ihn ein großes Leiden, und deswegen weint er. Und wenn er erwachsen wäre, dann würde man ihm sagen: 'Du warst doch schon mal allein, sei tapfer, du schaffst es schon.' Und er hat es auch geschafft. Manchmal hat es mich schon genervt, wenn er so geklagt oder gejammert hat, aber was kann man...

I: Und wie hast du darauf reagiert? Hast du einfach mal mit ihm gesprochen?

P: Nein, manchmal, doch ein paar Mal; ich musste mich aber kontrollieren, denn es ist doch nicht seine Schuld. Ich habe dann entweder die Tür zugemacht, um allein zu sein oder bin nach draußen rauchen gegangen, oder sowas. Aber wenn er was angestellt hat, dann hat er Prügel bekommen und fertig.

I: Und was ist mit Zärtlichkeit? Hast du versucht, ein Ersatz für seine Mama für ihn zu werden, indem du ihn umarmst?

P: Ja, selbstverständlich. Als er zu mir kam, haben wir uns hingesetzt und Kindersendungen geguckt, haben Spaß gehabt, haben was gespielt, normale Sachen. Ich kann nicht sagen, ob das genug für ihn war oder nicht, ob ich ihm noch mehr Zeit hätte widmen müssen, ich weiß nicht, er beschwert sich nicht, es sei denn, er hat sich beschwert. (lacht) Man müsste ihn fragen."

Das Interview mit Dawid[49] hatte bereits vor Pawels Interview stattgefunden, darauf bezieht sich der Hinweis: „Es sei denn er hat sich beschwert". Da Pawel suggeriert, die Interviewerin Ewa Palenga-Möllenbeck solle Dawid selbst fragen, wie er das Verhältnis zu seinem Vater sieht, kann davon ausgegangen werden, dass er sich vor dem Urteil seines Sohnes nicht fürchtet. Dawid erzählt, dass er während der Abwesenheit der Mutter manchmal bei seinem Vater im Bett schläft. Dass Pawel dies selbst nicht erwähnt, deutet darauf hin, dass er

---

49 Die Befragung der Kinder erfolgte je nach Alter mithilfe strukturierter Fragen, etwa danach, wie sie den Unterschied zwischen der Ab- und der Anwesenheit der Mutter erleben.

über diese Form der Nähe lieber schweigt. An einer Stelle lässt Pawel jedoch durchblicken, dass er sich manchmal der selbstgestellten Aufgabe, Klaudia zu ersetzen, nicht gewachsen fühlt:

„Ich habe mit Dawid immer wie mit einem Erwachsenen gesprochen. Wir haben uns manchmal gegenseitig genervt. Denn es gab Probleme in der Schule. Ich habe die ganze Zeit Kontakt zu der Lehrerin und so weiter. Sie ruft mich an, ich rufe sie an und so weiter. Dawid verhält sich sehr unterschiedlich, er hat gute Noten, ich bin mit ihm zufrieden, nur das Verhalten selbst, halt wie ein Junge, einmal hat er sich geprügelt, dann wieder gespuckt, und ich konnte einfach nicht mehr. Ich sagte zu ihm: ,Ich komme nach Hause und wünsche mir nur eine Sache: dass es bei dir in der Schule mal keine Probleme gibt. Ich möchte keine bösen Elternbriefe kriegen und so weiter.' Ich habe auch keine Zeit, um mit der Lehrerin so oft zu telefonieren."

Pawel beschreibt die Schulprobleme von Dawid nicht detailliert. Aus dem Interview mit Klaudia geht jedoch hervor, dass sie mit Dawid aufgrund der Auffälligkeiten in der Schule einen Psychologen aufgesucht hat, der dem Kind Hyperaktivität und Neigungen zum Hospitalismus bescheinigte; diese Auffälligkeiten seien durch die Abwesenheit der Mutter verursacht worden. Trotzig fügt sie hinzu: „Ich soll daran schuld sein."[50] Die Eltern suchen mit dem Psychologen und der Lehrerin nach Lösungsmöglichkeiten: Dawid wird zum Sport geschickt, um Spannungen abzubauen, mittlerweile geht er vier Mal in der Woche zum Judo; er bekommt wöchentlichen Nachhilfeunterricht und spielt mit der Gitarre, die Klaudia seinem Vater geschenkt hatte. Sein Konsum an Computerspielen wird soweit wie möglich eingeschränkt und überwacht. Pawel fühlt sich damit jedoch überfordert. Dennoch legt er großen Wert darauf, die Betreuung und Erziehung von Dawid ohne Hilfe bewältigen zu können. Es beginnt damit, dass er sich mit seiner Mutter über die Erziehung des Kindes streitet und die großmütterliche Betreuung abgebrochen wird; danach beschäftigt er für kurze Zeit eine junge Frau als Haushalts- und Kinderbetreuerin; diese Betreuung wird jedoch auch bald abgebrochen, denn die Nachbar*innen fangen an „zu lästern" und Pawel fürchtete sich offenbar davor, dass ihm ein Verhältnis mit der jungen Frau unterstellt werden könnte. Außerdem werden Hausarbeiten von der Kinderbetreuerin nicht zu seiner Zufriedenheit erledigt:

„Ich habe auch Klaudia am Telefon erzählt, dass ich es lieber alleine mache. Ich arbeite mich lieber tot, aber arbeite alleine als jemanden dafür zu bezahlen und dann noch alles verbessern zu müssen. Ich wollte es nicht. Ich habe es schon lieber, wenn Klaudia kommt

---

50 Zur Stigmatisierung der Mütter, die insbesondere in Presse- und Expertendiskursen betrieben wird, siehe Kapitel drei.

und sich dann beschwert, dass ich etwas nicht ordentlich gemacht habe. Dann sage ich
'gut', und wische dort eben noch mal. Aber das war dann ich und nicht – dass ich mich noch
mit jemanden einlassen muss. So sieht das aus."

Offenbar hält er an seinen Sauberkeitsstandards fest und zeigt sich dabei als 'Lehrling' seiner Frau, die ihn anweist, wie er zu reinigen hat. Sauberkeit im Haus hat für ihn eine wichtige Funktion, die seinen Alltag absichert und strukturiert. Dass Pawel im Gegensatz zu so gut wie allen anderen interviewten Männern die Hausarbeiten nicht vollständig seiner Frau überlässt, wenn sie für sechs Wochen oder zwei Monate nach Hause kommt, weist darauf hin, dass er die gängige Kategorisierung dieser Arbeit als *weiblich* nicht teilt. Dawid beschreibt die unterschiedliche Arbeitsteilung während der Anwesenheit seiner Mutter folgendermaßen: „Denn wenn Mama da ist, wird alles in drei aufgeteilt und sonst in zwei." Pawel ist mit seiner Situation nicht unzufrieden. Er betont, dass er Klaudia zwar in der Zeit ihrer Abwesenheit sehr vermisse, seine Liebe zu ihr sich aber durch die Pendelmigration verstärkt habe. Beide Partner kommunizieren täglich nicht nur über SMS und Liebespfeile (Emoticons und ein selbst entworfenes Morsesystem), sondern telefonieren auch jeden Abend miteinander. Stolz erzählt er, dass er Klaudia auch „kontrolliere", um sie zu beschützen: Er kennt ihren Tagesablauf und da sie auch abends unterwegs ist und er sich über ihre Sicherheit Sorgen mache, werden SMS bei Weggang und Rückkehr in die Münchener Wohnung und möglichst auch noch zwischendurch ausgetauscht. Klaudia sagt, sie genieße diesen „Schutz" und berichtet lachend, dass Dawid und Pawel sich bei ihrer Rückkehr darum streiten, bei wem sie abends ins Bett kriechen soll. Solange es noch „eine Schlacht" um sie gibt, sagt sie, sei das gut. Das Arrangement, das Pawel und Klaudia gefunden haben, unterscheidet sich auf der Alltagsebene des *Doing* deutlich von dem oben beschriebenen Retraditonalisierungsdiskurs; Pawel beschwert sich an keiner Stelle darüber, dass er Klaudias Aufgaben übernehmen müsse. Andererseits wird deutlich, dass das hegemoniale Männlichkeitsverständnis als Ideal weiterhin wirksam ist:

„Wenn ich Millionär wäre, dann müsste sie das [meint das Arbeiten im Ausland; H. L.] nicht machen. (lacht) Aber ich bin es leider nicht, oder – wenn sie, wenn sie hier einen guten Job hätte, ja etwas besser bezahlt."

Wie die Mehrheit der Bevölkerung kann Pawel das Ideal des männlichen Alleinernährers nicht einlösen. Stattdessen bemüht er sich darum, ein involvierter Vater, ein gleichberechtigter Erzieher und guter Lehrling seiner Frau zu sein und ist dennoch der Ansicht, dass er die Mutter nicht richtig ersetzen kann. Mit dem Hinweis „wenn sie hier einen guten Job hätte" gibt er aber auch zu verstehen, dass er an dem sozialistischen Mitverdiener-Modell festhält und keineswegs der Alleinverdiener sein will. Das Paar fällt alle Beschlüsse über Geldausgaben gemeinsam, was auf ein egalitäres Verständnis von Partnerschaft hinweist. Zum Zeitpunkt des Interviews ist Klaudia im zweiten Monat schwanger und wird nach der Geburt des zweiten Kindes zumindest eine Zeitlang ihre Münchener Arbeit aufgeben müssen. Klaudia bezweifelt, dass Pawel mit zwei Kindern allein zurechtkommt; Pawel erwägt, es eventuell mit einer neuen Babysitterin zu versuchen oder aber seine Mutter wieder in die Betreuung einzubeziehen. Auch Dawid, der als Zwölfjähriger einen sehr erwachsenen Eindruck macht, weiß, dass Veränderungen bevorstehen. Auf die Frage der Interviewerin, was er von der Pendelmigration seiner Mutter hält, sagt er:

„Ja, das ist sowohl gut, als auch schlecht. Gut, da, – gut, da – denn, denn wir haben ja, wir haben Geld und so. Und schlecht, weil es schwieriger zu Hause ist."

Dawid ist sich offensichtlich klar darüber, dass die Rückkehr seiner Mutter finanzielle Einschränkungen mit sich bringen wird, jedoch hofft er, dass er diese nicht zu sehr zu spüren bekommt, denn er wünscht sich einen Laptop und spart Geld für eine Playstation. Er spricht offen darüber, wie sehr er seine Mutter vermisst. Sobald Klaudia zurückkommt will er ihr vor allem körperlich nahe sein, was Klaudia als legitimes Bedürfnis betrachtet; allerdings ist sie der Meinung, dass dies zwar bei einem Zwölfjährigen noch als akzeptables Verhalten zu betrachten ist, jedoch erschreckt es sie, das gleiche Bedürfnis bei dem 21-jährigen Sohn ihrer Cousine zu beobachten, die wie sie in München arbeitet. Dawid hat sich weitgehend an die in der Familie betriebene *Normalisierung* der Pendelmigration angepasst. So erzählt er, dass zu seinen Aufgaben die Betreuung des Hundes gehört: „Denn Papa ist bei der Arbeit und Mama – auch. Also meistens bin ich alleine zu Hause." Die Gemeinsamkeit zwischen beiden Elternteilen sieht er also darin, dass beide arbeiten, wenngleich der Arbeitsplatz seiner Mutter über 800 Kilometer weit entfernt liegt. Die *Normalisierung* der (zeitweisen) Abwesenheit der Mutter wird auch in dieser Familie als ein gemeinsames Projekt betrachtet und Dawid leistet seinen Beitrag zur alltäglichen Bewältigung dieser Situation, indem er sich unter anderem daran hält, über die Abwesenheit seiner Mutter nicht mit Freund*innen zu sprechen. Es ist gut möglich, dass seine Aggressionsschübe in der Schule damit zusammenhängen, dass andere Kinder ihn auf die abwesende Mutter ansprechen und ihn provozieren. Indirekt beschäftig sich Dawid jedoch ebenfalls mit Migration: Er hat eine Freundin, deren Eltern nach England emigriert sind. Mit ihr skypt er und triff sie, wenn sie in den Ferien ihre Großeltern besucht. Nicht von ungefähr möchte er deshalb lieber nach England auswandern als nach Deutschland.

Das Modell der Vaterschaft, das Pawel lebt, habe ich als *involviert* charakterisiert, da dieser Vater neben seinem Beruf Kinderbetreuung und Haushaltsarbeit vollständig übernimmt und dabei eine eigene Form der Praxisbewältigung entwickelt, die sich von *Mutterschaft* nicht grundlegend unterscheidet und als fürsorgliche Männlichkeit (caring masculinity) bezeichnet werden kann. Diese *involvierte Vaterschaft* ist keineswegs als bewusst gelebtes, sorgfältig legitimiertes *Alternativmodell* angelegt, noch wird sie so präsentiert. Vielmehr steht dieser Vater nicht unter ständiger Beobachtung seiner Frau, sondern kann und muss, in ständigem Austausch mit der transnationalen Mutter, seine eigene Alltagspraxis entwickeln. Dabei ist der von Jay Fagan und Marina Barnett (2003, S. 1036) konstatierte negative Zusammenhang zwischen mütterlicher Wächterinnenrolle (maternal gatekeeping) und väterlichem Engagement, der entsteht, wenn Mütter aufgrund der von ihnen unterstellten oder wahrgenommenen (fehlenden) Care-Kompetenzen der Väter entscheiden, ob ihre Kinder mit den Vätern Zeit verbringen dürfen, hier nicht gegeben. Meuser (2014, S. 166) charakterisiert diese Funktion als inkorporierte, keineswegs aber bewusste Form des Ausschlusses von väterlichem Engagement. Väter, die bei der Care-Arbeit unter der Kontrolle ihrer Frauen stehen, werden auch als „ewige Praktikanten" bezeichnet (Jurczyk/Lange 2009. S. 13). Pawels praktische Vaterschaft wird von seiner Frau bestätigt und gewürdigt. Er vergewissert sich seiner Männlichkeit in der Partnerschaft symbolisch auch dadurch, dass er sie virtuell beschützt/überwacht. Die Feststellung aus der norwegischen Studie von Berit Brandth und Elin Kvande (1998, S. 307), dass involvierte Väter die Aufrechterhaltung von Männlichkeit besser mit Care-Arbeit als mit Hausarbeit verbinden können, trifft auf die hier porträtierte Form der Vaterschaft nicht zu. Das kann ein Hinweis darauf sein, dass zwischen den Vaterschaftspraktiken von Mittelschichtsangehörigen und den eher manuell arbeitenden Vätern ein sozialer Klassenunterschied zu konstatieren ist, wie ihn auch Behnke und Meuser (2012, S. 134) bei Facharbeitern in ihrer deutschen Studie feststellen. Darüber hinaus erfordert auch die Migrationssituation andere Formen der Alltagsbewältigung als die einer modernen Vaterschaft, bei der beide Eltern an einem Ort leben und verfügbar sind. Bei der hier portraitierten fürsorglichen Männlichkeit des zurückbleibenden Vaters wird Hausarbeit nicht vernachlässigt. Dagegen tun sich auch andere in unserem Sample interviewte Männer schwer damit, ihre eigenen Gefühle zu zeigen und mit den Emotionen ihrer Kinder umzugehen – so wie Pawel, der seinen weinenden Sohn als Weichei bezeichnet. Für alle interviewten Väter ist das Thema eher tabuisiert und wird auf Nachfrage der Interviewerinnen nur zögerlich erörtert. Dies ist ein Indikator dafür, dass die Interviewten sich vor dem Verlust emotionaler Kontrolle schützen wollen bzw. befürchten, sich von einem hegemonialen Männlichkeitsideal zu entfernen. Wenn also – was in der Debatte über involvierte Vaterschaft oft geschieht – das Zulassen von Gefühlen und ein kommunikativer Umgang mit emotionalen Fragen als *Kernelement von Fürsorglichkeit* betrachtet wird, dann muss hier ein Mangel konstatiert werden. Daran anschließend stellen sich jedoch eine Reihe von Fragen: Bei Pawel unterliegt das Thema *Emotionen* offensichtlich einem

Tabu in der sprachlichen Artikulation, denn sowohl sein Sohn als auch seine Frau berichten darüber, dass und wie er sich emotional auf die Befindlichkeiten seines Kindes einlässt. Folglich gibt es eine Differenz zwischen väterlicher Praxis und einem Männlichkeitsdiskurs, der insbesondere den Unterschied zu Weiblichkeit paraphrasiert. Weiblichkeit wiederum scheint in Ost und West mütterliche Fürsorge zu implizieren, die gleichsam als *Norm für Fürsorglichkeit* gilt bzw. gesetzt ist. Zu fragen bleibt hier, ob Väterlichkeit eine Blaupause von Mütterlichkeit sein muss, oder ob nicht stattdessen die naturalisierte Verknüpfung von Care und Mütterlichkeit zur Disposition gestellt werden muss. Die Soziologin Andrea Doucet warnt in ihrer Studie „Can Men Mother?" zu Recht davor, Erfahrungen von Vätern durch eine mütterliche Linse zu betrachten, da andere Formen von Care dadurch in den Hintergrund gedrängt und verdeckt werden (Doucet 2006, S. 222). Genau dies geschieht dort, wo die als positiv geltende Charakterisierung fürsorglicher Männer als *mothering fathers* (bemutternde Väter) symbolisch die weibliche Konnotation von Care reproduziert, wie Meuser (2014, S. 163) zutreffend feststellt. Pawel, wie der übergroße Teil der Männer, deren Frauen am System der Pendelmigration beteiligt sind, verhindert den Verlust von Männlichkeit auch dadurch, dass er seine Erwerbsarbeit nicht aufgibt, sie perfekt auszuführen versucht und Mit-Verdiener bleibt. Teilzeitarbeit zu beantragen wäre ihm auch nicht möglich; bislang fehlt also in postsozialistischen Gesellschaften die gesellschaftliche Anerkennung für diese Form der Vaterschaft.

**Fallstudie 2:**
**Sergij: „Ich erlaube mir, das Kommando zu führen"**

Bereits im zweiten Kapitel dieses Buches wurde darauf hingewiesen, dass im überwiegenden Teil der zurückbleibenden Familien leibliche Großmütter die Funktion der Ersatzmütter im praktischen Alltagsleben übernehmen und Väter eher als Miterziehende fungieren (siehe auch Lutz/Palenga-Möllenbeck 2012). Die folgende Fallbeschreibung, in der der Ehemann, seine Eltern und zwei Kinder zurückbleiben, kontrastiert den Fall von Pawel in mehrfacher Hinsicht: in Bezug auf die Präsentation von Männlichkeitsidealen, in Bezug auf den Umgang mit der strukturellen Unmöglichkeit, dem Ideal des Alleinverdieners zu entsprechen und im Umgang mit der alltagspraktischen Haushaltsführung. Es geht hier um eine Familie, die in der Westukraine lebt. Sergij, 43, hat eine Ausbildung als Lehrer und betreibt als Selbstständiger eine Videothek. Seine Frau Nadja, 37, eine ehemalige Buchhalterin, hat über einen Zeitraum von drei Jahren (2004–2007) als Haushaltsarbeiterin in Polen gearbeitet. Als Pendelmigrantin blieb sie in der Regel zwei Monate und verrichtete dort sieben Tage in der Woche für jeweils eine Familie Hausarbeit: Wäsche waschen, Aufräumen, Putzen und Kinder betreuen. Danach kehrte sie ebenfalls für zwei Monate zu ihrer Familie zurück. Ihren Lohn, der umgerechnet 15 Dollar im Monat betrug, schickte sie fast vollständig nach Hause. Die Söhne von Sergij und Nadja waren zum Zeitpunkt von Nadjas erster Migration zehn und 17 Jahre alt. Die Interviews finden zwei Jahre nach dem Abbruch der Pendelmigration statt. Auf die Bitte der Interviewerin[51], sich zu erinnern und zu erzählen, wie es dazu kam, dass seine Frau Nadja als Haushaltsarbeiterin nach Polen ging, antwortet Sergij, dass er sie nicht geschickt hätte, sondern Nadja habe ihrer Schwester, die bereits in Polen arbeitete, helfen wollen, denn diese benötigte für ihre zirkuläre Erwerbstätigkeit eine loyale Partnerin. Sergij stellt die Migration als von ihm ermöglichte großzügige Geste familiärer Unterstützung dar, denn in erster Linie sei seine Frau Mitarbeiterin in *seinem* eigenen Betrieb. Es ist ihm wichtig, festzustellen, dass die Weisungsbefugnis über die Tätigkeit seiner Frau im Ausland bei ihm liegt:

„Für einen Monat oder so, für einen längeren Zeitraum habe ich ihr das nicht erlaubt, weil ich auch so schon zu viel Arbeit habe."

Obwohl Nadjas Pendelmigration zum Zeitpunkt des Interviews erst zwei Jahre zurückliegt, kann Sergij sich nicht mehr daran erinnern, wie lange diese Tätigkeit gedauert hat. Stattdessen betont er, dass ihre Abwesenheit für ihn ein Ärgernis war, die seinen gewohnten Tagesablauf störte („auch so schon zu viel Arbeit"); dementsprechend sollte der zeitliche Umfang dieser Störung begrenzt sein:

„Meistens (ist sie) für einen Monat (gefahren). Eh. Und so, also wenn jemand für zwei bis drei Jahre fährt, das würde ich nie akzeptieren."

Sergij distanziert sich von solchen Familien, in denen die Ehefrauen mehrere Jahre abwesend sind. Er will offenbar vermeiden, dass der Eindruck entsteht, er habe ihre Arbeitsmigration gefördert; stattdessen habe er Nadjas Auslandstätigkeit geduldet. Auf die Frage nach der Arbeitsteilung im Haushalt während Nadjas Abwesenheit erzählt er, dass sein ältester Sohn, damals 17 Jahre alt, das Kochen übernahm:

„ER hat gekocht. Ich habe nie gekocht, das würde ich nie tun. Ich habe ja geheiratet, um nicht zu kochen."

---

51  Das Interview wurde im Sommer 2009 von Oksana Kis geführt.

Sein Beitrag zur Hausarbeit habe darin bestanden, morgens die Waschmaschine zu laden und im Sommer habe er Konfitüre gekocht:

„Und ansonsten haben alle zusammen… Ich habe nur angeleitet, mit dem Finger gezeigt, ich… ich erlaube mir, das Kommando zu führen."[52]

Neben seinen Söhnen unterstehen wohl auch seine Eltern, vor allem seine Mutter, die die meisten Haushaltstätigkeiten übernimmt, diesem Kommando. Seine Selbstpräsentation als ein Mann, der auch in schwierigen Zeiten Autorität und Kontrolle behält und als Familienoberhaupt die Geschicke der Familie lenkt, durchzieht das Interview. Auf die Frage, an welche Probleme während Nadjas Abwesenheit er sich noch erinnern kann, sagt er:

„Na ja… die Probleme… Ich habe doch jeden Tag sowieso Schwierigkeiten, ich bemerke [ihre Abwesenheit kaum], weil ich sowieso einen Haufen von sehr unterschiedlichen Problemen habe. Wenn ich ein Problem gelöst habe, kommt sofort das nächste. Ich denke an drei Sachen binnen einer Minute, und man muss dann auch richtig handeln. Mmh. Bei mir ist es nicht so [dass ich über Probleme spreche] … Ich sitze jetzt hier (lacht) und meine Gedanken sind woanders."

Nadjas Abwesenheit wird von Sergij als ein zusätzliches Problem, nicht aber als Lösung für finanzielle Schwierigkeiten dargestellt. Der an die Interviewerin gewandte letzte Satz unterstreicht, dass er diese Befragung als Zeitverschwendung betrachtet. Es ist zu vermuten, dass Sergij sich dem Interview nur gestellt hat, weil er Nadjas Erzählung nicht kontrollieren und beeinflussen konnte.[53] Doch wollte er offenbar auf seine eigene Version nicht verzichten. Seine sehr offensive Darstellung erweckt auch den Eindruck, dass er sich den Erinnerungen an diese Zeit nicht gern stellt, weil sie sein Selbstbild als rational handelnden, kontrollierten Mann („man muss dann auch richtig handeln"), der mit kühlem Kopf „das Kommando führt", ins Wanken bringen würde. Dieses Bild zeigt verblüffende Übereinkünfte mit dem Ideal bürgerlicher, aber auch soldatischer Männlichkeit (vgl. Mosse 1997), bei der ein Kontrollverlust zu vermeiden ist. So scheint es dann auch konsequent, dass Sergij den finanziellen Beitrag, den Nadja zum Familieneinkommen geleistet hat, herunterspielt. Auf die Frage, wie er mit Nadja kommuniziert hat, sagt er: „Oh, das Telefon hat jeden Tag geklingelt. Ich habe dafür wahrscheinlich mehr ausgegeben, als sie in Polen verdient hat (lächelt)."

---

52 Dies könnte auch eine ironische Bemerkung sein; Sergij lacht jedoch nicht und er relativiert diese Aussage auch nicht.
53 Wie bereits gesagt wurden Ehepartner einzeln befragt.

Auch Nadja erzählt, dass sie mit Sergij täglich telefoniert hat; besonders am Anfang habe sie unter der Trennung sehr gelitten und oft am Telefon geweint. Dass sie dann getröstet werden musste, passt gut zu Sergijs Selbstbild als Familienoberhaupt, das die emotionale Kontrolle behält. Als die Interviewerin insistiert und nach der Verwendung des von Nadja verdienten Geldes fragt, betont er noch einmal:

„Es gab nicht so viel Geld, verstehen Sie; wenn das Geld nach Hause kam, wurde es automatisch... Eh, ich habe nicht auf das Geld gewartet, das sie mitgebracht hat; denn mit dem Geld, das sie verdient hat, wurden die Telefonrechnungen bezahlt, damit wurden ihre Gemütsbewegungen, ihre Nerven besänftigt."

Diese Aussage widerspricht Nadjas Darstellung, die erzählt, dass mit ihrem Geld eine Wohnung gekauft wurde, deren Erwerb ihr Mann als sein Verdienst präsentiert hatte. Nadja berichtet auch, dass Haushaltsartikel wie etwa die Waschmaschine gekauft und in die Ausbildung der Kinder, etwa in Nachhilfestunden, investiert wurde:

„Der ältere Sohn hatte bereits die elfte Klasse abgeschlossen, mh, und nahm Nachhilfeunterricht. Dafür brauchten wir Geld. Mein Geld war schon ausgegeben bevor ich es verdient hatte. Mh, so war das."

Mittlerweile studieren beide Söhne und die Eltern sind stolz darauf. Dass auch Sergijs Nerven nicht so stark sind, wie er glauben machen möchte, zeigt sich in der Erzählung über den Abbruch von Nadjas Migration:

„Na ja, natürlich habe ich mir Sorgen gemacht, weil es ein Auslandaufenthalt war. Sie wollte dann noch einmal dorthin, und ich wurde krank. Und sie ist nicht mehr gefahren, und wird nicht mehr fahren, weil mein Gesundheitszustand das nicht erlaubt, dass sie reist. Das alles sind Sorgen und Nerven, sie macht sich mehr Sorgen als ich. So denke ich. Das ist meine Meinung."

Nadjas Version des Abbruchs sieht etwas anders aus: „Und er hat entschieden... na ja, er hat mich einfach nicht mehr fahren lassen." Es bleibt unklar, ob Sergij Nadja gegenüber eine Krankheit simuliert hat, denn von der Krankheit ihres Mannes erzählt Nadja nichts. Bereits zwei Sätze später wird das ursprüngliche Verbot ihres Mannes als eine gemeinsame Entscheidung präsentiert:

„Und wir haben entschieden, dass die Mama bei den Kindern sein muss. Meine Meinung ist, dass die Frau und der Mann, die Familie muss zusammen sein, weil ..., wenn der eine eine Zeit lang nicht da ist, beginnen verschiedene Konfliktsituationen usw., sie vertrauen einander nicht mehr, deshalb müssen sie zusammen sein, das ist meine Meinung."

Sergij erwähnt in seinem Interview keine durch die Migration entstandenen Beziehungskonflikte. Auf die Frage, was sich in ihrer Beziehung geändert habe, sagt er:

„Es hat sich nichts geändert. Die Beziehung war in Ordnung, so wie früher. Ich habe eine gute Beziehung zu meiner Frau, ich habe eine sehr gute Ehefrau, ich will gar keine andere (lächelt). Und die Beziehung hat sich überhaupt nicht verändert. Es gab keine Zeit für Dummheiten, wofür andere Menschen Zeit haben. Eh, weil ich beschäftigt war."

Mit dem Hinweis auf die „Dummheiten anderer Menschen" wird deutlich, dass er die Frage nach der Veränderung der Beziehung als eine nach seiner sexuellen Aktivität interpretiert; Sergij geht offenbar nicht davon aus, dass seine Ehefrau ihn betrügen könnte, während für ihn ein Seitensprung aus Zeitgründen nicht zu verwirklichen war. Auch mit dieser Selbstpräsentation unterstreicht er (die Kontrollfähigkeit über) seine Virilität. Da Nadja ihre Arbeit in Polen eher als ein Martyrium, denn als Akt von Selbstbestimmung beschreibt, ist anzunehmen, dass sie unter der Trennung mehr gelitten hat als ihr Mann. Gleichzeitig liegt die Annahme nahe, dass das von ihr erarbeitete Einkommen nicht zu dem Ideal des männlichen Ernährers passt, das Sergij präferiert. Nadja investiert in ihrer Narration eher in einen traditionellen Weiblichkeits- bzw. Mütterlichkeitsdiskurs, mit dem sie den ihres Mannes ergänzt. Die Entscheidung über den Abbruch der Migration wird von ihr im Laufe des Interviews schließlich als Geschenk eines einfühlsamen Ehemannes präsentiert:

„Ich habe einen Mann, der alles verstanden hat. Er hat einfach gesehen, wie ich vor der Abreise war, und als ich zurückkehrte war ich erschöpft, abgequält... Und er hat entschieden. Er wollte nicht mehr, dass ich jemals irgendwohin fahre. Es kamen weitere Arbeitsangebote, sie [die polnischen Arbeitgeber*innen] haben mich noch einmal eingeladen und mir die Einladung geschickt. Aber er hat es einfach mal versucht und hat verstanden, dass es jetzt reicht. Und somit wurde es beendet."

Die zahlreichen Ambivalenzen, die in dieser Passage zum Ausdruck kommen, kennzeichnen eine Paarbeziehung, in der es auf Nadjas Seite durchaus Sehnsüchte nach Selbstbestimmung gab (sie wollte in ihrer Jugend gern unabhängig sein, was sie zu Beginn des Interviews erzählte), die sich aber durch die Heirat mit Sergij verändert haben. Sie teilt das traditionelle Frauenbild von Sergij, der geheiratet hat, „um nicht kochen zu müssen"; dafür erwartet sie von ihm Schutz und Versorgung. Sergij fällt es schwer, zuzugeben, dass er nicht in der Lage ist, den Erwartungen, die er an sich stellt, gerecht zu werden. Letztendlich stützt Nadja seine Version der Geschehnisse und ihre Entscheidung, mit der Arbeit im Ausland die finanzielle Situation der Familie zu verbessern, wird schließlich als ein Versuchsballon ihres Mannes präsentiert, der gescheitert ist. Diese Gesamtsicht entzieht Nadja die Möglichkeit, auf das von ihr generierte Einkommen stolz zu sein. Die Geschichte der Migration der Mutter scheint auch für den jüngeren Sohn Ilja noch zwei Jahre danach schwer zu verarbeiten. Zunächst erklärt er, er könne sich nicht so gut erinnern und beginnt zu weinen, als er gefragt wird, wie es ihm damals ging. Auch Nadja betont, dass ihre Söhne sie sehr vermisst haben, allerdings habe ihre Abwesenheit auch positive Aspekte gehabt, da bei den Söhnen ein Umdenken stattfand:

„Da sie begriffen haben, wie es mit Mutter und ohne Mutter ist, haben sie angefangen, Mamas Arbeit mehr zu schätzen. Diese alltägliche Arbeit zu Hause, die jede Frau macht, und die nie und von niemandem geschätzt wird, solange man sie nicht selbst erledigt (lächelt)."

Nadja beschreibt einen edukativen Prozess, der zur Anerkennung ihrer täglichen Hausfrauenarbeit geführt hat, als das (vielleicht einzige) positive Ergebnis ihrer Arbeitsmigration und unterstreicht damit nochmals die auch von Sergij präsentierte Geschlechter-getrennte Zuständigkeit: Erwerbsarbeit als Terrain des Mannes, die Familie als das der Frau. Das Partnerschaftsmodell von Sergij und Nadja, das von Sergijs traditionellem Männlichkeitsideal dominiert wird, scheint nicht dazu geeignet, eine weibliche Pendelmigration positiv zu evaluieren. In einer Konstellation, in der der Ehemann die Tatsache verschleiert, dass er faktisch nicht in der Lage ist, das Einkommen für die Familie zu verdienen, dominiert diese Scham auch die Erzählung der weiblichen Migration, die dann nur noch als ein missglücktes Projekt präsentiert werden, oder – wie in dieser Familie – als ein Fehler (Sergij) bzw. Trauma (Nadja und die Kinder), über das nicht gern geredet wird. Die Klage beider Partner richtet sich dann auch gegen einen Dritten, den ukrainischen Staat, der Menschen in die Migration zwingt, statt für ausreichende Erwerbsmöglichkeiten im eigenen Lande zu sorgen. Es ist erstaunlich, dass sich die Familie überhaupt zum Interview bereit erklärt hat; zu vermuten ist, dass die Äußerungen von Sergij und Nadja auch als Anklage der gesellschaftlichen Verhältnisse verstanden werden sollen.

### Fallstudie 3:
### Costica: Ich raube meinen Kindern ihre Kindheit

Migrationsforscher*innen, wie etwa Saskia Sassen (1998), gingen lange Zeit davon aus, dass dort, wo weiblichen Migrantinnen zu Ernährerinnen ihrer Familie werden, Macht und Einfluss dieser Frauen innerhalb der Familie steigen, die traditionelle Geschlechterordnung erodiert, infolge dessen ein kompletter Rollentausch stattfindet. Oberflächlich betrachtet sieht man genau das in dem Dokumentarfilm „The Flower Bridge" (2008) des rumänischen Filmemachers Thomas Ciulei, der den gebildeten, moldawischen Bauern Costica Ahir, etwa 45 Jahre alt, über mehrere Monate mit der Kamera begleitet. In unserem Sample fehlte das Beispiel einer über mehrere Jahre physisch abwesenden Mutter, das allerdings in Statistiken evident ist. Ahir lebt mit seinen drei Kindern, die er allein versorgt, seitdem die Mutter „vor drei Jahren und vier Monaten" (Ciulei 2008) als Care-Arbeiterin nach Italien ging. Geplant war, dass sie nach zwei Jahren zurückkehrt; allerdings sind die Sparziele (Schulgeld für die Kinder, Verbesserung und Ausbau des Wohnhauses, Ausbau der Landwirtschaft) noch lange nicht erreicht. Die Mutter will sich offenbar den legalen Weg zurück nach Italien nicht versperren, weshalb sie zum Zeitpunkt der Filmaufnahmen immer noch in Italien verbleibt und „auf ihre Papiere wartet"[54]; sie schickt regelmäßig Päckchen und ruft ab und zu an. Die Familie besitzt ein Telefon und einen PC, mit dem die Kinder auch Briefe an die Mutter schreiben. Der Film demonstriert in großartiger Weise die Probleme eines fürsorglichen Vaters: Er beginnt mit einer Szene, in der der Vater seinem etwa achtjährigen Sohn Alexi eine Tinktur auf die Windpocken im Gesicht aufträgt und dabei in die Kamera spricht, dass es für ihn besonders in solchen Momenten sehr schwer sei, die Mutter zu ersetzen. Costica organisiert den Lebensalltag in einer Weise, die etwas militärisch anmutet: die Kinder, neben Alexi noch Maria (etwa 13) und Alexandra (15) stellen sich vor ihm auf und er teilt ihnen Aufgaben zu. Tendenziell gibt es dabei eine geschlechtsspezifische Arbeitsteilung, da die Mädchen insbesondere für Arbeiten im Haus zuständig sind und der Junge eher für die Betreuung der Tiere und die Sauberkeit des Hofes. Aber prinzipiell sind alle gleichermaßen an den Arbeiten beteiligt; gemeinsam werden Korn und Rüben sowie die von der Mutter geschickten Blumensamen eingesät, Brot gebacken, Wasser vom Brunnen geholt, Wäsche mit der Hand gewaschen, ein Huhn geschlachtet und Schnee geschippt. Selbst das Geld für den Friseur wird eingespart, indem der Vater den Kindern die Haare schneidet und umgekehrt – zum Leidwesen der Töchter, die gern zum Frisör gehen würden. Costica weiß, dass er seine Kinder (über-)fordert:

„Die Kinder arbeiten viel. Sosehr ich mich auch anstrenge, es fehlt was. Ich raube meinen Kindern ihre Kindheit, sie arbeiten viel, viel zu viel."

Er fühlt sich schuldig und weiß gleichzeitig nicht, wie er die Situation verändern kann. Die einzige gemeinsame Freizeitaktivität von Vater und Kindern, die der Film zeigt, ist das Schießen: Costica lehrt seine Kinder, ein Luftgewehr zu bedienen. Abends liest er ihnen traurige, heroisch-nationalistische Gedichte vor. Als Begrüßungsritual fragt er die Kinder täglich nach ihren Schulnoten, eine Frage, die ihnen auch von der Mutter am Telefon als erstes gestellt wird.

---

54 Vermutlich eine legale Arbeits-/Aufenthaltserlaubnis.

Dies verstärkt den Eindruck, dass die Bildung der Kinder für beide Eltern von hoher Relevanz ist. Die Kinder schreiben der Mutter Briefe, in denen sie über Neuigkeiten auf dem Hof (Geburt von Zwillingsziegen) und über ihre Schulleistungen berichten, machen ihr aber am Telefon keine emotionalen Szenen; sie teilen ihr auch nicht mit, dass sie sie vermissen.

Auffällig ist in dem Film, dass außer dem Vater keine anderen Erwachsenen erscheinen, was der Filmemacher Thomas Ciulei in einem Interview (Ciulei/Ott 2008) als einen Kunstgriff bezeichnet, mit dessen Hilfe die Abwesenheit der Mutter *fühlbar* gemacht werde. In dieser Familie tauchen weder eine Großmutter oder Nachbar*innen noch andere Männer (Großväter, Freunde oder Arbeitskollegen) auf. Auf den ersten Blick kann dieser Vater nicht ohne weiteres als fürsorglicher Vater charakterisiert werden, weil er streng, laut und Befehle erteilend auftritt und kaum zärtliche Gesten gezeigt werden. Costica fordert von seinem Sohn, seine Trauer über die Abwesenheit der Mutter nicht zu zeigen, denn das bringe auch ihn zum Weinen. Ein Vater also, der gegen emotionalen Kontrollverlust ankämpft, dies aber seinen Kindern auch mitteilt. In dem Film tauchen martialische Vaterschaftspraktiken und Ideale, wie sie Lukaschenko beschreibt, nicht auf. Es gibt auch keinen einzigen Hinweis darauf, dass der Vater einen Verlust von Männlichkeit befürchtet oder mit Abwertung konfrontiert ist, weil er *mütterliche* Care-Arbeit übernimmt. An einer Stelle im Film wird die Überschwemmung des Hofes nach starkem Regen gezeigt und Costica bemerkt lakonisch: „Wir versinken im Schlamm, aber den Kindern geht es gut." Ihnen gilt seine ganze Aufmerksamkeit. Die Kinder reagieren auf seine Befehle zwar gehorsam, lachen aber auch oft über ihn und weisen ihn auf seine Fehler hin. In diesem Vater-Kinderverhältnis werden durchaus Verhandlungsspielräume der Kinder sowie emotionale und praktische Abhängigkeiten des Vaters von den Kindern sichtbar, etwa wenn die Mutter ein Päckchen aus Italien schickt und die Töchter die Gebrauchsanweisungen für Werkzeuge und Maschinen sowie Kartengrüße aus dem Italienischen, das der Vater nicht versteht, übersetzen. Insgesamt differiert dieses Portrait eines zurückbleibenden Ehemanns und seiner Kinder in vielfacher Hinsicht von Idealvorstellungen fürsorglicher Betreuung wie sie in den Mittelschichten westlicher Länder zu finden sind, etwa in Bezug auf emotionale Unterstützung und Zärtlichkeitsbedürfnisse der Kinder (siehe Flaake 2014). Doch stellt sich hier die Frage, ob das *Mothering* von Vätern unter solchen Bedingungen nur dann als gleichwertig und voller Ersatz der Mutter gewertet werden kann, wenn es in jeder Hinsicht der Care-Praxis von Müttern entspricht. Soll oder muss Vaterschaft also ein Abziehbild von Mutterschaft sein?

## Fazit: Fürsorgliche Vaterschaft und das Festhalten am Alleinernährer-Ideal

In der Zusammenschau der drei Fallstudien zeigt sich, dass es zwischen der Vaterschaftspraxis des *involvierten Vaters* Pawel, dem auf Autorität bedachten *Vater-Kommandeur* Sergij und dem alleinerziehenden Bauern Costica viele Unterschiede gibt. Gemeinsam ist allen das Festhalten an der Ausübung von Erwerbsarbeit verbunden mit dem Versuch, dem hegemonialen Vaterschaftsideal auch dann noch zu entsprechen, wenn dieses erodiert und finanziell eigentlich nicht mehr opportun ist. Pawel und Costica übernehmen *mütterliche* Care-Arbeiten, ohne dass deren *weibliche* Kodierung als Problem betrachtet wird. Pawels Care-Modell kollidiert jedoch mit den Anforderungen des Arbeitsplatzes und in diesem Sinne entspricht seine Erfahrung der von alleinerziehenden, erwerbstätigen Müttern, die unter der Doppelbelastung leiden. Costica stellt die von ihm geleistete Versorgung seiner Kinder nicht in Frage, betont aber seine Unfähigkeit, sie *wie eine Mutter* ausführen zu können. Sergij lässt sich auf einen Rollenwechsel bzw. auf einen Versuch, die Mutter zu ersetzen, gar nicht erst ein und entspricht damit einem Typus, den Iryna Koshulap (2007, S. 371) „breadwinners despite themselves" nennt. Ich adaptiere es hier als Festhalten am Vaterschafts- und Männlichkeits*ideal* des Alleinverdieners, das unter den gegebenen ökonomischen Bedingungen nicht eingelöst werden kann. In vielen osteuropäischen Ländern wird mittlerweile auch ein neues aus dem Westen importiertes Ideal *bewusster Vaterschaft* (ebd.) in den Medien präsentiert, allerdings ist damit eher väterliches Engagement in der Freizeit oder am Wochenende gemeint als ein Rollenwechsel; dieser Habitus ist auch unter männlichen Migranten zu finden (siehe Palenga-Möllenbeck/Lutz 2016). Ich behaupte, dass die Vaterschaftspraxis von Pawel und Costica durchaus als *alternative Vaterschaft* bezeichnet werden kann, da im praktischen Bereich sehr wohl die von einer Mutter erwarteten Tätigkeiten geleistet werden. Auch ist die Praxis des *mothering father* nicht neu, sondern war in Zweiverdienerfamilien im Staatssozialismus bereits zu finden – nicht unbedingt als Ideal, aber als Praxis. In diesem Sinne orientieren sich die Partner der Migrantinnen weiterhin an dem im Staatssozialismus gelebten Doppelverdiener-Modell. Allerdings steht mit der im Postsozialismus einsetzenden Erosion dieses Modells als gesellschaftliches Leitbild und durch den Wegfall staatlicher Betreuungsleistungen dieses Ideal zunehmend unter Druck. Angesichts des neuen hegemonialen Vaterschaftsideals – der Vater als Familienernährer – ist zu konstatieren, dass zurückbleibende Väter in transnationalen Migrationsfamilien kaum eine Chance haben, als Pioniere veränderter Vaterschaftspraxis (*agents of change*) anerkannt zu werden; stattdessen müssen sie sich vor der Diskreditierung schützen, nicht als *Verlierer* ausgegrenzt zu werden – mit der Folge, dass sie das gängige hegemoniale Modell nicht offensiv in Frage stellen. Alles in allem veranschaulichen diese Fälle zwei Aspekte der Care-Migration. Erstens, die emotionale Belastung und die praktischen Anstrengungen, die Familienmitglieder im Rahmen der Familienfragmentierung bewältigen müssen. Die Praxis ist also weit entfernt von der Hypothese, dass die väterliche Übernahme der als weiblich konnotierten Care-Verantwortung *automatisch* erfolgt, sobald Frauen die Hauptverdienerinnen sind. Die Narrationen zeigen vielmehr, wie zurückbleibende Väter ihre Fürsorgeleistungen nicht nur mit ihren Partnerinnen, sondern auch mit ihrer Nachbarschaft und mit der Gesellschaft insgesamt aushandeln müssen. Da die meisten mittel- und osteuropäischen Länder die Pendelmigration von Frauen als *zeitweilige Abwesenheit* betrachten und sich weigern, ihren Beitrag zur Staatsökonomie anzuerkennen, fehlen bislang Unterstützungsprogramme für die Angehörigen der Pendelmigrantinnen in den Entsendeländern. Ebenso untätig sind die Aufnahmestaaten, die ignorieren, welchen emotionalen Kosten und Kämpfen die (Angehörigen der) Care-Arbeiterinnen ausgesetzt sind (vgl. Lutz 2011; Lutz 2015; Lutz 2017a). Zweitens wird über die Narrationen der zurückbleibenden Männer und Väter ein Aspekt sichtbar, der in der jahrzehntelangen an männlicher Arbeitswanderungen orientierten Migrationsforschung im Schatten blieb: die von zurückbleibenden Partnerinnen geleistete, als selbstverständlich betrachtete Bereitstellung unbezahlter Betreuungsarbeit von Kindern und älteren Familienangehörigen. Erst dann, wenn Frauen zu Ernährerinnen werden, erkennen die Entsendegesellschaften, dass ihre Abwesenheit zu Hause Care-Lücken verursacht. Die Aufwertung und Anerkennung von Vaterschaft als wert- und würdevolle *Arbeit* könnte eine angemessene Reaktion sein – eine, die leider nirgendwo zu sehen ist.

# 5 Von der sozialistischen Utopie zur globalen Kommerzialisierung von Care: Neue Antworten auf ein altes Thema

In diesem Buch folge ich der These, dass Migration aus Osteuropa eine Reaktion auf den ökonomischen und ideologischen Zusammenbruch der staatssozialistischen Länder ist, dem immense Einschnitte und Transformationen im Alltagsleben folgten. Die in den letzten vier Kapiteln präsentierten Analysen beleuchten die Situation von transnationalen Migrantinnen aus Osteuropa und ihren im Herkunftsland verbleibenden *signifikanten Anderen* (Kinder, Eltern und Ehepartner). Dabei wurden nicht nur die Dilemmata einer transnationalen Lebensführung für Migrantinnen und zurückbleibende Familienangehörige herausgearbeitet, sondern auch die dominierenden Diskurse in den Herkunftsländern, die die Abwesenheit von migrierenden Müttern als Indikator für eine gesellschaftliche Erosion betrachten. In diesem letzten Kapitel geht es nun darum, die Analysen der letzten vier Kapitel historisch einzubetten und im Rahmen von Care-Theorien und -Debatten danach zu fragen, wie die Care-Migration aus Osteuropa a) im Kontext ihrer eigenen Geschlechtergeschichte zu verstehen ist und b) was sich aus der *Transformation* des Staatssozialismus für die Care- und Geschlechterordnung lernen lässt. Um den spezifischen Kontext des Postsozialismus zu verstehen, werde ich zunächst zu den Quellen gehen, d.h. über eine Re-Lektüre Werke sozialistischer Utopist*innen nach der Umsetzung dieser Ideale im realen Staatssozialismus fragen. Anschließend wird die feministische Kapitalismuskritik, die in den 1970er und 1980er Jahren in westlichen Industrieländern ihre Hochzeit hatte, anhand von Texten der Sozialistischen Feministinnen (Soz.Fems) rekonstruiert; insbesondere die Kampagne „Lohn für Hausarbeit", aber auch die Debatte über Subsistenzwirtschaft werden erörtert. Die politischen und theoretischen Auseinandersetzungen aus diesen beiden Bewegungszeiträumen werden anschließend mit der neuen profeministischen Kapitalismuskritik des frühen 21. Jahrhunderts verglichen. Geht es heute um die gleichen Themen wie vor 120 Jahren? Welche Kontinuitäten und Differenzen gibt es? Wie wird die Care-Frage heute diskursiv gerahmt? Welche Rolle spielt dabei die marxistische Analyse bzw. deren Revision etwa durch Nancy Fraser, die – als eine von vielen – Karl Polanyis „Große Transformation" wiederentdeckt hat? Welchen Stellenwert hat die migrantische Care-Arbeit heute in der feministischen Debatte? Werden z. B. Alternativen zur globalisierten Kommodifizierung von Care-Arbeit diskutiert? Oder wird in der

Expansion des Marktes, die dazu führt, dass jede*r Bürger*in eines wohlhabenden Landes in Zukunft irgendwann einmal in seinem/ihrem Leben den Status von Arbeitgeber*innen migrantischer Care-Arbeiterinnen erhalten, als akzeptable Lösung für Care-Defizite betrachtet? Welche Alternativen gibt es dazu? Ist das *Universal Care-Giver-Modell*, ein Gedankenexperiment von Nancy Fraser (1994), vielleicht eine Alternative oder lediglich eine Idee ohne Ort, eine Utopie? Mir geht es in diesem Kapitel vor allem darum, zwei unterschiedliche Debatten, die in der Regel wenig miteinander kommunizieren, zusammenzuführen: In der Debatte über die Globalisierung und Transnationalisierung von Care-Arbeit finden die Diskussionen über die *Wiederentdeckung* sozialistischer Utopien und deren Reichweite bislang wenig Anklang; umgekehrt ist die globalisierte Care-Migration bislang eher unterrepräsentiert in der Debatte über den Neoliberalismus.

## Sozialistische Utopien

In den europäischen sozialistischen Utopien des 19. und frühen 20. Jahrhunderts wurde die Frage der Frauenemanzipation mit der Veränderung der geschlechtsspezifischen Arbeitsteilung der bürgerlichen Gesellschaft, bzw. der Neuorganisation von Lohnarbeit, verbunden. Friedrich Engels etwa wies in seinem erstmals 1884 erschienenen Werk „Der Ursprung der Familie, des Privateigentums und des Staates" auf die Verknüpfung der Zuweisung von Haus- und Reproduktionsarbeit an Frauen mit der Entstehung des Privateigentums hin. Die bürgerliche Gesellschaft, so Engels, habe zur Zementierung der Herrschaft des Mannes beigetragen:

> „Die Hausarbeit der Frau verschwand jetzt neben der Erwerbsarbeit des Mannes; diese war alles, jene eine unbedeutende Beigabe. Hier zeigt sich schon, daß die Befreiung der Frau, ihre Gleichstellung mit dem Manne, eine Unmöglichkeit ist und bleibt, solange die Frau von der gesellschaftlich *produktiven* Arbeit ausgeschlossen und auf die häusliche Privatarbeit beschränkt bleibt. Die Befreiung der Frau wird erst möglich, sobald diese auf großem gesellschaftlichem Maßstab an der Produktion sich beteiligen kann und die häusliche Arbeit sie nur noch in unbedeutendem Maß in Anspruch nimmt" (Engels 1974 [1884], S. 181–182; Hervorhebung H.L.).

Hier wird die Richtung angegeben, die die Revolution nehmen sollte: Durch den Einbezug von Frauen in den Arbeitsmarkt würde sich automatisch ihre gesellschaftliche Stellung verbessern. Diese Vorstellung ist jedoch äußerst voraussetzungsvoll. Sie antizipiert ein radikales Modell der Arbeitsgesellschaft, das, wie Hannah Arendt (1960, S. 80) schreibt, die Arbeit als Quelle aller Werte glorifiziert, wobei die Unterscheidung zwischen *produktiver* und *unproduktiver*

Arbeit die wichtigste Setzung war, die sowohl Adam Smith als auch Karl Marx ihrem Werk zugrunde legten. Beide teilten, so Arendt, eine „Verachtung für das Hausgesinde" und betrachtet dieses als parasitär, „als hätten sie es da mit einer Art Perversion der Arbeit zu tun, die ihren Namen nur dann verdient, wenn sie den Bestand der Welt vermehrt" (ebd.). Dementsprechend seien alle Tätigkeiten im privaten Haushalt fortan als *unproduktive* Arbeit kategorisiert worden, als Restbestand aus der Vergangenheit (ebd., S. 81). Während Produktivität am Arbeitsplatz und im öffentlichen Raum erbracht werde, sei der Privatraum vom Konsum bestimmt. Dieses Gegensatzpaar von produktiver versus unproduktiver Arbeit/Konsum(ption) gilt bis heute als Kernelement der modernen Arbeitsgesellschaft und hat sich mittlerweile in der *Adult-Worker*-Gesellschaft, in der Menschen vorrangig über ihre Beteiligung an Erwerbsarbeit vergesellschaftet werden, verfestigt (siehe Lutz 2010 und Kapitel eins). Die damit verbundene asymmetrische Bewertung von Erwerbsarbeit einerseits und Haus-/Care-Arbeit andererseits stand somit bereits an der Wiege der sozialistischen Utopien. Darüber, wie die Befreiung der Frau aus dem *unproduktiven* Privaten aussehen sollte, bestand unter den Protagonist*innen keine Einigkeit. Seit der Veröffentlichung von Friedrich Engels bahnbrechendem Werk hatte der sozialistische Zweig der Frauenbewegung in ganz Europa das weibliche Recht auf Zugang zu bezahlter Arbeit eingefordert und die verschiedenen Modi weiblicher Erwerbstätigkeit diskutiert. Sozialist*innen wie Rosa Luxemburg, Clara Zetkin und August Bebel gingen davon aus, dass dazu ein Wandel des ökonomisch-politischen Systems notwendig sei; sie diskutierten über die Vollzeitbeschäftigung von Frauen und ihre Befreiung von Haushalts- und Betreuungspflichten als Schlüssel zu einer Gleichstellung der Geschlechter, die durch den Systemwechsel vom Kapitalismus zum Sozialismus *automatisch* erfolgen würde. Die russische Kommunistin und Feministin Alexandra Kollontai schrieb im Jahre 1909:

> "Specific economic factors were behind the subordination of women; natural qualities have been a secondary factor in this process. Only the complete disappearance of these factors, only the evolution of those forces which at some point in the past gave rise to the subjection of women, is able in a fundamental way to influence and change their social position. In other words, women can become truly free and equal only in a world organized along new social and productive lines" (Kollontai 1977 [1909], S. 58–62).

In einer berühmt gewordenen Rede aus dem Jahr 1919 charakterisierte Lenin die Hausarbeit als „die unproduktivste, die barbarischste und schwerste Arbeit, die die Frau verrichtet" (Lenin 1961 [1919], S. 26) und fügte hinzu, dass nach sozialistischem Ideal „mustergültige Einrichtungen, Speisehäuser, Kinderkrippen [geschaffen werden], die die Frau von der Hauswirtschaft befreien sollen […] diese Einrichtungen, welche die Frau aus der Hausklaverei befreien, [werden] überall entstehen, wo nur die geringste Möglichkeit dazu vorhanden ist. [...] Unsere Aufgabe besteht darin, jeder werktätigen Frau die Politik zugänglich zu machen" (ebd., S. 27). Eine etwas andere Form der Frauenbefreiung wurde von Lily Braun (1865–1916) beschrieben, die als Mitglied der Sozialdemokratischen Partei sowohl in der bürgerlichen als auch der proletarischen Frauenbewegung aktiv war und sich für die Zusammenarbeit der beiden Bewegungen einsetzte. Im Jahre 1901 erschien ihre Publikation „Frauenarbeit und Hauswirtschaft", in der sie einen Entwurf von einem *Einküchenhaus* als Lebensform für emanzipierte Frauen zum politischen Programm machte. Sie griff darin Ideen auf, die bereits in den USA als häusliche Revolution (domestic revolution) diskutiert und Ausgangspunkt kollektiver Experimente wie etwa der „Cooperative Housekeeping Association" wurden (Hayden 1981). Darin war der Ausbau haushaltsspezifischer Technologien vorgesehen, ebenso wie neue Formen des kollektiven Wirtschaftens. Das Einküchenhaus zeichnete sich jedoch vor allem dadurch aus, dass es bürgerlichen Frauen die Ausübung von Berufstätigkeit ermöglichen sollte, indem ein von der Gemeinschaft finanzierter Stab von Köchinnen und Dienstmädchen im Untergeschoss des Hauses für die Zubereitung von Mahlzeiten sorgen, die Reinigung der Wohneinheiten, das Wäschewaschen, Bügeln, Botinnengänge, Einkäufe und Betreuungsaufgaben übernehmen und damit das gesamte Ensemble der Dienstleistungen im bürgerlichen Haushalt – wie wir heute sagen würden der drei Cs (Caring, Cooking, Cleaning (Anderson 2000) – erbringen sollten:

> „In einem Häuserkomplex, das einen großen hübsch bepflanzten Garten umschließt, befinden sich etwa 50–60 Wohnungen, von denen keine eine Küche enthält; [...] Anstelle der 50–60 Küchen, in denen eine gleiche Zahl Frauen zu wirtschaften pflegt, tritt eine im Erdgeschoß befindliche Zentralküche, die mit allen modernen arbeitssparenden Maschinen ausgestattet ist" (Braun 1901a, S. 7).

Ihr Ziel war es, durch den effizienten Einsatz von Technologie und Dienstpersonal den „vorherrschenden Dilettantismus" im bürgerlichen Haushalt zu ersetzen. Nur so könnten Familien- und Lebensformen eine „höhere Kulturstufe" erreichen. Darunter verstand sie eine Familienform, die heute als Kernfamilie bezeichnet wird, eine „Familiendreieinigkeit – Mann, Weib, Kinder" (Braun 1901b, S. 535). Von Kritiker*innen wurde an diesem Modell moniert, dass dahinter weniger eine progressive Idee, sondern eher die sogenannte Dienstbotenkrise stehe, durch die die von den Dienstbotengewerkschaften und -Vereinen erstrittene Lohnsteigerung und Arbeitsregelung steigenden Löhne für einzelne Haushalte nicht mehr erschwinglich waren; damit begann auch eine Erosion des standesgemäßen Lebensstils. Ebenfalls wurde von Clara Zetkin (1901) bemängelt, dass viel zu wenig Arbeitskräfte in das Einküchenmodell eingeplant waren und damit eine hohe Arbeitsbelastung für die wenigen Angestellten entstehen werde. Wichtig an diesem Modell ist sicherlich die Tatsache, dass die Dienstboten/Dienstmädchen als Angehörige der arbeitenden Klasse einen Lohn erhalten sollten, von dem sie unabhängig leben konnten und somit Haus- und Reproduktionstätigkeiten als *Arbeit* betrachtet wurden. Damit riefen sie allerdings heftigen Widerspruch bei Clara Zetkin und besonders Rosa Luxemburg hervor, deren Kritik sich insbesondere gegen die Arbeitgeberinnen dieser Dienstboten, die Frauen der *ausbeutenden Klasse* richtete:

> "The women of the property-owning classes will always fanatically defend the exploitation and enslavement of the working people by which they indirectly receive the means for their socially useless existence" (Luxemburg 1971 [1912], o.S.).

Im Prinzip teilt Luxemburg die Sicht von Engels, Marx und Lenin, indem sie sich deren Bewertung des Klassenwiderspruchs und produktiver Arbeit anschließt; jedoch weist sie darauf hin, dass diese Analyse vor allem auf das herrschende kapitalistische System zutrifft:

> "As long as capitalism and the wage system rule, only that kind of work is considered productive which produces surplus value, which creates capitalist profit. From this point of view, the music-hall dancer whose legs sweep profit into her employer's pocket is a productive worker, *whereas all the toil of the proletarian women and mothers in the four walls of their homes is considered unproductive*. This sounds brutal and insane but corresponds exactly to the brutality and insanity of our present capitalist economy. And seeing this brutal reality clearly and sharply is the proletarian woman's first task" (Luxemburg 1971 [1912], o.S.; Hervorhebung H.L.).

Im Gegensatz zu Lenin etwa skandalisiert Luxemburg die Tatsache, dass die Arbeit der proletarischen Frau im Privathaushalt als unproduktiv gilt, während Lenin sie für barbarisch und unproduktiv hält. Womit deutlich wird, dass unter den Sozialist*innen analytische Unterscheidungen zu finden waren.

## Asymmetrische Geschlechtergerechtigkeit im praktizierten Staatssozialismus

Die Vision der Freistellung der Frau von der *Sklavenarbeit im Haushalt* und ihre Beteiligung an *produktiver* Erwerbsarbeit nicht nur in der (kollektivierten) Landwirtschaft, sondern auch in Fabriken und Büros wurde im Laufe der ersten Hälfte des 20. Jahrhunderts im sozialistischen und kommunistischen Systembereich allmählich konkretisiert. Männer und Frauen sollten Seite an Seite Erwerbsarbeit zum Wohle der Gemeinschaft leisten, während die Haus- und Reproduktionsarbeit mit der Schaffung kollektiver Infrastruktur aus dem Privathaushalt ausgelagert und so Frauen die Möglichkeit der Partizipation am politischen Leben erleichtern sollte. Gleichzeitig würden durch die Etablierung von Ganztagskrippen, Kindergärten, Kantinen, Wäschereien, Putzkolonnen etc. Arbeitsplätze geschaffen, die vor allem Frauen zur Verfügung stehen sollten. In diesem Sinne wird bereits in den damaligen Visionen anerkannt, dass das Abhängigkeitsverhältnis zwischen produktiver und reproduktiver Arbeit die Grundlage einer Arbeitsgesellschaft bildet, denn ohne Reproduktion keine Produktion und umgekehrt. Aus heutiger Perspektive überrascht es nicht, dass eine Utopie, deren Fokus auf weibliche Erwerbsbeteiligung gerichtet war, gerade in diesem Bereich große Anstrengungen unternahm, Frauen in sozialen wie technischen Berufen auszubilden und in den Arbeitsmarkt zu integrieren. Die Erfolge dieser Politik führten dazu, dass bis zur Systemtransformation 1989/1990 der Anteil der vollerwerbstätigen Frauen in den staatssozialistischen Ländern kaum unter 75 Prozent lag (siehe Kapitel eins). Doch obgleich Protagonistinnen wie Alexandra Kollontai sich dafür einsetzen, (Hetero-)Sexualität und das Geschlechterverhältnis neu zu denken und zu leben, erreichte diese Revolution weder den kommunistischen noch den sozialistischen Privathaushalt: der Löwenanteil der Reproduktionsarbeit lag weiterhin in weiblichen Händen.

Seit der Entstehung des Staatssozialismus haben also Frauen als (Mit-)Ernährerinnen fungiert und innerhalb dieses politischen Systems war weibliche Arbeitsmarktpartizipation die Regel und nicht Ausnahme. Der Dominanz des Modells der Hausfrauenehe im Westen stellte der Staatssozialismus das Einheitsmodell *Erwerbstätigkeitspflicht für alle Erwachsenen*, das die westliche Frauenbewegung lange als progressiv bewertete (vgl. Menschik/Leopold 1974), entgegen. Über das *Adult-Worker-Modell* hat dieses mittlerweile auch Einzug in die spät- und postfordistischen Gesellschaften gehalten.

Wie bereits in den vorherigen Kapiteln beschrieben, hat sich im Zuge neoliberaler Reformen der Staat in allen Ländern des postsozialistischen Blocks aus vielen seiner bisherigen Aufgaben zurückgezogen und die Verantwortung für die Care-Arbeit an (den weiblichen Teil der) Familien delegiert. Eine Charakterisierung dieser Entwicklung als „stagnierende Sozialstaatlichkeit" (Aulenbacher 2015, S. 36) übersieht die massiven Einschränkungen im Zugang zu sozialen Rechten und die daraus entstehenden eklatanten Probleme. Der allgemeine Trend hin zu einer Refamilialisierung der Betreuungspolitik, den Éva Fodor (2011, S. 34) passend die „Rückkehr zur Häuslichkeit" nennt, entspricht damit eher dem Modell einer radikalen Vermarktlichung von ehemals sozialstaatlichen Aufgaben. Aufgrund massiver Einschnitte bei familienpolitischen Leistungen sowie durch den rasanten Verlust von Arbeitsplätzen in weiblich dominierten Erwerbsfeldern (Kałwa 2007, S. 208; Klaveren et al. 2010), sehen sich viele Frauen gezwungen, den Arbeitsmarkt zu verlassen. Damit korrespondiert die konservative Ideologie der neuen Mütterlichkeit (Szelewa/Polakowski 2008, S. 117; siehe auch Kapitel zwei). Gleichzeitig steigt in diesem Transformationsprozess der Migrationsdruck und die Migration erzeugt neue Dilemmata, die die Lebensführung durchdringen.

## Vom Sozialistischen Feminismus zur neuen Feministischen Kapitalismuskritik

In den sozialen Bewegungen der 1960er bis 1980er Jahre, in der Schwarzen Bügerrechtsbewegung in den USA, den weltweiten Bewegungen der Studierenden und in den international ausgerichteten feministischen Bewegungen erlebte die an der marxistischen Theorie orientierte Kapitalismuskritik einen Höhepunkt. Die autokratische Praxis marxistisch inspirierter Staatsformen in Osteuropa, Asien und Afrika hat jedoch dazu beigetragen, dass die Umsetzung der sozialistischen Ideale im realen Sozialismus/Kommunismus nicht länger als gelungene Alternative gesellschaftlicher Organisation betrachtet werden können. Diese Desillusionierung gilt auch für die in den USA und Europa verankerte Gruppierung der Sozialistischen Feministinnen (Soz.Fem), die die Forderung nach Geschlechtergerechtigkeit mit Kapitalismuskritik, d. h. der Skandalisierung von sozialer Ungleichheit in der kapitalistischen Klassengesellschaft, verbanden. Es sei mir an dieser Stelle verziehen, dass ich die gesamte Breite der Soz.Fem. Positionen nicht wiedergeben kann.[55] Mir geht es bei dieser Re-Lektüre vor allem darum, anhand einiger markanter Positionen unterschiedlicher Protagonist*innen darzustellen und welche Anknüpfungspunkte sich dort für die aktuelle Debatte der neuen feministischen Kapitalismuskritik finden lassen. Die Soz.-Fem.-Theoretiker*innen setzen an der marxistischen Klassentheorie an, wollten den Kampf um gesellschaftliche Transformation allerdings nicht auf die Eliminierung der Klassenhierarchie und die Veränderung der Besitzverhältnisse reduzieren, sondern die Transformation der Geschlechterverhältnisse in die Revolution miteinbeziehen. Mit anderen Worten, es ging ihnen darum, der marxistischen Theorie eine feministische Ausrichtung zu geben (Himmelweit 1995, S. 2) indem – wie Ursula Beer (1990, S. 77) schrieb – der Fokus auf ein „feministisches Materialismus-Postulat" gelegt wurde. Im Kern ging es um den Status der *Reproduktionsarbeit* und das Anliegen der sozialistischen Feministinnen war vor allem die Sichtbarmachung und damit Neudefinition der unbezahlten Hausarbeit als *Arbeit*.

---

55 Es ist mir klar, dass ich vor allem die in Westdeutschland geführten – teilweise sehr elaborierten – Debatten damit verkürze.

## Counterplanning from the Kitchen[56] – Lohn für Hausarbeit

Die Kampagne „Lohn für Hausarbeit" wurde Anfang der 1970er Jahre von italienischen Feministinnen initiiert und international von den schnell wachsenden Frauenbewegungen aufgegriffen. Basierend auf der These, dass der private Charakter von Dienstleistungen im Haushalt eine Illusion ist, beabsichtigte diese Kampagne, eine Redefinition des Privaten und der Hausarbeit zu erreichen. Mariarosa Dalla Costa, eine der intellektuellen Köpfe der Bewegung, betrachtete die Forderung nach Lohnzahlung für häusliche Arbeit als Erprobung von Kampfformen, „die sofort die gesamte Struktur der Hausarbeit in Frage stellen, durch die wir diese unmittelbare Arbeit verweigern, uns als Hausfrauen verweigern und das Haus als Ghetto unserer Existenz verweigern; denn das Problem ist nicht so sehr, und nicht ausschließlich, die ganze Arbeit hinzuschmeißen, sondern die gesamte Hausfrauenrolle zu zerstören" (Dalla Costa 1973, S. 43). Einige der öffentlichen Forderungen gingen so weit, Frauen als eine *Klasse* zu bezeichnen:

> „Half the world's population is unpaid – this is the biggest class contradiction of all! And this is our struggle to wages for housework. It is *the* strategic demand; at this moment it is the most revolutionary demand for the whole working class. If we win, the class wins, if we lose, the class loses" (Polga Fortuna zitiert in Edmond/Fleming 1975, S. 18).

Für die Protagonist*innen der Bewegung war *die Hausfrau* Schöpferin von Arbeitskraft, die die Mitglieder ihrer Familie dann als Ware auf dem kapitalistischen Arbeitsmarkt anbieten. Jedoch bleibt ihnen die Anerkennung ihres Beitrags zur kapitalistischen Produktion versagt, indem der Lohn dafür nur indirekt durch das Einkommen des Ehemannes oder der Kinder zu ihnen gelangte. Die Betrachtungsweise von *Frauen als eigene Klasse* wurde insbesondere von französischen Feministinnen, etwa Christine Delphy (1984), vertreten; als Ausbeuter dieser Klasse galten zwei Akteursgruppen – Kapitalisten und (Ehe-)Männer. In der Verlängerung dieser Argumentation entstand in Westdeutschland eine Debatte, die als „Bielefelder Ansatz" in die Feminismus-Geschichte einging und vor allem über die Arbeiten von Maria Mies im englischsprachigen Raum Verbreitung fanden. Die Bielefelderinnen (Claudia von Werlhof, Veronika Bennholdt-Thomsen und Maria Mies) sahen den blinden Fleck der marxistischen Ökonomie in der Ausblendung all jener Bereiche, die nicht nach den Tauschgesetzen kapitalistischer Warenproduktion funktionieren, etwa die Zubereitung von Essen, Haushaltsarbeit, die tägliche Aufrechterhaltung von lebensnotwendigen Tätigkeiten, die Betreuung von Kindern und die Pflege von

---

[56] So lautete der aussagekräftige Titel eines Aufsatzes von Silvia Frederici im Jahre 1974.

alten und kranken Menschen. Sie führten den Begriff der *Subsistenzwirtschaft* ein, eine Ökonomie, die sowohl in den Privathaushalten der Industrieländer über die *Hausfrauisierung* als auch in den bäuerlichen Gemeinschaften der ‚Dritten Welt' zu finden sei:

> „Die Hausfrau entsteht mit dem Bürger und dem Lohnarbeiter. Es handelt sich hierbei um ein grundlegendes und allgemeines kapitalistisches Produktionsverhältnis, das sich auch in der bäuerlichen Ökonomie der sogenannten Entwicklungsländer zusammen mit deren Verwandlung durch die kapitalistische Warenproduktion herstellt. [...] Die Trennung in gesellschaftlich relevante öffentliche und mehrheitlich bezahlte Arbeiten auf der einen Seite (hauptsächlich Männer) und ‚irrelevante' private, unbezahlte, an die unmittelbare Subsistenz geknüpfte auf der anderen (die Frauenarbeit wird hier nicht mehr als gesellschaftlich relevant betrachtet) vollzieht sich erst mit der Verallgemeinerung von Warenproduktion und Lohnarbeit" (Bennholdt-Thomsen 1988, S. 48).

Damit entstand eine *Homologie* von Frauen und ‚Dritter Welt': „Nicht die Frauen haben den Status von Kolonien, sondern die Kolonien haben den Status von Frauen. Das Verhältnis von ‚Erster' zu ‚Dritter' Welt entspricht dem von Mann zu Frau" (Werlhof 1978, S. 30). Die Bielefelderinnen bezogen sich in ihren Arbeiten auf die Imperialismustheorie von Rosa Luxemburg (1985 [1913]) und insbesondere die Kolonisierungsthese, die davon ausgeht, dass eine fortwährende ursprüngliche Akkumulation des Kapitals und eine fortschreitende Ausdehnung des Kapitalismus sich immer wieder Gebiete und Bereiche in den Gesellschaften der Welt einverleiben muss, die (noch nicht) nach den Gesetzen kapitalistischer Warenproduktion funktionieren.[57] Der Subsistenzansatz wies vor allem darauf hin, dass die Kolonisation *nach außen* (die Unterwerfung von Kolonien) begleitet werde von einer Kolonisation *nach innen*. Von Anfang an gab es jedoch Einwände gegen diese Sichtweise. So fragte etwa Angela Davis skeptisch, ob Frauen unabhängig von Klasse oder 'Race' über ihre häusliche Funktion definiert werden sollten und stellt fest:

> „If the industrial revolution resulted in the structural separation of the home economy from the public economy, then housework cannot be defined as an integral component of capitalist production. It is, rather, related to production as *precondition*. [...] In other words, the capitalist production process presupposes the existence of a body of exploitable workers" (Davis 1982, S. 234).

---

57 Siehe dazu das Konzept der Landnahme von Klaus Dörre, Martin Ehrlich und Tine Haubner (2014).

Diese Charakterisierung häuslicher und Care-Arbeit als *Voraussetzung* für die Ausbeutung menschlicher Arbeitskraft wurde unter dem Begriff *Reproduktionsarbeit* in die Debatte aufgenommen, allerdings später auch wieder heftig als männliche Ideologie kritisiert, da die Trennung von Produktion und Reproduktion mit der Hierarchiebildung zwischen männlicher und weiblicher Sphäre einhergehe, statt Erzeugung und Erhaltung zusammenzudenken (Jagger/McBride 1985). Angela Davis wies bereits 1982 in ihrer Abhandlung über die *herannahende Obsoleszenz von Hausarbeit* darauf hin, dass eine Analyse, die alle Hausfrauen der Welt zu einer ausgebeuteten Klasse erklärt, deshalb falsch sei, weil sie Unterschiede zwischen Frauen verschleiere, etwa den Rassismus, dem Schwarze Frauen als Haushaltsarbeiterinnen in den USA ausgesetzt waren:

> "Because of the added intrusion of racism, vast numbers of Black women have had their own housekeeping and other women's home chores as well. And frequently, the demands of the job in a white woman's home have forced domestic workers to neglect her own home and even her own children. As paid housekeepers, they have been called upon to be surrogate wives and mothers in millions of white homes" (Davis 1982, S. 238).

Diese Analyse wurde zehn Jahre später von Mary Romero (1992) in ihrer Pionierarbeit zu (migrantischen) Haushaltsarbeiterinnen „Maids in the USA" aufgegriffen und fortgeführt. Angela Davis blieb skeptisch gegenüber der „Lohn für Hausarbeitskampagne"; ihr zufolge sollte die sozialistisch-feministische Bewegung besser die Abschaffung von Hausarbeit fordern:

> "The abolition of housework as the private responsibility of individual women is clearly a strategic goal of women's liberation. [...] The only significant steps toward ending domestic slavery have in fact been taken in the existing socialist countries. Working women, therefore, have a special and vital interest in the struggle for socialism" (Davis 1981, S. 243–244).

Der Rückgriff auf die Ablehnung der „häuslichen Sklavenarbeit" bei Lenin, Zetkin und Kollontai unterstreicht ihr politisches Projekt: "In the final analysis, neither women nor men should waste precious hours of their lives on work that is neither stimulating, creative nor productive" (ebd., S. 223).[58] Hausfrauen sind aus dieser Perspektive *erwerbslose Arbeiterinnen* (ebd., S. 239). Damit einher ging bei Davis auch die Vorstellung, dass Hausarbeit in Zukunft durch technische Geräte ersetzt werden könnte, quasi obsolet würde – eine Position, die heute als magisches Denken bezeichnet werden muss. Ein anderer Aspekt, der von Angela Davis übersehen wurde, war die Tatsache, dass die Kampagne der

---

58 Zu der marxistischen Aporie *produktiver* und *unproduktiver* Arbeit siehe Lutz 2010.

italienischen Pionierinnen sich vor allem als Eingriff in die Debatte der Linken verstand, als Infragestellung der Reduktion des politischen Subjekts auf den männlichen Loharbeiter und dass dabei die *Verweigerung* eine Kampfform darstellte. So kritisiert Silvia Frederici (2012 [1975]), die Linke sei der Auffassung, dass Frauen als Hausfrauen nicht unter dem Kapital leiden, sondern unter dessen Abwesenheit:

> „Die Linke hat den Lohn als das Kriterium akzeptiert, anhand dessen die Arbeit von der Nicht-Arbeit, die Produktion vom Parasitismus und die potentielle Macht von der Machtlosigkeit zu unterscheiden sind. Damit entzieht sich die ungeheure Menge nicht entlohnter Arbeit, die Frauen im Haushalt für das Kapital leisten, ihren Analysen und ihrer Strategie. Von Lenin über Gramsci bis hin zu Juliet Mitchell herrscht in der gesamten linken Tradition Einigkeit über die marginale Bedeutung der Hausarbeit für die Reproduktion des Kapitals und der Hausfrau für den revolutionären Kampf" (Frederici 2012 [1975], S. 107).

Es ging Dalla Costa und Frederici keineswegs um reale Lohnforderungen, sondern sie verstanden die „Lohn für Hausarbeitskampagne" als einen notwendigen Beitrag zur Neugestaltung der Gesellschaft: mit der Abschaffung des Patriarchats sollte ein grundlegender Beitrag zur Veränderung des kapitalistischen Systems geleistet werden. Aus dieser Perspektive konnte auch die *Abwanderung* von Hausfrauen in die Lohnarbeit als ein Akt der *Verweigerung* von Hausarbeit betrachtet werden. In ihrer ausgezeichneten Re-Lektüre der Werke des sozialistischen Feminismus schreibt Kathi Weeks:

> "As a project dedicated to mapping capitalist economies and gender regimes from a simultaneously Marxist and feminist perspective, the tradition was focused on understanding how various gendered laboring practices are both put to use by and potentially disruptive of capitalist relations of production" (Weeks 2007, S. 235).

In ihrem berühmten Essay „Marxismus und Feminismus: Eine unglückliche Ehe" hatte die US-amerikanische Feministin Heidi Hartmann (1981) in sehr pointierter Weise dargelegt, dass die marxistische Degradierung der Frauenemanzipation zum Nebenwiderspruch und die damit einhergehende Weigerung, sich dem Kampf gegen das Patriarchat anzuschließen, zu einer *Scheidung des Feminismus vom Marxismus* führen müsse:

> "As a general rule, men's position in patriarchy and capitalism prevents them from recognizing both human needs for nurturance, sharing, and growth, and the potential for meeting those needs in a nonhierarchical, nonpatriarchal society. But even if we raise their consciousness, men might assess the potential gains against the potential losses and choose the status quo. *Men have more to lose than their chains*" (Hartmann 1981, S. 32–33; Hervorhebung H.L.).

In diesem Zitat findet sich die Vorwegnahme dessen, was 15 Jahre später in der feministisch inspirierten Männlichkeitsforschung (Connell 1995; Bourdieu 1998) als *symbolisches Kapital* bzw. *männliche Komplizenschaft* charakterisiert wurde. Gleichzeitig wurde Hartmann zu Recht vorgeworfen, dass die Situation Schwarzer Frauen in den USA sich nicht analysieren lässt, ohne dabei neben Marxismus und Feminismus auch den Rassismus miteinzubeziehen (Joseph 1981), eine Position, die auf dem europäischen Festland nach wie vor vernachlässigt wird. Zweifellos haben die Soz.Fem. Bewegungen einen enormen Einfluss auf feministischen Aktivismus und Theoriebildung gehabt. Vor allem die Etablierung eines neuen bzw. erweiterten Begriffs von Arbeit ist aus diesen Debatten hervorgegangen. Nach dem *Cultural Turn* der feministischen Debatte werden einige der Theoriestränge in den neuen Care-Debatten des 21. Jahrhunderts wiederaufgenommen (Frederici 2012 [1975]; Haug 2011; Winker 2015). Die Wiederaufnahme von Soz.Fem. Argumenten kann jedoch auf eine Auseinandersetzung mit dem Scheitern der Bewegung und den daraus entstandenen Theorieansätzen nicht verzichten. Während Frigga Haug (2011, S. 350) der Meinung ist, dass sich Sozialistische Feministinnen bis heute an den grundlegenden Formulierungen von Marx und Engels in ihrem Werk „Die Deutsche Ideologie" (Marx/Engels 1990 [1846]) zur Bestimmung der *Produktivkraft* abarbeiten, zeigt meine Re-Lektüre, dass die Rückbezüge viel breiter sind und sich Anlehnungen nicht nur an die Pionierarbeiten von Marx, sondern auch an Engels, Luxemburg, Lenin etc. finden lassen. Kathi Weeks erklärt das Scheitern der Haushaltsarbeitsdebatte mit dem, was sie die Fixierung auf das „duale System" bezeichnet; auf die Frage, ob Hausarbeit innerhalb oder außerhalb der kapitalistischen Produktion gefasst werden sollte: „In den späten 1970er Jahren hatte sich die Hausarbeitsdebatte selbst an den Untiefen der Kontroverse ‚innen oder außen' festgefahren" (Weeks 2011, S. 16). Aus ihrer Sicht ist die Debatte darüber, ob Hausarbeit als *unproduktiv* und außerhalb der kapitalistischen Produktion bestehend oder aber als *Voraussetzung* für kapitalistische Produktion definiert werden muss, historisch überholt, da sie sich auf die Welt des Fordismus bezog und beschränkte. Es scheint mir wichtig, als Fazit dieser Debatten festzustellen, dass aus heutiger Sicht die Exegese der marxistischen Theorie, der sich Generationen von Feminist*innen und Geschlechterforscher*innen ausgesetzt haben – mich selbst eingeschlossen – zwar erfolgreich die Schwachstellen des Marxismus freigelegt hat, jedoch nicht dazu geeignet war, eine breite Debatte in der Bevölkerung über die Anerkennung von Care-Arbeit, ihre Entkoppelung von Weiblichkeit und ihre ökonomische Neu- bzw. Höher-Bewertung anzustoßen. Vorangetrieben wurde stattdessen mithilfe des Feminismus die Öffnung des Arbeitsmarktes für Frauen, also das Adult-Worker-Modell (Lutz 2010), das die Berufstätigkeit von Frauen im arbeitsfähigen Alter nicht nur nahe legt, sondern als Bürger*innenpflicht festlegt. Dennoch belegt bislang jede neue Zeitbudget-Studie der vergangenen 20 Jahre, dass sich an der Verteilung von

Haus- und Care-Arbeit im Privathaushalt nur mühsam aufkeimende Veränderungen erkennen lassen (siehe letzte Zeitbudget-Studie Statistisches Bundesamt 2015).

## Feministische Kapitalismuskritik

Die neue feministische Kapitalismuskritik setzt teilweise dort an, wo die alte aufhörte: sie beginnt mit dem in „Die deutsche Ideologie" (Marx/Engels 1990 [1846]) entwickelten Verständnis von der *Produktion des Lebens*, worunter alle gesellschaftlichen Tätigkeiten verstanden werden, die zum Erhalt der menschlichen Existenz notwendig sind (Aulenbacher/Riegraf/Völker 2015, S. 18) und greift damit Einsichten aus dem Frühwerk von Marx und Engels auf, die wie bereits oben beschrieben, in den späteren Werken über Wertschöpfungsketten nicht mehr zu finden sind. Kritisiert wird heute am Anfang des 21. Jahrhunderts die „Sorglosigkeit" des Neoliberalismus/Finanzkapitalismus (Aulenbacher 2015). So habe sich etwa die Finanzökonomie als Sektor verselbstständigt; Wertschöpfungsimperative erstreckten sich in neuem Ausmaß und in neuer Qualität auf das gesamte Leben und Zusammenleben. Brigitte Aulenbacher, Maria Dammayr und Fabienne Décieux (2015) setzen dieser Tendenz den Begriff „Sorgsamkeit" entgegen, den sie mit der Care-Debatte verknüpfen. Es geht immer noch, aber eben in neuer Form, um das Problem der Unterbewertung von Care-Arbeit und zwar nicht mehr nur in Bezug auf unbezahlte Haus- und Pflegearbeit, sondern auch in Bezug auf schlecht bezahlte Arbeit in den Care-Berufen. Damit verbunden ist die revolutionäre Forderung, das Menschenbild der Standardökonomie, welches sich am Homo Oeconomicus orientiert, nachhaltig in Frage zu stellen, damit *Care* zusehends in Wert gesetzt wird. *Care* wird dann nicht lediglich als den eigenen Belangen zugeordnet betrachtet, sondern als gesellschaftliches Gut in einer neuen Art und Weise definiert (siehe Aulenbacher/Riegraf/Völker 2015). Forschung zu Care und Care-Work, so die Autorinnen, muss im Sinne von Kapitalismuskritik betrieben werden. Sie weisen zudem darauf hin, dass bei einer feministischen Betrachtung von Care die *Umverteilung* von Care-Arbeit, bei der Mittelklassehaushalte des Globalen Nordens eine „Ent-Sorgung" unrentabler Sorge-Tätigkeiten auf die Arbeitskräfte aus Armutsregionen der Welt (Apitzsch/Schmidbaur 2010) betreiben, ein zentrales Thema der Analyse sein muss. Das Verdienst der Autorinnen besteht darin, dass sie den nationalstaatlichen Container verlassen und darauf hinweisen, dass eine Analyse von Care im 21. Jahrhundert sowohl transnationale Migration als auch transnationale Care-Regime und Globalisierungseffekte dringend berücksichtigen muss. Gabriele Winkers (2015) Buch „Care-Revolution" bleibt dagegen im nationalstaatlichen Rahmen verhaftet; transnationale Aspekte bleiben weitgehend unberührt. Winker entwirft eine sozialistische Utopie, bei der Bürger*innen nicht nur über ihre Erwerbsarbeit vergesellschaftet werden, sondern die Sorge für andere im Mittelpunkt steht (siehe dazu das Modell von Nancy Fraser (1994) und wie weiter unten ausgeführt). Ihre „Anleitung zur solidarischen gesellschaftlichen Umgestaltung" blendet das Dilemma von Care-Migrantinnen, die ihre Familien zurücklassen müssen und ihnen dadurch Care entziehen, andererseits auf die Einkünfte als Care-Arbeiter*innen angewiesen sind, aus der vorgeschlagenen Kollektivlösung vollständig aus. Winker erklärt außerdem, dass ihre Utopie schlussendlich auf die Abschaffung von Privateigentum von Produktionsmitteln setzt, damit auch der Verkauf der Arbeitskraft als Ware überwunden werden kann (Winker 2015, S. 170) – womit wir wieder bei den sozialistischen Utopist*innen des 19. und 20. Jahrhunderts wären.[59] Auf die *Produktion des Lebens* aus „Die deutsche Ideologie" greift auch Cornelia Klinger (2012) zurück und entwirft das Konzept der Lebenssorge, das sich als Kritik an einer neuen Kapitalismusform, die den ganzen Menschen beansprucht, versteht:

> „[...] also auch noch Herz und Seele, Gefühle und Engagement, Schönheit und Liebe, Fantasie und Traum, kurzum: von der Kreatürlichkeit bis hin zur Kreativität des Ich an allen Dimensionen und Facetten einer Subjektivität. Die Ver-carung von allem und jedem, der die Vermarktlichung von allem gegenübersteht, was als kontingent und irrational von den rationalen Betrieben von Staat und Ökonomie ferngehalten wurde, macht die Grenzen zwischen den Sphären und Sektoren der Gesellschaft durchlässig" (Klinger 2012, S. 272).

Care ist also, so könnte man ihr Argument zusammenfassen, für alle Gesellschaftsbereiche relevant, nicht mehr nur für die private Sphäre, in der sie die Soz.Fem.s analysiert haben.

### Entfremdung, emotionaler Surplus und tiefe Kommodifikation – Die Erosion der Grenzen zwischen bezahlter und unbezahlter Arbeit

Nun ist die These von Klinger, der Dienstleistungs- und Finanzkapitalismus sei auf Gefühlsarbeit angewiesen bzw. Gefühlsarbeit sei ein konstitutives Element postfordistischer Produktions- und Gesellschaftsformen, keineswegs neu, sondern wurde von Arlie Hochschild bereits seit den 1970er Jahre in ihrer *Sociology of Emotion* erfasst (siehe dazu Apitzsch 2013). Hochschild beginnt dort, wo der Soziologe Charles Wright Mills (1951) in seiner Studie „White Collar: The

---

[59] Winker stellt in ihrem Buch auch Initiativen und Aktivitäten vor, die bereits heute an einer solchen Umorientierung arbeiten.

American Middle Classes" aufhörte. Mills beschreibt den neuen Mittelstand in den USA als eine Klasse zwischen dem Proletariat und der Bourgeoisie, deren *White Collar Jobs* eine neue Form des Einsatzes von (vorgetäuschten) Gefühlen, die er als Ausverkauf der eigenen Persönlichkeit betrachtet, erfordern. Einstellungskriterien für diese Berufe basierten, so Mills, eher auf der Bewertung der Persönlichkeit in Bezug auf das Auftreten denn auf Qualifikation. Er analysiert den expandierenden Markt als eine neue Form der (Selbst-)Kommodifizierung des arbeitenden Subjekts. Während Mills diese Verdinglichung von Gefühlen bei männlichen *White Collar Workers* als Unaufrichtigkeit, Käuflichkeit bzw. Entmännlichung bewertet, betrachtet Hochschild Gefühlsarbeit als Charakteristikum des Spätkapitalismus. Unter Gefühlsarbeit versteht sie das Zeigen oder Unterdrücken von Gefühlen mit dem Ziel, die äußere Haltung, die bei anderen die gewünschte Wirkung hat, zu wahren (Hochschild 2003a, S. 7, dt. 2006, S. 11). Damit deklariert Hochschild Gefühlsarbeit nicht nur zu einer neuen Form von *Arbeit*, sondern sie betrachtet diese auch als gesellschaftlich notwendige Arbeit, da sie ein Aspekt gesellschaftlicher Reproduktion sei, die der Aufrechterhaltung von Kooperation und zivilisierten Beziehungen dient (siehe Weeks 2011, S. 20).[60] Kathi Weeks (ebd., S. 20) sieht darin zu Recht „eine bestechende Analyse der konstitutiven Effekte immaterieller Arbeit", eine Beschreibung der *Produktion von Subjektivität,* wobei das Augenmerk auf dem Prozess der Herstellung derselben liegt; die Bemühungen, ihre Kund*innen *zu lieben* bzw. sich über die Kund*innen *zu freuen*, helfen den Angestellten dabei, sich mit ihrem Job zu identifizieren (Hochschild 2003a, S. 6; dt. 2006, S. 29). Die Produktion von Gender, d.h. die Hervorbringung eines geschlechtlich normierten Habitus, ist ein Teil dieser Arbeit und stellt, so Hochschild, einen Mehrwert für Arbeitgeber*innen dar. Im Anschluss an den Marxschen Verdinglichungs- und Entfremdungsbegriff zieht Hochschild Parallelen zwischen den Entfremdungs*formen* der Kinderarbeit im 19. Jahrhundert und denjenigen der Gefühlsarbeiter*innen der postfordistischen Dienstleistungsgesellschaft heute:

> „Bei allen Unterschieden zwischen Handarbeit und Gefühlsarbeit gibt es eine Ähnlichkeit in den möglichen Kosten, die die Arbeit verursacht: der oder die Arbeitende kann von dem Teil seines Selbst entfernt oder entfremdet werden, der für die Arbeit benutzt wird – egal ob es sich um seinen/ihren Körper oder um die Psyche handelt" (Hochschild 2006, S. 31).

Bei der Produktion von Gefühlsarbeit erodiert sowohl die Trennung zwischen innen (Ich als Selbst) und außen (Ich als Arbeitnehmer*in), als auch die zwi-

---

60 Hier lassen sich Parallelen zu den Arbeiten des französischen Soziologen Jean-Claude Kaufmann (1999) ziehen.

schen Konsum und Produktion. Die Entgrenzung von Arbeit ist somit dem „emotionalen Kapitalismus" (Neckel 2006) inhärent und äußert sich dementsprechend auch in einer Interaktion von Kommodifizierungs- und Dekommodifizierungsprozessen: Die Lebensführung und Ansprüche von Mittel- und Spitzenverdiener*innen treiben das Wachstum eines Marktes an Dienstleister*innen voran, die (einen Teil) der ehemals unbezahlten Arbeit übernehmen. Dazu gehört Sorge und Versorgungs-Arbeit in allen Lebensphasen: Kinderbetreuung und Pflege von alten und kranken Menschen ebenso wie Beziehungs-, Hochzeits- und Familienplanung und -anbahnung, Leihmutterschaft, die Reinlichkeitserziehung von Kleinkindern und Hunden, das Freizeit- und Eventmanagement von Familienfesten und Kindergeburtstagen und vieles mehr wird an Dienstleister*innen abgegeben. Diesen wird Emotionsarbeit in umfänglicher Weise abverlangt und ihr Erfolg wird an der Bereitstellung eines emotionalen Mehrwerts gemessen (Hochschild 2012). Man könnte aus Hochschilds emotionssoziologischen Arbeiten den Schluss ziehen, dass sich über die Ausbreitung von Gefühlsarbeit ein Prozess der Feminisierung von Arbeitskompetenzen vollzieht. So weit geht sie selbst allerdings nicht, sondern sie weist darauf hin, dass die Herstellung von Gender als feminine (und maskuline) (Selbst-)Kommodifikation zu verstehen ist, die sich naturalisierender Festschreibung entzieht (Hochschild 2006, S. 139). Zusammenfassend geht die neue feministische Kapitalismuskritik heute von einem durch die feministischen Bewegungen erkämpften erweiterten Arbeitsbegriff aus, verbleibt in oder übersteigt dabei marxistische Theorierahmungen und hat nicht zuletzt neue Analyseinstrumente und Konzepte geschaffen. Heute entsteht der Eindruck, dass der Marxismus für die feministische Care-Debatte neu entdeckt wird, allerdings sehr viel unorthodoxer und kreativer erörtert, ergänzt und revidiert wird, als das in früheren Generationen der Fall war. Bislang fehlt der Hang zur Exegese, was aus meiner Sicht begrüßenswert ist. Es gibt allerdings zwei Einwände, die hier kurz skizziert werden sollen. Zum einen droht in der Expansion des Begriffs der *affektiven Arbeit* sowohl in der Version von Hochschild als auch in der von Klinger eine Nivellierung der sozialen Klasse stattzufinden, indem darauf verwiesen wird, dass sowohl migrantische Care-Arbeiterinnen als auch Flugbegleiterinnen oder Geschäftsführerinnen großer Unternehmen ihre Emotionen verkaufen (müssen). In dieser Gemeinsamkeit verschwindet der Unterschied in der Bezahlung, den Arbeitsbedingungen, der sozialen Absicherung und der *Entfremdung* zwischen diesen Gruppierungen. Insbesondere wird hier die Herrschaftsdimension migrantischer Care-Arbeit vernachlässigt, aber auch die in den letzten vier Kapiteln erörterten sozialen und emotionalen Kosten der Migrantinnen und ihrer Familien, die über Monate und Jahre voneinander getrennt leben müssen – eine Situation, die ich als einen Faktor transnationaler sozialer Ungleichheitsentwicklungen bezeichnet habe (Lutz 2018b). Zum anderen fehlt – bis auf wenige Ausnahmen – in der feministischen Kapitalismuskritik nach wie vor eine seriöse Auseinandersetzung mit der zentralen Bedeutung von Ethnizität/'Race' für die Care-Debatte. Damit ist zunächst der Hinweis verbunden, dass transnationale Migrantinnen heute ebenso wie jahrhundertelang Schwarze Frauen in den USA, Südafrika und anderen (post-)kolonialen Gesellschaften (siehe Davis 1982; Romero 1992, Cock 1989) in den Privathaushalten der (weißen) Mittelschichten als billige Care-Arbeiterinnen in prekären Erwerbssituationen zu finden waren und sind, während sie gleichzeitig die Versorgung ihrer eigenen Kinder Ersatzmüttern, Großmüttern oder älteren Kindern überlassen müssen (Romero 2013). Care, so könnte man festhalten, hat mindestens zwei Gesichter, eines für die Care-Empfangenden und eines für die (migrantische) Care-Arbeiterin; die Beziehung zwischen beiden ist von gegenseitiger Abhängigkeit unter dem Vorzeichen asymmetrischer Machtverhältnisse geprägt (siehe Lutz 2007a; Lutz 2011). Ein weiterer vernachlässigter Aspekt von Care wird in den Untersuchungen (post-)kolonialer, rassistischer Diskurse sichtbar. So beschreiben etwa Diana Mulinari und Anders Neergaard (2013) den rassistischen Diskurs von schwedischen Politikerinnen einer rechtspopulistischen Partei, den „Schwedendemokraten", in welchem Care als Sprachversteck genutzt wird. Zum einen gehe es diesen Politikerinnen darum, innerhalb ihrer epistemischen Gemeinschaft gegenseitige Hilfe und Unterstützung zu generieren und damit den *eigenen Leuten* das zu geben, was *autochthonen Schweden* zusteht. Zum andere argumentierten sie, dass die Einwanderung nach Schweden nicht nur für die Schwed*innen Nachteile hätte, sondern auch für die Migrant*innen und Geflüchteten selbst:

> „Care may be extended to the racialized other arguing that their migration to Sweden (while of course not being good for Sweden and the 'Swedes') is also bad for the migrants themselves. In this sense caring racism is also formulated as helping migrants by sending them back to their 'true' home" (Mulinari/Neergaard 2013, S. 52).

Diese Form des *Caring* betrachten Mulinari und Neergaard als Fortsetzung eines kolonialen Care-Diskurses, in dem die Superiorität der kolonialen Herrschaft mithilfe der Sorge für die Kolonisierten zum Ausdruck gebracht und konsolidiert wurde. Diese Diskursformation, in der die sogenannte *Sorge für Andere* die Macht über *die Andere(n)* zum Ausdruck bringt, steht heute neben derjenigen, die menschliche Sorgebedürfnisse und -verhältnisse in den Mittelpunkt stellt.

## Polanyis Rekonstruktion des Kapitalismus

Wie bereits angedeutet, beziehen sich viele Autor*innen (Fraser 2013; Aulenbacher/Riegraf/Völker 2015; Aulenbacher/Décieux/Riegraf 2018; Safuta/Degrave

2013; Lutz 2017b) in der aktuellen Kapitalismus-kritischen Debatte auf das Werk von Karl Polanyi „The Great Transformation" aus dem Jahre 1944 (Polanyi 1978 [1944]). Im Mittelpunkt seiner Analyse stand die Betrachtung des Marktfundamentalismus, bzw. des sogenannten sich selbstregulierenden Marktes. Polanyi stützt sich dabei auf die Frühschriften von Marx über Geld und Entfremdung, weist aber darauf hin, dass sich Ausbeutung im Laufe der industriellen Revolution verringert habe. Während Marx in der Ausbeutung die *zentrale Erfahrung* des Kapitalismus sieht, verortet Polanyi diese Erfahrung in der *Kommodifizierung* (Burawoy 2015, S. 127–128). Er beschreibt den durch den Kapitalismus erzeugten Zwang zur Expansion und Autonomisierung von Märkten (Arbeitskraft, Boden und Geld), der immer auch im Zusammenhang stand und steht mit der Forderung nach Schutz (social protection) vor den Auswüchsen, die dieser Zwang auslöst. Im Mittelpunkt seiner „moralischen Anklage gegen eine ungeregelte Kommodifizierung" (ebd.: 127) steht die Dekonstruktion des Mythos vom *sich selbstregulierenden Markt*, der erstmals, so Polanyi, in den Jahren der aufkeimenden industriellen Revolution um 1830–1840 im New Government in England entstand; dort seien erstmals Land, Arbeit und Geld kommodifiziert, d.h. zu *fiktiven Waren* gemacht worden, mit der Folge, dass diese fundamentalen Elemente des menschlichen Lebens ohne jegliche Skrupel gekauft und verkauft werden konnten. Laut Polanyi habe der historisch davorliegende Merkantilismus, trotz seiner ausgesprochenen Tendenzen zur Kommerzialisierung, solche Auswüchse nicht gekannt, sondern die grundlegenden Produktionselemente Arbeit und Boden vor der Umwandlung in Handelsobjekte geschützt (Polanyi 1978 [1944], S. 104). Dagegen sei das Credo des *selbstorganisierten Marktes* die Verhinderung von staatlichen Eingriffen in die Marktbedingungen gewesen:

> „Der Mechanismus des Marktes ist über den Begriff der Ware mit den verschiedenen Elementen der gewerblichen Wirtschaft verzahnt. [...] Indessen sind Arbeit, Boden und Geld *keine* Waren: die Behauptung, daß alles, was gekauft und verkauft wird, zum Zwecke des Verkaufs produziert werden mußte, ist in Bezug auf diese Faktoren eindeutig falsch. Mit anderen Worten, nach der empirischen Definition der Ware handelt es sich nicht um Ware. [...] Die Bezeichnung von Arbeit, Boden und Geld als Waren ist somit völlig fiktiv" (ebd., S. 107–108; Hervorhebung im Original).

Er fügte hinzu, dass keine Gesellschaft die Auswirkungen eines derartigen Systems auch nur kurze Zeit ertragen könne, „wenn ihre menschliche und natürliche Substanz sowie ihre Wirtschaftsstruktur gegen das Wüten dieses teuflischen Mechanismus nicht geschützt würde" (ebd.: 109). Polanyi identifiziert im 19. Jahrhundert eine Doppelbewegung, bei der die Marktorganisation in Bezug auf echte Ware ausgeweitet, jedoch in Bezug auf die fiktiven Waren eingeschränkt wurde und unterscheidet ein kontrolliertes (embedded) von einem entfesselten (disembedded) Marktsystem. Nancy Fraser (2013) unterstreicht die Bedeutung von Polanyis Kritik an der Kommodifizierung von Natur und der damit einhergehenden Integration der ökologischen Dimension des Lebens für kapitalismuskritische Feministinnen: Kontrollierte Märkte entwickelten umfassende soziale Schutzmechanismen, die Mensch und Natur vor Zerstörung schützen, wohingegen die aus dem lebensweltlichen Kontext externalisierten Marktsysteme Mensch und Natur abverlangten, im Eiswasser egoistischer Kalkulationen nackt zu schwimmen (ebd., S. 143). Bei Polanyi, so Fraser weiter, sei vor allem die Tatsache interessant, dass er mit seiner Distinktion *kontrolliert* versus *entfesselt* nicht – wie viele andere – einen Systemzusammenbruch antizipiere, sondern er lege vielmehr eine Krisenkritik vor, die nicht das gesamte Marktsystem ablehne, sondern nur seine gefährliche und entfesselte Variante (ebd., S. 139; S. 143). Fraser fügt Polanyis Distinktion (embedded –disembedded) eine dritte Dimension hinzu, die den Protektionsauftrag nicht einem wohlwollenden demokratischen Staat überlässt, sondern die aus den Emanzipationsbewegungen der Zivilgesellschaft hervorgebracht wird. Deren Ziel sei nicht die Humanisierung von Marktsystemen, sondern die Abschaffung von Herrschaft (ebd., S. 145; S. 148). An Polanyis Modell kritisiert sie die fehlende Analyse von Geschlechterhierarchien sowie kolonialer und rassistischer Ausbeutung, ohne die der Status Quo der Herrschenden protegiert werde:

> „Emancipation fires the passion of successors to the new social movements, including multiculturalists, international feminists, gay and lesbian liberationists, cosmopolitan democrats, human rights activists and proponents of global justice" (ebd., S. 155).

Frasers Credo unterscheidet sich von anderen Kapitalismuskritiker*innen dadurch, dass sie die Existenz von Märkten nicht grundsätzlich infrage stellt, sondern vorrangig deren Auswüchse. Ihrer Meinung nach müssen Emanzipationsbewegungen in dem Konflikt zwischen Vermarktlichung und sozialem Schutz vermitteln:

> „Equally, however, conflicts between protection and emancipation must be mediated by marketization. Thus, the critique I have made of Polanyi can also be turned against the adherents of emancipation […] [as they] have neglected the impact of marketization projects on conflicts between social protection and emancipation" (ebd., S. 156).

Deutlich bekennt sich Fraser hier zu einem sozialstaatlich gesteuerten Marktsystem. Interessanterweise geht sie in diesen Ausführungen nicht zurück zu dem von ihr Anfang der 1990er Jahre entworfenen alternativen Care-Modell, dem *Universal-Care-Giver-Modell*, das im Folgenden ausführlich dargestellt und abschließend ihren jüngeren Arbeiten gegenübergestellt wird.

## Nancy Frasers post-industrielles Gedankenexperiment: Die Organisation des Lebens aus der Care-Perspektive

In ihrem bahnbrechenden Artikel „After the Family Wage: A Postindustrial Thought Experiment" (Fraser 1994) hinterfragt Fraser die Logik der Organisation der Verbindung zwischen Arbeits- und Privatleben in spätkapitalistischen Gesellschaften. Sie kritisiert besonders, dass die Arbeitsbedingungen eine Situation erreicht haben, in der die Ressourcenanforderungen des Arbeitsplatzes (Zeit, Flexibilität, Mobilität) zum Taktgeber des privaten Familienlebens eskaliert sind. Ausgehend von der Einschätzung, dass in vielen postindustriellen Wohlfahrtsstaaten einerseits Geschlechtergerechtigkeit gefordert und im Recht verankert ist, dass aber andererseits in denselben Staaten die Care-Arbeit weiterhin kulturell als weibliche Verpflichtung betrachtet wird, während von Männern erwartet wird, dass sie weitgehend als Familienernährer fungieren, imaginiert Fraser in ihrem Gedankenexperiment verschiedene Veränderungsoptionen, diese Widersprüche zu lösen: a) das Modell des universellen Ernährers, b) die paritätische Verteilung von Care; c) das universelle Care-Giver-Modell.

**Zu a)** Das Ideal des *universellen Ernährers* ist mittlerweile in der EU-Politik als *Adult-Worker-Modell*, das alle Erwachsenen in der Pflicht sieht, sich mittels Berufstätigkeit ernähren zu können, implementiert. Fraser betrachtet dies als ein ehrgeiziges Szenario, dessen Umsetzung entscheidend davon abhängig ist, ob beschäftigungsfördernde Dienstleistungen wie Tagespflege, Kinderbetreuung, Altenpflege zur Verfügung stehen und so Frauen – von ihrer Care-Verantwortung befreit – eine Vollzeitbeschäftigung zu ähnlichen Bedingungen wie Männer annehmen können (Fraser 1994, S. 51–52). Erforderlich wären Arbeitsplatzreformen und makroökonomische Maßnahmen zur Schaffung von hoch bezahlten und dauerhaften Vollzeit-Arbeitsplätzen für Frauen. Regierungen müssten Care-Arbeits-Dienstleistungen als öffentliches Gut zur Verfügung stellen, oder deren Vermarktung über Gutscheine finanzieren, die dann jedoch meist schlecht bezahlt an Migrantinnen und Schwarze Frauen delegiert wird (ebd., S. 52). Ein solches Szenario aber führe kaum zur Überwindung des Androzentrismus: „It valorizes men's traditional sphere – employment – and simply tries to help women fit in" (ebd., S. 54). Somit würde die Universalisierung der *männlichen* Hälfte des Ernährer-/Hausfrauen-Paares realisiert und damit die Forderung an alle Erwachsenen im arbeitsfähigen Alter, diese Leistung zu erbringen.

**Zu b)** Ziel des Szenarios der paritätischen Verteilung von Care in der Familie, so Fraser, sei nicht, das Leben von Frauen dem der Männer anzugleichen, sondern die Differenzen „kostenfrei" zu machen: Kindererziehung, Hausarbeit und Pflege werden mit formal bezahlter Arbeit gleichgesetzt (ebd., S. 55). Während beim universellen Ernährer-Modell Care-Arbeit auf den Staat und den Markt ausgelagert werden, bleibt diese beim paritätischen Verteilungs-Modell im Haushalt und wird vom Staat mit öffentlichen Mitteln unterstützt. Der Vorteil dieses Modells ist, dass Care in Wert gesetzt und nicht verlangt wird, dass Frauen sich dem männlichen Muster anpassen sollen. Aber abgesehen von vielen komplizierten Aspekten der rechtlichen Umsetzung sieht Fraser das Hauptproblem darin, dass die Wertschätzung von Care-Arbeit nicht so weit geht, dass sie auch von Männern verlangt würde, denn es fordert Männer nicht auf, sich zu ändern (ebd., S. 59).

Beide Modelle, so fasst Fraser zusammen, setzen große politische und wirtschaftliche Umstrukturierungen voraus, so etwa die öffentliche Kontrolle über Kapitalgesellschaften, die Möglichkeit, Gewinne und Vermögen zu besteuern, um qualitativ hochwertige soziale Programme zu finanzieren, deren Realisierung wiederum eine breite öffentliche Unterstützung erfordert.

**Zu c)** Als drittes Modell präsentiert Fraser den *universellen Care-Giver* (UCG). Anstatt Frauen dem männlichen Lebensmuster anzupassen, würde das UCG das Lebensmuster von Frauen zur Norm für alle machen und damit sowohl Männern als auch Frauen ermöglichen, Elternschaft und Erwerbstätigkeit zu verbinden. Damit einher ginge eine neue Sicht auf Männlichkeit und eine radikale Veränderung der Ko-Organisation von Leben und Arbeit (ebd., S. 62). Als Konsequenz wären alle Arbeitnehmer*innen gleichzeitig auch Care-Gebende und allen würde Unterstützung durch beschäftigungsfördernde Dienstleistungen zustehen. Arbeitnehmer*innen müssten nicht davon ausgehen, ihre Care-Arbeit an soziale Dienste, Babysitter und Pflegekräfte weiterzugeben, sondern diese würde in Haushalten, in denen Menschen mit Kindern und alten Menschen leben, von Verwandten und Freund*innen geleistet (ebd., S. 61). Das Erreichen einer solchen Situation, so stellt Fraser richtig fest, erfordert die Dekonstruktion der Geschlechterverhältnisse: Die Entflechtung der getrennten Lebenswelten von Broterwerb und Care sowie von der damit verbundenen gegenderten, kulturellen Kodierung würde bedeuten, die geschlechtsspezifische Arbeitsteilung zu untergraben und die Bedeutung von Gender als Strukturprinzip der sozialen Organisation zu reduzieren. Dies bedarf einer gründlichen Neubesinnung und -definition der Rolle von Care im postindustriellen Lebenszusammenhang, wo bislang die Arbeitswelt das Tempo vorgibt und die Aktivitäten, die dieses Tempo zu stören drohen, in den Markt ausgelagert werden. Erforderlich wäre auch die Zustimmung so vieler politischer Akteur*innen, dass das Modell eher utopisch erscheint. Fraser ist das bewusst, wenn sie schreibt: "But it is the only imaginable postindustrial world that promises true gender justice. And unless we are guided by this vision now, we will never get any closer to achieving it" (ebd., S. 62).

Ich stimme ihr vollkommen zu, da ich denke, dass wir diese Utopie in einer

Zeit brauchen, in der Zynismus vorherrscht. Wir benötigen eine Neubewertung der gesamten Arbeitsweltleistungen aus der Sicht von Nachhaltigkeit und Sorgfalt und aus dem Blickwinkel der Abschaffung sozialer Ungleichheit der Handlungsoptionen. Letzteres impliziert eine Implementierung dieses Modells nicht nur in den bestehenden Wohlfahrtsstaaten, sondern auch in einem transnationalen Regime, in dem die aus den Herkunftsländern migrierenden Akteur*innen einbezogen werden, um die Umverteilung von Ressourcen mit einer neuen Definition des Arbeitslebens zu verbinden.

## Fazit

In diesem Kapitel ging es um das Verhältnis zwischen unbezahlter Care-Arbeit und bezahlter Erwerbsarbeit, ein Thema, das seit Mitte des 19. Jahrhunderts auf der Agenda vieler sozialer Bewegungen stand. Vor allem in den unterschiedlichen Zweigen der Frauenbewegungen wurde das weibliche Recht auf Zugang zu bezahlter Arbeit diskutiert und gefordert. Über die Umsetzung dieser Forderungen in Gleichstellungspolitiken und im Recht gab es allerdings von Beginn an heftige Dispute. Die bürgerliche und die sozialdemokratische Frauenbewegung präferierten die Kommodifizierung von Reproduktions-/Care-Arbeit und verbanden damit die Fortsetzung des bürgerlichen Dienstbot*innenmodells, allerdings in der Form arbeitsrechtlich abgesicherter Erwerbsarbeit. Dabei setzten sie auf die Fortschreibung der Minderbewertung von Haushalts- und Care-Arbeit gegenüber anderen Tätigkeiten. Unter den Sozialist*innen wurden verschiedene Modelle diskutiert, jedoch bestand schließlich die Umsetzung der Gleichstellung von Frauen im Staatssozialismus/Kommunismus vorrangig darin, weibliche Vollbeschäftigung zur Norm zu erklären (Ko-Verdiener*innenprinzip) und diese über staatlich verordnete finanzielle Beschränkungen (etwa niedrige Gehälter für Alleinverdiener*innenhaushalte) zu regulieren. Außerdem trug eine umfassende Infrastruktur zur Entlastung von Frauen (Kinderkrippen und -gärten, Ganztagsschulen, Schulkantinen, Altersheimen, etc.) und zur Vereinbarkeit von Beruf und Familie bei. Allerdings wurde das von Alexandra Kollontai (1977 [1909]) geforderte radikale Projekt der Transformation der Geschlechterordnung nicht in Angriff genommen (siehe auch Kapitel vier), und die Geschlechterverhältnisse blieben innerhalb der Privathaushalte weitgehend unverändert. Die westlichen Sozialistisch-Feministischen Bewegungen übernahmen die Forderungen nach einem Recht von Frauen auf Zugang zum Arbeitsmarkt und forderten die staatliche Bereitstellung vergleichbarer Infrastrukturen, vorrangig für die Kinderbetreuung. Diese Forderungen wurden mit Ausnahme von Frankreich und den nordischen Ländern in den meisten europäischen Wohlfahrtsstaaten nur sehr zögerlich und letztlich unzureichend umgesetzt, mit der Folge, dass weibliche Vollbeschäftigung in

Form von Doppelbelastung und nur ansatzweise realisiert wurde. Die Soziologin Paula England (2010) hat diese Entwicklung passend als „stalled revolution", als ausgebremste Revolution, bezeichnet: Der Zugang zum Arbeitsmarkt sei im Prinzip gelungen, eine kulturelle und ökonomische Umkodierung von Care-Arbeit als *weibliche Verantwortung* in ein gesamtgesellschaftliches Projekt stehe jedoch weiterhin aus. Seit Mitte der 1990er Jahre hat zudem in den OECD[61]-Ländern ein sogenannter Social Investment Approach die Investition in eine gute Erziehung und Ausbildung von Kindern zum vorrangigen Investitionsziel der Zukunft erhoben (OECD 1997) und damit den Ausbau von Kindergärten, Vorschulen und elterlicher Unterstützung zur schulischen Begleitung ihrer Kinder vorangetrieben. Allerdings zeigt sich, dass diese Politik keineswegs Geschlechtergerechtigkeit im Fokus hat, sondern im Gegenteil einer Kind-zentrierten Perspektive Vorschub leistet und dabei eine *neue Mütterlichkeit* fordert, die erhöhte und neue Anforderungen an *gute Mutterschaft* stellt: „By focusing on the mother-child-dyad, this new maternalism within national and international discourses renders invisible the gender equality goals carried by national and international feminist mobilizations (Jenson 2017, S. 281; siehe dazu auch Aulenbacher/Riegraf/Völker 2018). Auch zur Forderung nach geschlechtergerechten Politiken in Bezug auf die Betreuung von alten und kranken Personen bleiben adäquate Antworten der Sozialpolitiken vieler klassischer Wohlfahrtsstaaten bislang aus (siehe Kapitel eins). Zwar gibt es Entwürfe und auch bereits die Realisierung neuer Modelle, etwa den Zusammenschluss von Rentner*innen in Wohn-Pflege-Gemeinschaften (Riegraf/Reimer 2014) oder die Gründung alternativer Lebensgemeinschaften in der Form von *Commons* (Widding Isaksen/Sambasivan/Hochschild 2009), es fehlen bislang jedoch die großen gesellschaftlichen Debatten, die solche Alternativen aus der Marginalität befreien. Stattdessen wird mit der verstärkten Einführung von *Cash-for-Care-Policies* in klassischen Wohlfahrtsstaaten seit Anfang des 21. Jahrhunderts (vgl. Williams 2010) der Kommodifizierung von Care weiterhin Vorschub geleistet, womit Care als fiktive Ware eine neue Relevanz bekommt. Die von Migrant*innen geleistete Care-Arbeit erfüllt in der Care-Ökonomie eine bestimmte Funktion, nämlich flexibel, zeitlich begrenzt und zu Niedriglöhnen die Lücken zu schließen, die in den staatlichen Regularien entstanden sind (siehe Lutz 2017b). Das von Nancy Fraser entworfene *Universal-Care-Giver-Modell* wird bislang weder öffentlich diskutiert, noch gibt es ernstzunehmende Debatten, die sich mit den Voraussetzungen zu seiner Umsetzung beschäftigen. Eine der wenigen Anläufe in diese Richtung hat vor einigen Jahren die Europäische Sozialplattform, ein Zusammenschluss von 46 Europäischen NGOs (European Social Platform 2011) unternommen. Hier wird die Schieflage im Verhältnis

---

61 Organisation for Economic Co-Operation and Development.

zwischen Erwerbs- und Care-Arbeit aus geschlechterdemokratischer Perspektive kritisiert und die einseitige Überlassung familiärer Care-Arbeit an Frauen als Verstoß gegen das Gleichstellungsrecht skandalisiert. Die Plattform betrachtet den Anspruch auf Betreuung und Pflege als universelles Menschenrecht und fordert einen Paradigmenwechsel, der das aktuelle Gewinnstreben im Pflegesektor zurückweist. Diese Forderungen gehen in die von Fraser vorgezeichnete Richtung, denn sie stellen die gängige geschlechtsspezifische Arbeitsteilung und die Bedeutung von Gender als Strukturprinzip sozialer Organisation infrage. Es zeigt sich also, dass es durchaus gesellschaftliche Kräfte gibt, die Veränderungen wünschen, aber soziale Bewegungen, die diese Forderungen in die Öffentlichkeit und in die Parteien tragen, sind bislang noch nicht stark genug. Dazu kommt, dass die Infragestellung/Neujustierung von gängigen Wertmaßstäben und Bewertungen von Arbeit ein außerordentlich kompliziertes Projekt ist, das in die Komfortzonen auch derer, die sich für Transformation einsetzen, eindringt. Mich hat der Kommentar einer meiner Student*innen sehr nachdenklich gemacht, die sagte, sie sympathisiere sehr mit dem *Universal-Care-Giver-Modell* und könne sich dem anschließen, aber nur unter der Bedingung, dass politische Arbeit als Care-Arbeit angerechnet würde. Ich habe sie dann auf die berühmten Auseinandersetzungen zwischen Männern und Frauen im Sozialistischen Deutschen Studentenbund im Jahr 1968 hingewiesen, bei der sich die weiblichen Mitglieder dagegen wehrten, dass politische Arbeit höher als Care-Arbeit bewertet und letztere eben den Frauen überlassen wurde. Offenbar braucht jede Generation jeweils wieder einen eigenen Zugang und eine neue Utopie zu diesem Thema – ganz im Sinne von Ernst Bloch, der davon ausging, dass *konkrete Utopien* sich im Prozess der Verwirklichung entwickeln und durch Versuche hervorgebracht werden: „Auf dem Weg zum Neuen muß meist, wenn auch nicht immer, schrittweise vorgegangen werden. Nicht alles ist jederzeit möglich und ausführbar, fehlende Bedingungen hemmen nicht nur, sondern sperren" (Bloch 1978, S. 235–236). Für Care-Arbeiterinnen, um deren Perspektive es in diesem Buch ging, wäre die Um-/ Neugestaltung von Care-Arbeit im Modell des *Universal Care-Givers* nur dann sinnvoll, wenn sie die transnationalen Verflechtungen von Wirtschaft und Gesellschaft mit in den Blick nimmt und eine Umverteilung von Reichtum im globalen Kontext vorantreibt. Aber bevor das passiert, könnte heute schon für die Verbesserung von Arbeits- und Lebensbedingungen der Betroffenen gesorgt werden.

# Bibliographie

Alexievich, Svetlana (2013): Secondhand Time. The Last of the Soviets. 1. Auflage. New York: Penguin Random House

Ambrosetti, Elena/Eralbal, Cela/Strielkowski, Wadim/Abrhám, Josef (2014): Ukrainian Migrants in the European Union: A Comparative Study of the Czech Republic and Italy. In: Sociology and Space 53, H. 2, S. 141–166

Ambrosini, Maurizio (2013): Irregular Migration and Invisible Welfare. 1. Auflage. Basingstoke: Palgrave MacMillan

Ambrosini, Maurizio (2016): From 'Illegality' to Tolerance and Beyond: Irregular Immigration as a Selective and Dynamic Process. In: International Migration 54, H. 2, S. 144–159

Amelina, Anna (2017a): Transnationalizing Inequalities in Europe: Sociocultural Boundaries, Assemblages and Regimes of Intersection. 1. Auflage. London/New York: Routledge

Amelina Anna (2017b): "After the Reflexive Turn in Migration Studies: Towards the Doing Migration Approach". In: Working Paper Working Paper Series Gender, Diversity and Migration 13. www.fb03.uni-frankfurt.de/67001816/amelina_doing_migration.pdf (Abfrage: 26.02.2018)

Anacka, Marta/Brzozwski, Jan/Chaupczak, Henryk/Fihel, Agnieszka/Firlit-Fesnak, Grayna/Garapich, Micha/Grabowska-Lusińska et al. (2014): Spoleczne skutki poakcesyjnych migracji ludnosci Polski. Raport Komitetu Badan nad Migracjami (Social Effects of Post Accession Migration of Polish Population. Report of the Committee for Research on Migration Studies). Warszawa: PAN

Andall, Jacqueline (2000): Gender, Migration and Domestic Service: The Politics of Black Women in Italy. 1. Auflage. London/New York: Routledge

Anderson, Bridget (2000): Doing the Dirty Work? The Global Politics of Domestic Labour. 1. Auflage. London: Zed Books

Anntonen, Anneli/Sipilä, Jorna (1996): European Social Care Services. Is it Possible to Identify Models? In: Journal of European Policy 6, H.2, S. 87–100

Anonymus (2007): Wohin mit Vater? Ein Sohn verzweifelt am Pflegesystem. 1. Auflage. Frankfurt am Main: Fischer Verlag

Anthias, Floya (2012): Transnational Mobilities, Migration Research and Intersectionality. In: Nordic Journal of Migration Research 2, H. 2, S. 102–110

Apitzsch, Ursula (2013): Arlie Hochschild. In: Schmidbaur, Marianne/Lutz, Helma/Wischermann, Ulla (Hrsg.): Klassikerinnen feministischer Theorie. Band 3 Grundlagentexte. 1. Auflage. Sulzbach/Taunus: Ulrike Helmer, S. 204–211

Apitzsch, Ursula/Schmidbaur, Marianne (Hrsg.) (2013): Care und Migration. Die Entsorgung menschlicher Reproduktionsarbeit entlang von Geschlechter- und Armutsgrenzen. 1. Auflage. Opladen & Farmington Hills: Verlag Barbara Budrich

Arendt, Hannah (1960): Vita Activa. Vom tätigen Leben. 1. Auflage. Stuttgart: Kohlhammer

Aulenbacher, Brigitte (2015): Wider die Sorglosigkeit des Kapitalismus. Care und Care Work aus der Sicht feministischer Ökonomie – und Gesellschaftskritik. In: Aulenbacher, Brigitte/Riegraf, Birgit/Völker, Susanne (Hrsg): Feministische Kapitalismuskritik. 1. Auflage. Münster: Westfälisches Dampfboot, S. 32–45

Aulenbacher, Brigitte/Dammayr, Maria/Décieux, Fabienne (2015): Prekäre Sorge, Sorgearbeit und Sorgeproteste. Über die Sorglosigkeit des Kapitalismus und eine sorgsame Gesellschaft. In: Völker, Susanne/Amacker, Michèle (Hrsg.): Prekarisierungen. Arbeit, Sorge, Politik. Reihe Arbeitsgesellschaft im Wandel. 1. Auflage. Beltz Juventa: Weinheim und Basel

Aulenbacher, Brigitte/Riegraf, Birgit/Völker, Susanne (Hrsg.) (2015): Feministische Kapitalismuskritik. Münster: Westfälisches Dampfboot

Aulenbacher, Brigitte/Maria; Décieux, Fabienne/Riegraf, Birgit (2018; im Druck): The Economic Shift and Beyond: Care as a Contested Terrain in Contemporary Capitalism. In: Aulenbacher, Brigitte/Lutz, Helma/Riegraf, Birgit (Hrsg.): Global Sociology of Care and Care Work

Avato, Johanna/Koettl, Johannes/Sabates-Wheeler, Rachel (2010): Social Security Regimes, Global Estimates, and Good Practices: The Status of Social Protection for International Migrants. In: World Development 38, H.4, S. 455–466

Backes, Gertrud M./Amrhein, Ludwig/Wolfinger, Martina (2008): Gender in der Pflege: Herausforderung für die Politik. Expertise im Auftrag der Friedrich-Ebert-Stiftung. In: WISO Diskurs: Expertisen und Dokumentationen zur Wirtschafts- und Sozialpolitik, Arbeitsbereich Frauen- und Geschlechterforschung, S. 59–67

Badinter, Elisabeth (2013): The Conflict. How Overzealous Motherhood Undermines the Status of Women. 1. Auflage. New York: Picador

Bal, Mieke (2012): Facing: Intimacy Across Divisions. In: Pratt, Geraldine/Rosner, Victoria (Hrsg.): The Global and the Intimate. Feminism in Our Time. 1. Auflage. New York: Columbia University Press, S.119–144

Baldassar, Loretta/Merla, Laura (Hrsg.) (2013a): Transnational Families, Migration and the Circulation of Care: Understanding Mobility and Absence in Family Life. 1. Auflage. London/New York: Routledge

Baldassar, Loretta/Merla, Laura (2013b): Locating Transnational Care Circulation in Migration and Family Studies. In: Baldassar, Loretta/Merla, Laura (Hrsg.): Transnational Families, Migration and the Circulation of Care: Understanding Mobility and Absence in Family Life. 1. Auflage. London/New York: Routledge, S. 25–58

Bartmann, Christoph (2016): Die Rückkehr der Diener. Das Bürgertum und sein Personal. 2. Auflage. München: Carl Hanser Verlag

Beck, Ulrich (2007): The Cosmopolitan Condition: Why Methodological Nationalisms Fails. In: Theory, Culture and Society 24, H. 7–8, S. 286–290

Becker-Schmidt, Regina (1992): Geschlechterverhältnisse und Herrschaftszusammenhänge. In: Kulke, Christine/Kopp-Degetoff, Heidi/Ramming, Ulrike (Hrsg.): Wider das Schlichte Vergessen. 1. Auflage. Berlin: Orlanda, S. 216–236

Beer, Ursula (1990): Geschlecht, Struktur, Geschichte. Soziale Konstituierung der Geschlechterverhältnisse. 1. Auflage. Frankfurt am Main/New York: Campus

Behnke, Cornelia/Meuser, Michael (2012): Look here mate! I'm taking parental leave for a year – Involved Fatherhood and Images of Masculinity. In: Oechsle, Mechtild/Müller, Ursula/Hess, Sabine (Hrsg.): Fatherhood in Late Modernity: Cultural Images, Social Practices, Structural Frames. 1. Auflage. Opladen/Berlin/Toronto: Barbara Budrich, S. 129–145

Bennhold-Thomsen, Veronika (1988): Die stumme Auflehnung der Bauersfrauen. In: Mies, Maria; Werlhof, Claudia von; Bennholdt-Thompsen, Veronika (Hrsg.): Frauen, die letzte Kolonie. Zur Hausfrauisierung der Arbeit. 2. Auflage. Reinbek: Rowohlt

Biao, Xiang (2007): How Far Are the Left-behind Left behind? A Preliminary Study in Rural China. In: Population, Space and Place 13, H. 3, S. 179–191

Bloch, Ernst (1978): Prinzip Hoffnung. Band Eins. 3. Auflage. Frankfurt am Main: Suhrkamp

Boatcă, Manuela (2018): Wie weit östlich ist Osteuropa? Die Aushandlung gesellschaftlicher Identität im Wettkampf um Europäisierung. In: Rehberg, Karl-Siegbert (Hrsg.): Die Natur der Gesellschaft: Verhandlungen des 33. Kongresses der Deutschen Gesellschaft für Soziologie in Kassel 2006. Frankfurt am Main: Campus Verlag, S. 2231-2239

Burawoy, Michael (2015): Public Sociology. Öffentliche Soziologie gegen Marktfundamentalismus und globale Ungleichheit. 1. Auflage. Weinheim: Beltz Juventa

Bourdieu, Pierre (1998): La Domination Masculine. 1. Auflage. Paris: Seuil

Bowlby, John (1958): The Nature of the Child's Tie to his Mother. In: International Journal of Psychoanalysis 39, S. 350-373

Boyd, Monica (2017): Closing the Open Door? Canada's Changing Policy for Migrant Caregivers. In: Michel, Sonya/Peng, Ito (Hrsg,): Gender, Migration and the Work of Care. A Multi-Scalar Approach to the Pacific Rim. 1. Auflage. Basingstoke: Palgrave MacMillan, S. 167-189

Brandth, Berit/Kvande, Elin (1998): Masculinity and Childcare: The Reconstruction of Fathering. In: Sociological Review 46, H. 2, S. 293-313

Braun, Lily (1901a): Frauenarbeit und Hauswirtschaft. 1. Auflage. Berlin: Vorwärts

Braun, Lily (1901b): Die Frauenfrage. Ihre geschichtliche Entwicklung und ihre wirtschaftliche Seite. 1. Auflage. Leipzig: Hirzel

Brill, Klaus (2014): Von Hexen und Erlösern. In: Süddeutsche Zeitung 30.9.2014

Brüning, Franziska (2010 [2008]): „Ausgesetzt im Waisenhaus". www.sueddeutsche.de/panorama/kinder-in-rumaenien-ausgesetzt-im-waisenhaus-1.208295 (Abfrage 26.02.2018)

Bundesministerium für Bevölkerungsforschung (BiB) (2015): „Rund ein Drittel mehr Pflegebedürftige in 2030". www.bib.bund.de/DE/Aktuelles/Presse/Archiv/2015/2015_06_pflegebeduerftige.html (Abfrage 26.02.2018)

Bureychak, Tetyana (2011): Masculinities in Soviet and post-Soviet Ukraine: Models and Their Implications. In: Hankivsky, Olena/Salvykova, Anastasiya (Hrsg.): Gender, Politics and Society in Ukraine. 1. Auflage. Toronto: Toronto University Press, S. 325-361

Büscher, Monika/Urry, John/Witchger, Katian (2011): Introduction: Mobile Methods. In: Büscher, Monika/Urry, John/Witchger, Katian (Hrsg.): Mobile Methods. 1. Auflage. London/New York: Routledge, S. 1-20

Chamberlain, Gethin (2007): "Suffering Grips Europe's Nation of Orphans". www.telegraph.co.uk/news/worldnews/1546651/Suffering-grips-Europes-nation-of-orphans.html (Abfrage 26.02.2018)

Chernova, Zhanna (2007): Model "sovetskogo" otsovstva: diskursivnye predpisaniya [Model of 'Soviet' Fatherhood: Discursive Prescriptions]. In: Zdravomyslova, Elena/Temkina, Anna (eds) Rossiyskiy gendernyi poryadok: sociologicheskiy podhod [Russian Gender Order: Sociological Approach]. 1. Auflage. St. Petersburg: Publishing House of the European University, S. 138-168

Ciulei, Thomas/Ott, Peter (2008): „Die Blumenbrücke". Diskussionsprotokoll Nr. 10, Duisburger Filmwoche, 05.11.2008. www.protokult.de/prot/DIE%20BLUMENBR%C3%9CCKE%20%20Thomas%20Ciulei%20-%202008.pdf (Abfrage 26.02.2018)

Cock, Jacklyn (1989): Maids and Madams: Domestic Workers under Apartheid. 2. Auflage. London: The Women's Press

Cohen, Stanley (1972): Folk Devils and Moral Panics. 1. Auflage. London: MacGibbon and Kee

Connell, R. (1987): Gender and Power: Society, the Person and Sexual Politics. 1. Auflage. Cambridge: Polity

Connell, R. (1995): Masculinities. 1. Auflage. Sidney: Allen & Unwin

Constable, Nicole (2007): Maid to Order in Hong Kong: Stories of Migrant Workers. 2. Auflage. Ithaca: Cornell University Press

Coronel, F.K./Unterreiner, Frederic (2007): "Increasing the Impact of Remittances on Children's Rights. Phillipines Paper". New York: UNICEF, Division of Policy and Practice. www.unicef.org/philippines/mediacentre_9912.html (Abfrage: 26.02.2018)

Cortés, Rosalia (2007): "Children and Women Left Behind in Labor Sending Countries: An Appraisal of Social Risks. Global Report on Migration and Children". New York: UNICEF, Division of Policy and Practice.
www.childmigration.net/files/Rosalia_Cortes_07.pdf (Abfrage: 26.02.2018)

Cox, Rosie (Hrsg.) (2015): Au Pairs' Lives in Global Context. Sisters or Servants? 1. Auflage. Basingstoke: Palgrave Macmillan

Dalla Costa, Mariarosa (1973): Die Frauen und der gesellschaftliche Umsturz. In: Della Costa, Mariarosa/James, Selma (Hrsg.): Die Macht der Frauen und der Umsturz der Gesellschaft. 3. Auflage. Berlin: Merve-Verlag, S. 40–43

Datta, Ayona/Brickell, Katherine (2009): "We have a little bit more finesse, as a nation": Constructing the Polish Worker in London's Building Sites. In: Antipode 41, H. 3, S. 439–464

Davis, Angela (1982): The Approaching Obsolescence of Housework: A Working-Class Perspective. In: Davis, Angela: Women, Race and Class. 1. Auflage. London: The Women's Press Limited

Dayton-Johnson, Jeff/Katseli, Louka T./Xenogiani, Theodora (2007): "Policy Coherence for Development 2007: Migration and Developing Countries. A Development Centre Perspective". OECD Publishing. www.keepeek.com/Digital-Asset-Management/oecd/development/policy-coherence-for-development-2007_9789264026100-en#.WnGjKucxn IU#page3 (Abfrage 26.02.2018)

Degiuli, Franscesca (2016): Caring for a Living. Migrant Women, Ageing Citizens and Italian Families. 1. Auflage. Oxford: Oxford University Press

Delphy, Christine (1984): Close to Home. A Materialist Analysis of Women's Oppression. 1. Auflage. London: Hutchinson & The University of Massachusetts Press

Deutscher Akademischer Austauschdienst (DAAD) (2017): „Ukraine. Daten & Analysen zum Hochschul- und Wissenschaftsstandort". www.daad.de/medien/der-daad/analysen-studien/bildungssystemanalyse/ukraine_daad_bsa.pdf (Abfrage 26.02.2018)

Deutscher Berufsverband für Pflegeberufe e.V. (DBfK) (2006): „Positionspapier des DBfK zur illegalen Beschäftigung in der Pflege". https://www.dbfk.de/media/docs/download/DBfK-Positionen/Position-illegale-Beschaeftigung-2006-10-16.pdf (Abfrage 26.02.2018)

Dollinger, Franz-Wilhelm (2008): „Von der Schwarzarbeit zur legalen pflegerischen Dienstleistung. Wie wir den Status der osteuropäischen Pflegerinnen legalisieren können". Rede am 26.04.2008. www.kas.de/wf/doc/kas_13717-544-1-30.pdf (Abfrage 26.02.2018)

Doucet, Andrea (2006): Do Men Mother? Fathering, Care and Domestic Responsibility. 1. Auflage. Toronto: Toronto University Press

Dörre, Klaus/Ehrlich, Martin/Haubner, Tine (2014): Landnahme im Feld der Sorgearbeit. Aulenbacher, Brigitte/Riegraf, Birgit/Theobald, Hildegard (Hrsg.): Sorge: Arbeit, Verhältnisse, Regime (Care Work, Relations, Regimes). In: Soziale Welt, Sonderband 20, S. 107–124

Edmond, Wendy/Fleming, Suzie (Hrsg.) (1975): All Work and No Pay: Women, Housework and the Wages Due. 1. Auflage. Power of Women Collective

Emunds, Bernhard (2016): Damit es Oma gut geht: Pflege-Ausbeutung in den eigenen vier Wänden. 1. Auflage. Frankfurt am Main: Westend Verlag

Engels, Friedrich (1974 [1884]): Der Ursprung der Familie, des Privateigentums und des Staates. 3. Auflage. Berlin: Dietz Verlag
England, Paula (2010): The Gender Revolution: Uneven and Stalled. In: Gender and Society 24, H. 2, S. 149–166
Erel Umut/Murji, Karim/Nahaboo, Zaki (2016): Understanding the Contemporary Race-Migration Nexus. In: Ethnic and Racial Studies 39, H. 8, S. 1339–1360
European Social Platform (2011): "Care. Recommendations for Care that Respects the Rights of Individuals, Guarantees Access to Services and Promotes Social Inclusion". http://www.socialplatform.org/wp-content/uploads/2013/03/20121217_SocialPlatform_Recommendations_on_CARE_EN1.pdf (Abfrage 26.02.2018)
Fagan, Jay/Barnett, Marina (2003): The Relationship Between Maternal Gatekeeping, Paternal Competence, Mothers' Attitudes About the Father Role, and Father Involvement. In: Journal of Family Issues 24, H. 8, S. 1020–1043
Faist, Thomas (2000): Das Konzept Transstaatliche Räume. In: Faist, Thomas (Hrsg.): Transstaatliche Räume – Politik, Wirtschaft und Kultur zwischen Deutschland und Türkei. Bielefeld: transcript, S. 9–56
Fedyuk, Olena/Kindler, Marta (2016): Migration of Ukrainians to the European Union: Background and Key Issues In: Fedyuk, Olena/Kindler, Marta (Hrsg.): Ukrainian Migration to the European Union. Lessons for Migration Studies. Imisco Research Series Springer Open, S. 1–16
Flaake, Karin (2014): Neue Mütter – neue Väter. Eine empirische Studie zu veränderten Geschlechterbeziehungen in Familien. 1. Auflage. Gießen: Psychosozial-Verlag
Fodor, Éva (2011): „Geschlechterbeziehungen im (Post-)Sozialismus". In: Aus Politik und Zeitgeschichte 37–38. www.bpb.de/shop/zeitschriften/apuz/33132/frauen-in-europa (Abfrage 26.02.2018)
Folbre, Nancy (2006): Demanding Quality: Worker/Consumer Coalitions and High-Road Strategies in the Care Sector. In: Politics and Society 34, H. 1, S. 1–21
Fraser, Nancy (1994): After the Family Wage: A Postindustrial Thought Experiment. In: Fraser, Nancy: Justice Interruptus: Critical Reflections on the "Postsocialist" Condition. 1. Auflage. Hoboken: Taylor and Francis, S. 41–66
Fraser, Nancy (2013): Fortunes of Feminism. From State-Managed Capitalism to Neoliberal Crisis. 1. Auflage. London: Verso
Fraser, Nancy (2014): Can Society Be Commodities All the Way Down? Polanyian Reflections on Capitalist Crisis. In: Economy and Society 43, H. 4, S. 541–558
Frederici, Silvia (2012 [1975]): Wages Against Housework. In: Frederici, Silvia: Revolution at Point Zero. Housework, Reproduction, and Feminist Struggle. 1. Auflage. Oakland: PM Press, S. 15–22
Furedi, Frank (1994): "A Plague of Moral Panics". In: Living Marxism 73. web.archive.org/web/20000614173221/http://www.informinc.co.uk/LM/LM73/LM73_Frank.html (Abfrage 26.02.2018)
Furedi, Frank (2013): "Using Children as a Moral Shield". In: Spiked. www.spiked-online.com/site/article/13249/ (Abfrage 26.02.2018)
Fussek, Claus/Loerzer, Sven (2007): Alt und abgeschoben: Der Pflegenotstand und die Würde des Menschen. 1. Auflage. Freiburg: Herder Verlag
Fussek, Claus/Schober, Gottlob (2013): Es ist genug! Auch alte Menschen haben Rechte. 1. Auflage. München: Knaur Taschenbuch
Fuszara, Malgorzata (2000): New Gender Relations in Poland in the 1990s. In: Gal, Susan/Kligman, Gail (Hrsg.): Reproducing Gender: Politics, Publics, and Everyday Life After Socialism. 1. Auflage. Princeton: Princeton University Press, S. 259–285

Gamburd, Michele R. (2000): The Kitchen Spoon's Handle. Transnationalism and Sri Lanka's Migrant Housemaids. 1. Auflage. Ithaca/London: Cornell University Press

Gather, Claudia/Geißler, Birgit/Rerrich, Maria S. (Hrsg.) (2002): Weltmarkt Privathaushalt. Bezahlte Hausarbeit im globalen Wandel. 1. Auflage. Münster: Westfälisches Dampfboot

Geissler, Birgit (2010): Haushaltsdienstleistungen: Unsichtbar und "dirty"? In: Becke, Guido/Bleses, Peter/Ritter Wolfgang/Schmidt, Sandra (Hrsg,): 'Decent Work'. Arbeitspolitische Gestaltungsperspektive für eine globalisierte und flexibilisierte Arbeitswelt. 1. Auflage. Wiesbaden: VS Verlag, S. 209–219

Gerasimova, Ekaterina/Chuikina, Sofia (2004): Obshchestvo remonta [Society of Renovation]. In: Neprikosnovennyi zapas [Reserve Stock] 34, H. 2, S. 70–77 (auch online unter magazines.russ.ru/nz/2004/34/ger85.html, Abfrage 26.02.2018)

Giza-Poleszczuk, Anna (2007): Rodzina i system społeczny. In: Mirosława Marody (Hrsg.): Wymiary życia społecznego. Polska na przełomie XX i XXI wieku. Warschau, S. 272–301

Goffman, Erving (1969): Wir alle spielen Theater: die Selbstdarstellung im Alltag. 1. Auflage. München: Piper Verlag

Golinowska, Stanisława (2010): The Long-Term Care System for the Elderly in Poland. ENEPRI Research Report 83. www.ceps.eu/publications/long-term-care-system-elderly-poland (Abfrage 26.02.2018)

Goode, Erich/Nachman, Ben-Yehuda (1994): Moral Panics: The Social Construction of Deviance. 1. Auflage. Oxford: Blackwell

Goven, Joanna (1993): Gender Politics in Hungary: Autonomy and Anti-Feminism. In: Funk Nanette/Mueller, Magda (Hrsg.): Gender Politics and Post-Communism: Reflections from Eastern Europe and the Former Soviet Union. 1. Auflage. New York: Routledge, S. 224-240

Graff, Agnieszka (2014): Report from the Gender Trenches: War Against 'Genderism' in Poland. In: European Journal of Women's Studies 21, H. 4, S. 431–442

Gropas, Ruby/Bartolini, Laura/Triandaffyllidou, Anna (2015): Country Report Italy. ITHAKA Research Report 2. globalgovernanceprogramme.eui.eu/wp-content/uploads/2014/02/ITHACA_2015-2_IT_Report_final.pdf (Abfrage 26.02.2018)

Haer, Nicolas van/Sørensen, Ninna N. (Hrsg.) (2013): The Migration Development Nexus. Geneva: IOM Publications

Haffert, Ingeborg (2014): Eine Polin für Oma. Der Pflegenotstand in unseren Familien. 2. Auflage. Berlin: Econ Verlag

Haidinger, Bettina (2013): Hausfrau für zwei Länder sein. Zur Reproduktion des transnationalen Haushalts. 1. Auflage. Münster: Westfälische Dampfboot

Hall, Stuart/Critcher, Chas/Jefferson, Tony/Clarke, John/Roberts, Brian (1978): Policing the Crisis: Mugging, the State and Law and Order. 1. Auflage. London/Basingstoke: Macmillan

Harten, Hans-Christian (1996): De-Kulturation und Germanisierung. Die nationalsozialistische Rassen- und Erziehungspolitik in Polen 1939-1945. 1. Auflage. Frankfurt am Main/New York: Campus

Hartmann, Heidi (1981): The Unhappy Marriage of Marxism and Feminism: Towards a More Progressive Union. In Sargent, Lydia (Hrsg.): Women & Revolution. A Discussion of the Unhappy Marriage of Marxism and Feminism. 1. Auflage. Montréal: Black Rose Books, 1–42

Haug, Frigga (2011): Das Care-Syndrom. Ohne Geschichte hat die Frauenbewegung keine Perspektive. In: Das Argument 292 53, H. 3, S. 345–364

Hayden, Dolores (1981): The Grand Domestic Revolution. A History of Feminist Design for American Homes, Neighborhoods, and Cities. 1. Auflage. Cambridge: MIT Press

Hearn, Jeff (1987): The Gender of Oppression: Men, Masculinity and the Critique of Marxism. 1. Auflage. Brighton: Wheatsheaf

Heneau, Jerome de/Himmelweit, Susan/Łapniewska, Zofia/Perrons, Diane (2016): "Investing in the Care Economy. A Gender Analysis of Employment Stimulus in Seven OECD Countries". www.ituc-csi.org/investing-in-the-care-economy?lang=de (Abfrage 26.02.2018)

Hess, Sabine (2009): Globalisierte Hausarbeit. Au-pair als Migrationsstrategie von Frauen aus Osteuropa. 2. Auflage. Wiesbaden: VS-Verlag

Hielscher, Volker/Kirchen-Peters, Sabine/Nock, Lukas (2017): „Pflege in den eigenen vier Wänden: Zeitaufwand und Kosten". Study 363, Hans-Böckler-Stiftung. www.boeckler.de/pdf/p_study_hbs_363.pdf (Abfrage 26.02.2018)

Himmelweit, Susan (1995): The Discovery of 'Unpaid Work': The Social Consequences of the Expansion of Work. In: Feminist Economics 1, H. 2, S. 1–19

Hochschild, Arlie R. (2000): Global Care Chains and Emotional Surplus Value. In: Giddens, Anthony/Hutton, Will (Hrsg.): On the Edge. Living with Global Capitalism. 1. Auflage. London: Jonathan Cape, S. 130–146

Hochschild, Arlie R./Ehrenreich, Barbara (2003): Global Woman: Nannies, Maids and Sex Workers in the New Economy. 1. Auflage. New York: Metropolitan Books

Hochschild, Arlie R. (2003a): The Managed Heart. The Commercialization of Human Feeling. 2. Auflage. Berkeley: University of California Press

Hochschild, Arlie R. (2003b): The Outsourced Self. The Commercialization of Intimate Life: Notes from Home and Work. 1. Auflage. San Francisco/Los Angeles: University of California Press

Hochschild, Arlie Russell (2006): Das gekaufte Herz. Die Kommerzialisierung der Gefühle. 2. Auflage. Frankfurt am Main/New York: Campus

Hochschild, Arlie R (2012): The Outsourced Self: Intimate Life in Market Times. 1. Auflage. New York: Metropolitan Press

Holch, Christine (2006): „Die 24-Stunden-Polin". Chrismon. Das evangelische Magazin 11, S. 41–48 (auch online unter chrismon.evangelisch.de/artikel/2010/593/die-24-stunden-polin, Abfrage 26.02.2018)

Hondagneu-Sotelo, Pierrette/Avila, Ernestine (1997): I'm Here, but I'm There: The Meanings of Latina Transnational Motherhood. In: Gender and Society 11, H. 5, S. 548–571

Hondagneu-Sotelo, Pierrette (2001): Doméstica: Immigrant Workers Cleaning and Caring in the Shadows of Affluence. 1.Auflage. University of California Press: Berkeley

Hrženjak, Majda (Hrsg.) (2011): Politics of Care. Ljubljana: Peace Institute

Hunin, Jan (2008): „Eurowees, achtergelaten met broertje, hond en schildpad". De Volkskrant 11.07.2008. www.volkskrant.nl/buitenland/eurowees-achtergelaten-met-broertje-hond-en-schildpad~a915382/ (Abfrage 26.02.2018)

Imre, Anikó (2001): Gender, Literature and Film in Contemporary East Central European Culture. CLCWeb: Comparative Literature and Culture 3, H. 1. docs.lib.purdue.edu/clcweb/vol3/iss1/6/ (Abfrage 26.02.2018)

International Labour Organization (ILO) (2013): "Domestic Workers Across the World: Global and Regional Statistics and the Extent of Legal Protection". Geneva: ILO. www.ilo.org/wcmsp5/groups/public/---dgreports/---dcomm/---publ/documents/publication/wcms_173363.pdf (Abfrage 26.02.2018)

International Labour Organization (ILO) (2015a): "ILO Global Estimates on Migrant Workers. Results and Methodology. Special Focus on Migrant Domestic Workers". Geneva: ILO www.ilo.org/wcmsp5/groups/public/@dgreports/@dcomm/documents/publication/wcms_436343.pdf (Abfrage 26.02.2018)

International Labour Organization (ILO) (2015b): "World Employment and Social Outlook". www.futureofworkhub.info/allcontent/2015/5/19/world-employment-social-outlook-the-changing-nature-of-jobs (Abfrage 26.02.2018)

Isfort, Michael (2009): „Versorgung in Familien mit mittel- und osteuropäischen Haushaltshilfen: Studie in Berlin vorgestellt". Pressemitteilung der DIP, Deutsches Institut für angewandte Pflegeforschung e.V. www.dip.de/presse/pressemitteilungen/pressemitteilung/?tx_ttnews%5Bpointer%5D=8&tx_ttnews%5BbackPid%5D=62&tx_ttnews%5Btt_news%5D=46&cHash=a428eea8869657b4dde37fb697f94092 (Abfrage 26.02.2018)

Jagger, Alison M./McBride, William L. (1985): Reproduction as Male Ideology. In: Hypatia: A Journal of Feminist Philosophy (Women's Studies International Forum) 8, H. 3, S. 185–196

Jäger, Siegfried: (2012): Kritische Diskursanalyse: Eine Einführung. 6. Auflage. Münster: Unrast

Jenson, Jane (2017): The New Maternalism. Children First; Women Second. In: Ergas, Yasmine/Jenson, Jan/Michel, Sonya (Hrsg.): Reassembling Motherhood. Procreation and Care in a Globalized World. 1. Auflage. New York: Columbia University Press, S. 269–286

Joseph, Gloria (1981): The Incompatible Ménage à Trois: Marxism, Feminism, and Racism. In: Sargent, Lydia (Hrsg.): Women & Revolution. A Discussion of the Unhappy Marriage of Marxism and Feminism. 1. Auflage. Montréal: Black Rose Books, 91–107

Jurczyk, Karin/Lange, Andreas (2009): Vom ewigen Praktikanten zum "Reflexiven Vater"? Eine Einführung in aktuelle Debatten um Väter. In: Jurczyk, Karin (Hrsg.): Vaterwerden und Vaterschaft heute: Neue Wege – neue Chancen! 1. Auflage. Gütersloh: Verlag Bertelsmann-Stiftung, S. 13–45

Kałwa, Dobrochna (2007): „So wie zu Hause". Die private Sphäre als Arbeitsplatz. In: Nowicka, Magdalena (Hrsg.): Von Polen nach Deutschland und zurück. Die Arbeitsmigration und ihre Herausforderungen für Europa. 1. Auflage. Bielefeld: transcript Verlag, S. 205–225

Kałwa, Dobrochna (2008): Commuting Between Private Lives. In: Metz-Göckel, Sigrid/Morokvasic, Mirjana/Münst, Senganata A. (Hrsg.): Migration and Mobility in an Enlarged Europe. A Gender Perspective. 1. Auflage. Leverkusen: Barbara Budrich Verlag, S. 121–140

Karakayali, Juliane (2010): Transnational Haushalten. Biographische Interviews mit „care workers" aus Osteuropa. 1. Auflage. Wiesbaden: VS Verlag

Kastner, Bernd (2008): Gesetzlose Hilfeleistung. In: Süddeutsche Zeitung vom 25.01.2008, S. 41

Kaufmann, Jean-Claude (1999): Mit Leib und Seele: Theorie der Haushaltstätigkeit. 1. Auflage. Konstanz: Universitäts-Verlag

Kelly, Philip/Lusis, Tom (2006): Migration and the Transnational Habitus: Evidence from Canada and the Philippines. In: Environment and Planning A: Economy and Space 38, H. 5, S. 831–847

Keryk, Myroslava (2004): "Labour Migrant: Our Savior or Betrayer? Ukrainian Discussions Concerning Labour Migration. aa.ecn.cz/img_upload/3bfc4ddc48d13ae0415c78ceae108bf5/Keryk___Labour_Migrant.pdf (Abfrage 26.02.2018)

Keryk, Myroslava (2010): ‚Caregivers with a Heart Needed': The Domestic Care Regime in Poland after 1989 and Ukrainian Migrants. In: Social Policy and Society 9, H. 10, S. 431-444

Kindler, Marta/Kordasiewicz, Anna/Szulecka, Monika (2016): Care Needs and Migration for Domestic Work: Ukraine-Poland. Geneva: International Labor Office

Kis, Oksana (2007): "Beauty Will Save The World!": Feminine Strategies in Ukrainian Politics and the Case of Yulia Tymoshenko. In: spacesofidentity 7, H. 2. pi.library.yorku.ca/ojs/index.php/soi/article/viewFile/7970/7102 (Abfrage 26.02.2018)

Klaveren, Maarten van/Tijdens, Kea/Hughie-Williams, Melanie/Ramos Martin, Nuria (2010): Ukraine - An Overview of Women's Work, Minimum Wages and Employment. Decisions for Life MDG3 Project Country Report. www.uva-aias.net/uploaded_files/publications/WP94-Klaveren,Tijdens,Hughie-Williams,Ramos-Ukraine.pdf (Abfrage 26.02.2018)

Klenner, Christina/Leiber, Simone (2009): Wohlfahrtsstaaten und Geschlechterungleichheit im Transformationsprozess. In: Klenner, Christina/Leiber, Simone: Wohlfahrtsstaaten und Geschlechterungleichheit in Mittel- und Osteuropa. Kontinuität und postsozialistische Transformation in den EU-Mitgliedsstaaten. 1. Auflage. Wiesbaden: VS Verlag, S. 11-31

Klinger, Cornelia (2012): Leibdienst - Liebesdienst - Dienstleitung. In: Dörre, Klaus/Sauer, Dieter/Wittke, Volker (Hrsg.): Kapitalismustheorie und Arbeit. Neue Ansätze soziologischer Kritik. 1. Auflage. Frankfurt am Main/New York: Campus, S. 259-272

Kofman, Eleonore (2012): Rethinking Care Through Social Reproduction: Articulating Circuits of Migration. In: Social Politics: International Studies in Gender, State & Society 19, H. 1, S. 142-162

Kollontai, Alexandra (1977 [1909]): The Social Basis of the Woman Question In: Kollontai, Alexandra: Selected Writings of Alexandra Kollontai. 1. Auflage. London: Allison & Busby. www.marxists.org/archive/kollonta/1909/social-basis.htm (Abfrage 26.02.2018)

Kontos, Maria 2013: Negotiating Social Citizenship Rights of Migrant Domestic Workers: The Right to Family Reunification and Family Life in Policies and Debates. In: Journal of Ethnic and Migration Studies 39, H. 3, S. 409-424

Koshulap, Iryna (2007): Images of Fatherhood in Ukraine: Past and Present. In: Hankivsky, Olena/Salvykova, Anastasiya (Hrsg.): Gender, Politics and Society in Ukraine. 1. Auflage. Toronto: Toronto University Press, S. 364-384

Koven, Seth/Michel, Sonya (1990): Womanly Duties: Maternalist Politics and the Origins of Welfare States in France, Germany, Great Britain, and the United States, 1880-1920. In: The American Historical Review 95, H. 4, S. 1076-1108

Krawietz, Johanna (2014): Pflege grenzüberschreitend organisieren. Eine Studie zur transnationalen Vermittlung von Care-Arbeit. 1 Auflage. Frankfurt am Main: Mabuse Verlag

Kurz-Scherf, Ingrid (1996): Vom guten Leben. Feministische Perspektiven jenseits der Arbeitsgesellschaft. In: Knapp, Ulla (Hrsg.): Beschäftigungspolitik für Frauen in der Region: Überarbeitete Tagungsbeiträge. Opladen: Leske und Budrich, S. 79-97

Lan, Pei-Chia (2006): Global Cinderellas. Migrant Domestic Workers and Newly Rich Employers in Taiwan. 1. Auflage. Durham and London: Duke

Lenin, Vladimir I. (1961[1919]): Über die Aufgaben der proletarischen Frauenbewegung in der Sowjetrepublik. Rede auf der VI. Konferenz parteiloser Arbeiterinnen der Stadt Moskau, 23. September 1919. In: Lenin, Vladimir I.: Werke, Band 30. 1. Auflage. Berlin: Dietz Verlag, S. 23-29

Leon, Margarita (Hrsg.) (2014): The Transformation of Care in European Societies. 1. Auflage. Basingstoke: Palgrave McMillan

Libanova, Ella/Levenets, Yuri/Makarova, Elena/Kotyhorenko, Victor/Cherenko, Ludmila/Khmelevska, Oksana/Tkachenko, Lydia/Balakirev, Olga (2011): „Національну Доповідь про людський розвиток 2011 «Україна: на шляху до соціального залучення», Представництво Програми розвитку ООН в Україні [National Human Development Report 2011 "Ukraine: Towards Social Inclusion", UNDP Representative in Ukraine]". issuu.com/undpukraine/docs/ua_2011_ukr (Abfrage 26.02.2018)

Lutz, Helma/Gawarecki, Kathrin (Hrsg) (2005): Kolonialismus und Erinnerungskultur. Die Kolonialvergangenheit im kollektiven Gedächtnis der deutschen und niederländischen Einwanderungsgesellschaft. 1. Auflage. Münster/New York/München/Berlin: Waxmann

Lutz, Helma (2007a): Vom Weltmarkt in den Privathaushalt. Die neuen Dienstmädchen im Zeitalter der Globalisierung. 1. Auflage. Opladen: Barbara Budrich

Lutz, Helma (2007b): „Die 24-Stunden-Polin". Eine intersektionelle Analyse transnationaler Dienstleistungen. In: Klinger, Cornelia/Knapp, Gudrun-Axeli/Sauer, Birgit (Hrsg.): Achsen der Ungleichheit. Zum Verhältnis von Klasse, Geschlecht und Ethnizität. 1. Auflage. Frankfurt am Main/New York: Campus, S. 210–234

Lutz, Helma (2008): Introduction: Migration and Domestic Work. In: Lutz, Helma (Hrsg.): Migration and Domestic Work. A European Perspective on a Global Theme. 1. Auflage. Aldershot: Ashgate, S. 1–10

Lutz, Helma (2010): Gender in the Migratory Process. In: Journal of Ethnic and Migration Studies 36, H. 10, S. 1647–1663

Lutz, Helma/Palenga-Möllenbeck, Ewa (2010): Care Work Migration in Germany: Semi-Compliance and Complicity. In: Social Policy and Society 9, H. 3, S. 419–430

Lutz, Helma (2011): The New Maids. Transnational Women and the Care Economy. 1. Auflage. London: Zed Books

Lutz, Helma, Palenga-Möllenbeck, Ewa (2011a): Das Care-Chain-Konzept auf dem Prüfstand. Eine Fallstudie der transnationalen Care-Arrangements polnischer und ukrainischer Migrantinnen In: Metz-Göckel, Sigrid/Bauschke Urban, Carola (Hrgs.): Transnationalisierung und Gender. Special Issue for GENDER. Zeitschrift für Geschlecht, Kultur und Gesellschaft 1, S. 9-27

Lutz, Helma/Palenga-Möllenbeck, Ewa (2011b): Care, Gender and Migration: Towards a Theory of Transnational Domestic Work Migration in Europe. In: Journal of Contemporary European Studies 19, H. 3, S. 349–364

Lutz, Helma/Vivar, Maria T.H./Supik, Linda (Hrsg.) (2011): Framing Intersectionality: Debates on a Multi-Faceted Concept in Gender Studies. 1. Auflage. London/New York: Routledge

Lutz, Helma/Palenga-Möllenbeck, Ewa (2012): Care Workers, Care Drain, and Care Chains: Reflections on Care, Migration, and Citizenship. In: Social Politics 19, H. 1, S. 15–37

Lutz, Helma/Palenga-Möllenbeck, Ewa (2014): Care-Migrantinnen im geteilten Europa. Verbindungen und Widersprüche in einem transnationalen Raum. In: Aulenbacher, Brigitte/Riegraf, Birgit/Theobald, Hildegard (Hrsg.): Sorge: Arbeit, Verhältnisse, Regime (Care Work, Relations, Regimes). In: Soziale Welt, Sonderband 20, S. 217–231

Lutz, Helma (2015): Myra's Predicament: Motherhood Dilemmas for Migrant Care Workers. In: Social Politics 22, H. 3, S. 341–359

Lutz, Helma (2016): 'Good Motherhood' – A Dilemma for Migrant Women from Eastern Europe. In: Amelina, Anna/Horvath, Kenneth/Meeus, Bruno (Hrsg.): An Anthology of Migration and Social Transformation. European Perspectives. Heidelberg/New York/Dordrecht/London: Springer, S. 245–258

Lutz, Helma (2017a): Euro-Orphans and the Stigmatization of Migrant Motherhood. In: Ergas, Yasemine/Jenson, Jane/Michel, Sonya (Hrsg.): Reassembling Motherhood. Procreation and Care in a Globalized World. New York: Columbia University Press, S. 247–268

Lutz, Helma (2017b): Care as a Fictitious Commodity: Reflections on the Intersections of Migration, Gender and Care Regimes. In: Migration Studies 5, H. 3, S. 356–368 (auch online unter doi.org/10.1093/migration/mnx046, Abfrage 26.02.2018)

Lutz, Helma (2018a): Intersektionelle Biographieforschung. In: Lutz, Helma/Schiebel, Martina/Tuider, Elisabeth (Hrsg.): Handbuch Biographieforschung. 1. Auflage. Wiesbaden: Springer, S. 139–150

Lutz, Helma (2018b; im Druck): Care Migration: The Connectivity of Transnational Social Inequalities. In: Aulenbacher, Brigitte/Lutz, Helma/Riegraf, Birgit (Hrsg.): Global Sociology of Care and Care Work. Current Sociology Monograph

Luxemburg, Rosa (1971 [1912]): Women's Suffrage and Class Struggle. In: Luxemburg, Rosa: Political Writings. 3. Auflage. New York: Monthly Review Press. www.marxists.org/archive/luxemburg/1912/05/12.htm (Abfrage 26.02.2018)

Luxemburg, Rosa (1985 [1913]): Die Akkumulation des Kapitals. Ein Beitrag zur ökonomischen Erklärung des Kapitalismus. In: Luxemburg, Rosa: Gesammelte Werke Band 5: Ökonomische Schriften. 1. Auflage. Berlin: Institut für Marxismus-Leninismus, S. 5–441

Macdonald, Cameron Lynne (2010): Shadow Mothers. Nannies, Au Pairs, and the Micropolitics of Mothering. 1. Auflage. Berkeley/Los Angeles: University of California Press

Madianou, Mirca/Miller, Danny (2011): Mobile Phone Parenting: Reconfiguring Relationships Between Filipina Mothers and Their Left-Behind Children. In: New Media and Society 13, H. 3, S. 457–470

Majchrzyk-Mikuła, Joanna (2008): Eurosieroctwo 2008: Materiał Sygnalny. 1. Auflage. Warszawa: Studium Prawa Europejskiego

Marx, Karl; Engels, Friedrich (1990 [1846]): Die deutsche Ideologie: Kritik der neuen deutschen Philosophie und ihrer Repräsentanten Feuerbach, B. Bauer und Stirner und des deutschen Sozialismus in seinen verschiedenen Propheten. In: Marx/Engels: Werke Band 3. 9. Auflage. Berlin: Dietz Verlag, S. 13–503

Mazierska, Ewa (2008): Masculinities in Polish, Czech and Slovak Cinema: Black Peters and Men of Marble. 1. Auflage. Oxford and New York: Berghan Books

McKay, Deirdre (2007): 'Sending Dollars Shows Feeling'. Emotions and Economics in Filipino Migration. In: Mobilities 2, H. 2, S. 175–194

Mendel, Annekatrein (1993): Zwangsarbeit im Kinderzimmer. ‚Ostarbeiterinnen' in deutschen Familien von 1939-1945. 1. Auflage. Frankfurt am Main: DIPA Verlag

Menschik, Jutta/Leopold, Evelyn (1974): Gretchens rote Schwestern. Frauen in der DDR. 1. Auflage. Frankfurt am Main: Fischer

Meuser, Michael (2014): Care und Männlichkeit in modernen Gesellschaften: Grundlegende Überlegungen illustriert am Beispiel involvierter Vaterschaft. In: Aulenbacher, Brigitte/Riegraf, Birgit/Theobald, Hildegard (Hrsg.): Sorge: Arbeit, Verhältnisse, Regime (Care Work, Relations, Regimes). In: Soziale Welt, Sonderband 20, S. 159–174

Mezey, Naomi/Pillard, Cornelia T.L. (2012): Against the New Maternalism. In: Michigan Journal of Gender & Law 18, H. 2, S. 229–296

Michel, Sonya (1999): Children's Interests/Mothers' Rights: The Shaping of America's Child Care Policy. 1. Auflage. New Haven: Yale University Press

Michel, Sonya/Peng, Ito (2012): All in the Family? Migrants, Nationhood, and Care Regimes in Asia and North America. In: Journal of European Social Policy 22, H. 4, S. 406–418

Michel, Sonya/Peng, Ito (2017): Gender, Migration and the Work of Care. A Multi-Scalar Approach to the Pacific Rim. Basingstoke: Palgrave MacMillan

Michoń, Piotr (2009): ‚Bleib zu Hause, Liebling'- Mütter, Arbeitsmärkte und staatliche Politik in Polen und den baltischen Ländern. In: Klenner, Christiane/Leiber, Simone (Hrsg.): Wohlfahrtsstaaten und Geschlechtergerechtigkeit im Transformationsprozess. 1. Auflage. Wiesbaden: VS Verlag, S. 163–192

Mills, Wright C. (1951): White Collar: The American Middle Classes. 1. Auflage. Oxford: Oxford University Press

Mimiko, Nahzeem Oluwafemi (2012): Globalization: The Politics of Global Economic Relations and International Business. 1. Auflage. Durham: Carolina Academic Press

Minijob-Zentrale (2011): „Trendreport Alltag statt Luxus". https://www.minijob-zentrale.de/ DE/02_fuer_journalisten/02_berichte_trendreporte/trendreporte/2011.pdf?__blob=publi cationFile&v=1 (Abfrage 31.01.2018)

Mosse, George L. (1997): Das Bild des Mannes: Zur Konstruktion Moderner Männlichkeit. 1. Auflage. Frankfurt am Main: Fischer Verlag

Mulinari, Diana/Neergaard, Anders (2013): We are Sweden Democrats Because we Care for Others: Exploring Racisms in the Swedish Extreme Right. In: European Journal of Women's Studies 21, H. 1, S. 43–56

Mundlak, Guy/Shamir, Hila (2008): Between Intimacy and Alienage: The Legal Construction of Domestic and Care Workers in the Welfare State. In: Lutz, Helma (Hrsg.): Migration and Domestic Work. A European Perspective on a Global Theme. 1. Auflage. Farnham Surrey: Ashgate, S. 161–176

Müller, Beatrice (2016): Wert-Abjektion. Zur Abwertung von Care Arbeit im patriarchalen Kapitalismus – am Beispiel der ambulanten Pflege. 1. Auflage. Münster: Westfälisches Dampfboot

Neckel, Sighard (2006): Vorwort. In: Hochschild, Arlie R.: Das gekaufte Herz. Die Kommerzialisierung der Gefühle. 2. Auflage. Frankfurt am Main/New York: Campus, S. 13–24

Nicholas, Tekla (2008): Remittances, Education, and Family Reunification: Transnational Strategies of Haitian Immigrant Families in South Florida. Vortrag auf der Tagung "Transnational Parenthood and Children-Left-Behind" in Oslo am 20.-21.11.2008, S. 149–174

Nieswand, Boris (2011): Theorising Transnational Migration: The Status Paradox of Migration. 1. Auflage. London/New York: Routledge

Novikova, Irina (2012): Fatherhood in Postsocialist Contexts: Lost in Translations? In: Oechsle, Mechtild/Müller, Ursula/Hess, Sabine (Hrsg.): Fatherhood in Late Modernity: Cultural Images, Social Practices, Structural Frames. 1. Auflage. Opladen/Berlin/Toronto: Barbara Budrich, S. 95–112

Ostner, Ilona (2002): A New Role for Fathers? The German Case. In: Hobson, Barbara (Hrsg.): Making Men into Fathers – Men, Masculinities and the Social Politics of Fatherhood. 1. Auflage. Cambridge: Cambridge University Press, S. 67–150

Organisation for Economic Co-Operation and Development (OECD) (1997): Beyond 2000. The New Social Policy Agenda. OECD Working Paper 5, Nr. 43. Paris: OECD

Organisation for Economic Co-Operation and Development (OECD) (2017): Education at a Glance: OECD Indicators. Paris: OECD-Publishing (auch online unter www.oecd-ilibrary.org/education/education-at-a-glance-2017/summary/german_f0679baf-de, Abfrage 26.02.2018)

Orloff, Ann S. (2006): From Maternalism to Employment for All: State Politics to Promote Women's Employment Across the Affluent Democracies. In: Levy, Jonah D. (Hrsg.): The State after Statism: New State Activities in the Age of Liberalization. 1. Auflage. Cambridge: Harvard University Press, S. 230–268

Österle, August (2014): Care-Regime in den neuen EU-Wohlfahrtstaaten. In: Aulenbacher, Brigitte/Riegraf, Birgit/Theobald, Hildegard (Hrsg.): Sorge: Arbeit, Verhältnisse, Regime (Care Work, Relations, Regimes). In: Soziale Welt, Sonderband 20, S. 363–398

Österle, August/Bauer, Gudrun (2016): The Legalization of Rotational 24-Hour Care Work in Austria: Implications for Migrant Care Workers. In: Social Politics 23, H. 2, S. 192–213

Palenga-Möllenbeck, Ewa (2010): Migrationsdiskurse in Polen. Unveröffentlichter Forschungsbericht

Palenga Möllenbeck, Ewa (2016): Unequal Fatehrhoods: Citizenship, Gender, and Masculinities in Outsourced ‚Male' Domestic Work. In: Gullikstad, Berit/Korsnes Kristensen, Guro/Ringrose, Priscilla (Hrsg.): Paid Domestic Labour in a Changing Europe. Questions of Gender Equality and Citizenship. 1. Auflage. London: Palgrave MacMillan, S. 217–243

Palenga-Möllenbeck, Ewa/Lutz, Helma (2016): Fatherhood and Masculinities in Postsocialist Europe: The Challenges of Transnational Migration. In: Kilkey, Majella/Palenga-Möllenbeck, Ewa (Hrsg.): Family Life in an Age of Migration and Mobility: Global Perspectives Through the Life Course. Basingstoke: Palgrave Macmillan, S. 213–236

Palenga-Möllenbeck, Ewa (2018): ‚Unsichtbare ÜbersetzerInnen' in der Biographieforschung: Übersetzung als Methode. In: Lutz, Helma/Schiebel, Martina/Tuider, Elisabeth (Hrsg.): Handbuch Biographieforschung. 1. Auflage. Wiesbaden: Springer, S. 669–680

Parreñas, Rhacel S. (2001): Servants of Globalization: Women, Migration, and Domestic Work. 1. Auflage. Stanford: Stanford University Press

Parreñas, Rhacel S. (2005): Children of Global Migration. Transnational Families and Gendered Woes. 1. Auflage. Stanford: Stanford University Press

Peng, Ito (2009): "The Political and Social Economy of Care in the Republic of Korea". United Nations Research Institute for Social Development, H. 6. www.unrisd.org/80256B3C005BCCF9/search/2B5879FBCD1DBD3FC12576A200470FA3?OpenDocument (Abfrage 26.02.2018)

Peng, Ito (2017): Explaining Exceptionality: Care and Migration Policies in Japan and South Korea. In: Michel, Sonya/Peng, Ito (Hrsg.): Gender, Migration and the Work of Care. A Multi-Scalar Approach to the Pacific Rim. Basingstoke: Palgrave MacMillan, S. 191–216

Pfau-Effinger, Birgit (2005): Culture and Welfare State Policies: Reflections on a Complex Interrelation. In: Journal of Social Policy 34, H.1, S. 3–20

Phoenix, Ann (2009): Idealisierung emotionaler Bindung oder materielle Versorgung? Transnationale Mutterschaft und Kettenmigration. In: Lutz, Helma (Hrsg.): Gender-Mobil? Geschlecht und Migration in transnationalen Räumen. 1. Auflage. Münster: Westfälisches Dampfboot, S. 86–101

Pissin, Annika (2013): "The Global Left-Behind Child in China: 'Unintended Consequences' in Capitalism." Working Paper 39. Centre for East and South-East Asian Studies. Lund University, Sweden. portal.research.lu.se/portal/files/3738266/4530030 (Abfrage 26.02.2018)

Poeze, Miranda/Mazzucato, Valentina (2014): Ghanaian Children in Transnational Families. Understanding the Experiences of Left-Behind-Children through local Parenting Norms. In: Baldassar, Loretta/Merla, Laura (Hrsg.): Transnational Families and the Circulation of Care. 1. Auflage. New York/Abingdon: Routledge, S. 149–169

Polanyi, Karl (1978 [1944]): The Great Transformation. Politische und gesellschaftliche Ursprünge von Gesellschaften und Wirtschaftssystemen. 1. Auflage. Frankfurt am Main: Suhrkamp

Pratt, Geraldine (2012): Families Apart: Migrant Mothers and the Conflicts of Labour and Love. 1. Auflage. Minneapolis: University of Minnesota Press

Randeria, Shalini (2009): Malthus versus Condorcet – Population Policy, Gender and Culture from an Ethnological Perspective. In: Berking, Sabine/Zolkos, Magdalena (Hrsg.): Between Life and Death: Governing Populations in the Era of Human Rights. 1. Auflage. Frankfurt am Main: Peter Lang, S. 25–46

Ratha, Dilip/Mohapatra, Sanket/Silwa, Ani (2011): Migration and Remittances Factbook 2011. Washington DC: The International Bank for Reconstruction and Development /The World Bank (auch online unter go.worldbank.org/U1S23A9QR0, Abfrage 26.02.2018)

Redaktion Pflegeinstitut.eu o.J., o.S): „Ukrainische Pflegekräfte in Deutschland". pflegeinstitut.pl/de/news/ukrainische-pflegekraefte-deutschland.html (Abfrage 26.02.2018)

Rerrich, Maria S. (2012): Migration macht Schule. Herausforderungen für Care in einer rumänischen Gemeinde. In: Mittelweg 36, H. 5, S. 73–93

Riegraf, Birgit/Reimer, Romy (2014): Wandel von Wohlfahrtsstaatlichkeit und neue Care-Arrangements. Das Biespiel der Wohn-Pflege-Gemeinschaften. In: Aulenbacher, Brigitte/Riegraf, Birgit/Theobald, Hildegard (Hrsg.): Sorge: Arbeit, Verhältnisse, Regime (Care Work, Relations, Regimes). In: Soziale Welt, Sonderband 20, S. 293–309

Rohde, Caterina (2014): Au-pair Migration. Transnationale Bildungs- und Berufsmobilität junger Frauen zwischen Russland und Deutschland. 1. Auflage. Opladen: Barbara Budrich

Romero, Mary (1992): Maid in the U.S.A. 1. Auflage. New York: Routledge

Romero, Mary (2013): Nanny Diaries and Other Stories: Immigrant Women's Labor in the Social Reproduction of American Families. In: Revista des Estudios Sociales 45, S. 186–197

Rossow, Verena/Leiber, Simone (2017): Zwischen Vermarktlichung und Europäisierung. Die wachsende Bedeutung transnational agierender Vermittlungsagenturen in der häuslichen Pflege in Deutschland. In: Sozialer Fortschritt 66, H. 3–4, S. 285–302

Rotkirch, Anna (2000): The Man Question: Loves and Lives in Late 20th Century Russia (Doctoral Thesis). Retrieved from University of Helsinki Department of Social Policy. hdl.handle.net/10138/10123 (Abfrage 26.02.2018)

Rüffer, Anita (2015): „Wenn Pflegekräfte aus Osteuropa sich um Demenzkranke kümmern. Interview mit Prof. Dr. Thomas Klie". www.badische-zeitung.de/freiburg/wenn-pflege kraefte-aus-osteuropa-sich-um-demenzkranke-kuemmern--111625773.html (Abfrage 26.02.2018)

Safuta, Anna/Degavre, Florence (2013): What has Polanyi got to do with it? Undocumented Migrant Domestic Workers and the Usages of Reciprocity. In Oso, Laura/Ribas Mateos, Natalia (Hrsg.): The International Handbook on Gender, Migration and Transnationalism: Global and Development Perspectives. 1. Auflage. Cheltenham: Edward Elgar Publishing, S. 420–438

Safuta, Anna/Kordasiewicz, Anna/Urbańska, Sylwia (2016): Verpasste Kreuzung: Polen als Herkunft- und Zielland für migrantische Pflege- und Haushaltskräfte In: Weicht, Bernhard/Österle, August (Hrsg.): Im Ausland zu Hause pflegen: Die Beschäftigung von MigrantInnen in der 24 Stunden Pflege. Münster: LIT Verlag, S. 247–270

Samarasinghe, Vidyamali (1998): The Feminization of Foreign Currency Earnings: Women's Labor in Sri Lanka. In: The Journal of Developing Areas 32, H. 3, S. 303–326

Sassen, Saskia (1998): Globalization and its Discontents: Essays on the Mobility of People and Money. 1. Auflage. New York: New Press

Satola, Agnieszka (2015): Migration und irreguläre Pflegearbeit in Deutschland. Eine biographische Studie. 1. Auflage. Stuttgart: Ibidem Verlag

Saxonberg, Steven/Szelewa, Dorota (2007): The Continuing Legacy of the Communist Legacy? The Development of Family Policies in Poland and the Czech Republic. In: Social Politics 14, H. 3, S. 351–379

Scheiwe, Kirsten/Krawietz, Johanna (2010): Transnationale Sorgearbeit: Rechtliche Rahmenbedingungen und gesellschaftliche Praxis. 1. Auflage. Wiesbaden: VS Verlag

Scheiwe, Kirsten (2015): Menschenwürdige Arbeit für Hausangestellte. Zur Bedeutung des ILO-Übereinkommens 189 für Deutschland. In: Meier-Gräwe, Uta (Hrsg.): Die Arbeit des Alltags. Gesellschaftliche Organisation und Umverteilung. 1. Auflage. Wiesbaden: VS-Verlag, S. 37–56

Schenk, Dieter (1990): „…unerwünschte polnische Elemente sind zu entfernen." Die Aktion zur Vernichtung der polnischen Intelligenz im Raum Danzig-Westpreußen und die Nichtverfolgung der NS-Täter in Deutschland nach 1945. Manuskript Vorlesung Universität Lodz. www.dieter-schenk.info/publikationen.html, Abfrage 26.02.2018

Segal, Lynne (1990): Slow Motion. Changing Masculinities, Changing Men. 1. Auflage. New Brunswick: Rutgers University Press

Sikorska, Małgorzata (2009): Nowa matka, nowy ojciec, nowe dziecko. O nowym układzie sił w Polskich rodzinach, Warschau

Skocpol, Theda (1992): Protecting Mothers and Soldiers. The Political Origins of Social Policy in United States. 1. Auflage. Cambridge: Harvard University Press

Slany, Krystina/Ślusarczyk, Magdalena (2013): Migracje zagraniczne Polaków w świetle NSP 2011: Trendy icharakterystyki socjo-demograficzne (Migration abroad of Poles in the Light of the Population Census 2011: Trends and Socio-Demographic Characteristics). Vortrag bei "Młoda polska emigracja w UE jako przedmiot badań psychologicznych, socjologicznych i kulturowych" EuroEmigranci.PL, Cracow

Slaughter, Anne-Marie (2016): "The Work that Makes Work Possible". Atlantic Magazine. www.theatlantic.com/business/archive/2016/03/unpaid-caregivers/474894/ (Abfrage 26.02.2018)

Solari, Cinzia D. (2017): On the Shoulders of Grandmothers: Gender, Migration and Post-Soviet State-State Building. 1. Auflage. London/New York: Routledge

Środa, Magdalena (2009): Kobiety i Wladza. Warszawa: WAB

Statistisches Bundesamt (2015): Arbeitszeit von Frauen: Ein Drittel Erwerbsarbeit, zwei Drittel unbezahlte Arbeit. www.destatis.de/DE/PresseService/Presse/Pressemitteilungen/2015/05/PD15_179_63931.html (Abfrage 26.02.2018)

Statistisches Bundesamt (2017): „Pflegestatistik 2015. Pflege im Rahmen der Pflegeversicherung. Deutschlandergebnisse". www.destatis.de/DE/Publikationen/Thematisch/Gesundheit/Pflege/PflegeDeutschlandergebnisse.html (Abfrage 26.02.2018)

Steffen, Margaret (2015): …raus aus der Schwarzarbeit. Gute Arbeit in Privathaushalten. ver.di Berlin. gesundheit-soziales.verdi.de/service/publikationen/++co++a158df38-c6a3-11e6-ac89-525400b665de (Abfrage 26.02.2018)

Synak, Brunon (Hrsg.) (2002): Polska starość [Old Age in Poland]. Gdańsk: Wydawnictwo Uniwersytetu Gadańskiego.

Szelewa, Dorota/Polakowski, Michal P. (2008): Who Cares? Changing Patterns of Childcare in Central and Eastern Europe. In: Journal of European Social Policy 18, H. 2, S. 115–131

Sztompka, Piotr (2000): The Ambivalence of Social Change. Triumph or Trauma? WZB Discussion Paper, No. 00-001. hdl.handle.net/10419/50259 (Abfrage 26.02.2018)

Tarkowska, Elżbieta (2007): Badanie, ubóstwa w krjach postkomunistycznych I kategoria underclass. In: Golinowska, Stanisława/Tarkowska, Elżbieta/Topińska, Irena (Hrsg.): U bóstwo, wy kluczezezenic społeczne. Badania, metody, wyniki. Warszawa: Instytut Pracy I Spraw Socjalnych

Teo, Youyenn (2016): Not Everyone has 'Maids': Class differentials in the Elusive Quest for Work-Life Balance. In: Gender, Place & Culture 23, H. 8, S. 1164–1178

Theobald, Hildegard/Luppi, Mario: Elderly Care in Changing Societies: Concurrences in Divergent Care Regimes. A Comparison of Germany, Sweden and Italy. Vortrag beim XIX ISA World Congress of Sociology in Toronto am 15-21.07.2018

Thiessen, Barbara (2004): Reformulierung des Privaten: Professionalisierung personenbezogener haushaltsbezogener Dienstleistungsarbeit. 1. Auflage. Wiesbaden: VS-Verlag

Todorova, Maria (1997): Imagining the Balkans. 1. Auflage. New York/Oxford: Oxford University Press

Trzebiatowska, Marta (2013): Beyond Compliance and Resistance: Polish Catholic Nuns Negotiating Femininity. In: European Journal of Women's Studies 20, H. 2, S. 204–218

Tuttle, William M., Jr. (1995): Rosie the Riveter and Her Latchkey Children: What Americans Can Learn about Child Day Care from the Second World War. In: Child Welfare 74, H. 1, S. 92–114

Urbańska, Sylwia (2015): Matka Polka na odległość. Z doświadczeń migracyjnych robotnic 1989-2010. Toruń: Wydawnictwo UMK

Verdery, Katherine (1994): From Parent-State to Family Patriarchs: Gender and Nation in Contemporary Eastern Europe. In: East European Politics and Societies 8, H. 2, S. 225–255

Walczak, Bartłomiej (2008): Społeczne, edukacyjne i wychowawcze konsekwencje migracji rodziców i opiekunów prawnych uczniów szkół podstawowych, gimnazjalnych i ponadgimnazjalnych. Pedagogikum. Wyższa szkoła pedagogiki resocjalizacyjnej w Warszawie

Weber, Max (1895): Antrittsvorlesung. Der Nationalstaat und die Volkswirtschaftspolitik. (auch online unter www.deutschestextarchiv.de/book/show/weber_nationalstaat_1895, Abfrage 26.02.2018)

Weeks, Kathi (2007): Life Within and Against Work: Affective Labor, Feminist Critique, and Post-Fordist Politics. In: Ephemera – Theory and Politics in Organization 7, H. 1, S. 233–249

Weeks, Kathi (2011): In der Arbeit gegen die Arbeit Leben. Affektive Arbeit, feministische Kritik und postfordistische Politik. In: Grundrisse, Zeitschrift für linke Theorie und Debatte 38, S. 13–27 (auch online unter www.grundrisse.net/grundrisse37/In_der_Arbeit_gegen_die_Arbeit.htm, Abfrage 26.02.2018)

Werlhof, Claudia von (1978): Frauenarbeit. Der blinde Fleck der politischen Ökonomie. In: Beiträge zur feministischen Theorie und Praxis, H. 1, S. 18–32

Widding Isaksen, Lise/Sambasivan, Uma Devi/Hochschild, Arlie R. (2009): Die globale Fürsorgekrise. In: WestEnd – Neue Zeitschrift für Sozialforschung 6, H. 2., S. 56–79

Williams, Fiona (2010): Migration and Care: Themes, Concepts and Challenges. In: Social Policy and Society 9, H. 3, S. 385–396

Williams, Fiona (2014): Making Connections across the Transnational Political Economy of Care. In: Anderson, Bridget/Shutes, Isabel (Hrsg.): Migration and Care Labour: Theory, Policy and Politics. 1. Auflage. Basingstoke: Palgrave Macmillan

Williams, Fiona (2018; im Druck): Care: Intersections of Scales, Inequalities and Crises. In: Aulenbacher, Birgitte/Lutz, Helma/Riegraf, Birgit (Hrsg.): The Global Sociology of Care and Care Work. Current Sociology Monograph

Wimmer, Andreas/Glick Schiller, Nina (2003): Methodological Nationalism, the Social Sciences, and the Study of Migration: An Essay in Historical Epistemology. In: International Migration Review 37, H. 3, S. 576–610

Winker, Gabriele (2015): Care Revolution. Schritte in eine solidarische Gesellschaft. 1. Auflage. Bielefeld: transcript

Winkler, Ulrike (2000): ‚Hauswirtschaftliche Ostarbeiterinnen'. Zwangsarbeit in deutschen Haushalten. In: Winkler, Ulrike (Hrsg.): Stiften gehen. NS Zwangsarbeit und Entschädigungsdebatte. Köln: Papy Rossa Verlag, S. 148–169

Wirz, Yevgeniya (2009): Migration und Care in der ukrainischen Presse. Unveröffentlichter Forschungsbericht

Wissenschaftliche Dienste des Deutschen Bundestages (2016): „24-Stunden-Pflege in Privathaushalten durch Pflegekräfte aus Mittel- und Osteuropa. Rechtslage in ausgewählten EU-Mitgliedsstaaten". www.bundestag.de/blob/480122/e1e7b32064927dbba950d380980b6c3f/wd-6-078-16-pdf-data.pdf (Abfrage 26.02.2018)

World Bank (2007): Ukraine: Poverty Update. World Bank: Washington DC

World Bank (2010): Remittances Data Inflows. World Bank: Washington DC

Yavorska, Mariana/Petrenko, Lyubomyr Petrenko (2007): Соціальні сироти: виходу з проблеми поки не знайдено. Deutsche Welle. www.dw-world.de/dw/article/0,2144,2541921,00.html (Abfrage 26.02.2018)

Yeates, Nicola (2009): Globalising Care Economies and Migrant Workers: Explorations in Global Care Chains. 1. Auflage. Basingstoke: Palgrave Macmillan

Yeates, Nicola/Pillinger, Jane (2013): Human Resources for Health Migration: Global Policy Responses, Initiatives, and Emerging Issues. Open University: Milton Keynes

Yuval-Davis, Nira (1997): Gender and Nation. 1. Auflage. London: Sage

Zdravomyslova, Elena/Temkina, Anna (2007): Sovetkie gendernye kontrakty i ikh transformatsyia v sovremennoi Rossii [Soviet Gender Orders and Their Transformation in Modern Russia]. In: Zdravomyslova, Elena/Temkina, Anna (Hrsg.): Rossiyskiy gendernyi poryadok: Sociologicheskiy podhod [Russian Gender Order: Sociological Approach]. 1. Auflage. St Petersburg: Publishing House of the European University, S. 169–200

Zentgraf, Kristine M./Chinchilla, Norma S. (2012): Transnational Family Separation: A Framework for Analysis. In: Journal of Ethnic and Migration Studies 38, H. 2, S. 345–366

Zetkin, Clara (1901): Die Wirtschaftsgenossenschaft III. In: Die Gleichheit 11, H. 15, S. 113–114

Zhurzhenko, Tatjana (2001): Free Market Ideology and New Women's Identities in Post-Socialist Ukraine. In: European Journal of Women's Studies 8, H. 1, S. 29–49

Zimmerer, Jürgen (2004): Von Windhuk nach Warschau. Die rassische Privilegiengesellschaft in Deutsch Südwestafrika, ein Modell mit Zukunft? In: Becker, Frank (Hrsg.): Rassenmischehen-Mischlinge-Rassentrennung. Zur Politik der Rasse im deutschen Kolonialreich. 1. Auflage. Stuttgart: Franz-Steiner Verlag, S. 97–123

# Filmographie

Bauer, Nora (2016): „Wa(h)re Engel. Pflegekräfte aus Osteuropa." Podcast Deutschlandfunk. www.deutschlandfunkkultur.de/pflegekraefte-aus-osteuropa-wa-h-re-engel.1001.de.html?dram:article_id=367079 (Abfrage 26.02.2018)

Büchner, Christiane (2016): Die alte Dame und die Pflegerin. MDR, ARTE, Lava Films. Köln: Büchner Filmproduktion GdR (auch online unter www.youtube.com/watch?v=rMiLtilXd-8, Abfrage 26.02.2018)

Büchner, Christiane/Schwarze, Herbert (2016): Family Business. MDR, ARTE, Lava Films. Köln: Büchner Filmproduktion GdR

Ciulei, Thomas (2008): The Flower Bridge. Bucharest: Europolis Films

Dell, Ingo (2017): Die Karawane der Pflegerinnen. MDR. Leipzig/Berlin/Greifwald: Hoferichter & Jacobs GmbH (auch online unter www.youtube.com/watch?v=kxFDz1GXC2s, Abfrage 26.02.2018)

Kulozik, Diana/Everwien, Andrea (2017): Moderne „Haussklaverei". ARD, Kontraste. Berlin: RBB (auch online unter www.rbb-online.de/kontraste/archiv/kontraste-vom-22-06-2017/schwarzarbeit-bei-pflegediensten.html, Abfrage 26.02.2018)

o.A. (2007): „Mutter – Stiefmutter" (Мати Мачуха) (Trailer online unter www.youtube.com/watch?v=23j6jpaZFEE, Abfrage 26.02.2018)

Redaktion Monitor ARD (2013): Ausgebeutet und allein gelassen. Ausländische Pflegekräfte in deutschen Haushalten. Köln: WDR (auch online unter www.youtube.com/watch?v=7Samn6qKKSo, Abfrage 26.02.2018)

Redaktion Deutsche Welle (Polnische Redaktion) (2014): Jerzy.Opiekun osób starszych w Niemczech. Bonn (auch online unter www.youtube.com/watch?v=SwQjKxyJJrw, Abfrage 26.02.2018)

Rieker, Ariane (2017): Der Pflegeaufstand. MDR. Leipzig/Berlin/Greifswald: Hoferichter & Jacobs GmbH (auch online unter www.youtube.com/watch?v=0qTMuTKoPUM, Abfrage 26.02.2018)

World Vision (2009): Price of Hearts: Romania's Home Alone Children. Frontline Focus (auch online unter www.youtube.com/watch?v=PpJ2J1NMzqk, Abfrage 26.02.2018)

# Erklärung zu Wiederverwendung

Teile von Kapitel zwei, drei und vier sind in englischer Sprache unter folgenden Titeln erschienen:

Lutz, Helma (2015): Myra's Predicament: Motherhood Dilemmas for Migrant Care Workers. In: Social Politics 22, H. 3, S. 341–359

Lutz, Helma (2016): 'Good Motherhood' – A Dilemma for Migrant Women from Eastern Europe. In: Amelina, Anna/Horvath, Kenneth/Meeus, Bruno (Hrsg.): An Anthology of Migration and Social Transformation. European Perspectives. Heidelberg/New York/Dordrecht/London: Springer, S. 245–258

Lutz, Helma (2017): Euro Orphans – The Stigmatization of Migrant Motherhood. In: Ergas, Yasmine/Jenson, Jane/Michel, Sonya (Hrsg.): Reassembling Motherhood. Procreation and Care in a Globalized World. New York: Columbia University Press, S. 247–268

Lutz, Helma (2018; im Druck): Masculinity, Care and Stay-Behind Fathers: A Post Socialist Perspective. In: Critical Sociology

Alexandra Scheele | Stefanie Wöhl (Hrsg.)
**Feminismus und Marxismus**
2018, 250 Seiten, broschiert
ISBN: 978-3-7799-3052-5
Auch als E-BOOK erhältlich

Das Verhältnis zwischen Marxismus und Feminismus ist spannungsreich. Mit dem Bild der »unglücklichen Ehe« hat die amerikanische Ökonomin Heidi Hartmann vor vielen Jahren problematisiert, dass in den marxistischen Analysen die Klassenfrage die Geschlechterfrage dominiert. Entsprechend zielt die feministische Auseinandersetzung mit der Marx'schen Theorie zum einen darauf, die Kapitalismuskritik um eine Patriarchatskritik zu erweitern und ihren wechselseitigen Herrschaftscharakter offenzulegen. Zum anderen geht es aktuellen feministischen Analysen auch um die Weiterentwicklung der Kapitalismus-, Gesellschafts- und Herrschaftskritik von Marx. Der Sammelband zeigt anlässlich des 200. Geburtstages von Karl Marx die Aktualität feministisch-marxistischen Denkens auf und problematisiert Verkürzungen in der gegenwärtigen Marx-Rezeption.

www.beltz.de
Beltz Juventa · Werderstraße 10 · 69469 Weinheim